财　政　部　规　划　教　材
全国中等职业学校财经类教材

涉税会计

（第五版）

主编　黄　莉

中国财经出版传媒集团
中国财政经济出版社

图书在版编目（CIP）数据

涉税会计/黄莉主编．--5 版．--北京：中国财政经济出版社，2022.1

财政部规划教材　全国中等职业学校财经类教材

ISBN 978-7-5223-1019-0

Ⅰ.①涉…　Ⅱ.①黄…　Ⅲ.①税收会计－中等专业学校－教材　Ⅳ.①F810.62

中国版本图书馆 CIP 数据核字（2021）第 255959 号

责任编辑：王佳欣　　　　责任校对：胡永立

封面设计：育林华夏

涉税会计

SHESHUI KUAIJI

中国财政经济出版社 出版

URL：http：//www.cfeph.cn

E-mail：cfeph@cfemg.cn

社址：北京市海淀区阜成路甲 28 号　邮政编码：100142

营销中心电话：010-88191522

天猫网店：中国财政经济出版社旗舰店

网址：https：//zgczjjcbs.tmall.com

北京中兴印刷有限公司印刷　各地新华书店经销

成品尺寸：185mm×260mm　16 开　16 印张　399 000 字

2022 年 1 月第 5 版　2022 年 1 月北京第 1 次印刷

定价：42.00 元

ISBN 978-7-5223-1019-0

（图书出现印装问题，本社负责调换，电话：010-88190548）

本社图书质量投诉电话：010-88190744

打击盗版举报热线：010-88191661　QQ：2242791300

编写 说明

本书是财政部规划教材、全国财政职业教育教学指导委员会推荐教材，由财政部教材编审委员会组织编写并审定，作为全国中等职业学校财经类教材使用。

正确的会计核算是依法纳税的基础，依法纳税又是会计核算的主要内容，两者之间的联系十分密切。对于中等职业技术学校财经类专业学生——未来的会计工作者而言，除了要学会正确计算税额及相应的会计处理方法外，还要学会各种主要税种的纳税申报与缴纳。

我国传统税收教材较注重理论的介绍、税种的计算，忽略纳税申报表的填制，忽略与会计核算的衔接，造成学生在学完会计课程与税收课程后，对于如何进行涉税会计核算、进行纳税申报还是似懂非懂。在实际工作中，计税、核算、申报是一个连续操作的业务过程，学生参加工作后，面对涉税会计核算茫然失措，因此这部分成为中职财经职业教育中的一个盲点。

为了适应社会经济发展对人才需求的变化，更好地实现中等职业技术学校的培养目标，我们根据《“十四五”职业教育规划教材建设实施方案》的总体要求，以现行《小企业会计准则》及最新的各项税法为依据，编写了这本以中小企业（主要为工业企业、商品流通业企业、服务业涉税核算）主要业务为基础的涉税会计教材。该教材融合会计与税收的相关知识，使学生在比较全面地学习税收知识的同时，掌握中小企业涉税核算的内容。

本教材的编写原则是：

1. 综合性。大胆抛弃传统教材只强调系统性、逻辑性、完整性的学科体系而排斥其他学科体系的课程模式；以企业实际业务流程的会计业务活动为主线，将相关税收知识、会计知识和技能融合为一个有机整体。

2. 实用性。遵循以“能力为本位，实操为导向”的现代教学思想，以“依据职业能力需求，围绕岗位业务流程，遵循职业生涯发展规律”为基本思路，注重理论联系实际，充分考虑中职学生的心理特点和认知规律，以学生能学会和能掌握知识为原则。

3. 基础性与层次性相结合。根据中职学生的职业特点，理论知识以“够用”为标准，且根据需要，部分理论知识可通过注解的方式进行介绍，全书主要以会计涉税业务、技能训练为主，特别是以工业、商业、服务业涉税核算为主，使学生毕业后即能从事相关的会计、税务工作，为就业打下坚实的基础。

本书的主要内容是：针对企业财会人员在实际工作中遇到的涉税问题，依据最新的税法（包括最新的《个人所得税法》等）及现行《企业会计准则》，将企业的纳税计算与会计处理相结合，说明增值税、消费税、所得税、城市维护建设税、教育费附加、土地增值税、房产税、契税、车船使用税等的应纳税额的计算、会计处理方法及纳税申报。

本书由广东省财政职业技术学校高级讲师黄莉主编，第一、第三章由曾纯编写，第二、第九章由黄莉编写，第四、第十章由彭水发编写，以上编写人员系广东财贸职业学院。第五、第六章由广州市财经职业学校高级讲师李永宁编写，第七、第八章由福建省龙岩财经学校官世民高级讲师编写。本书由广州万隆荣鑫会计师事务所的注册会计师高伟莉主审。

本书作为立体化教材，配有相关课外拓展阅读知识，以二维码的形式呈现，手机扫描二维码即可获取。

用书学校任课老师若需要本书章后练习题的答案及课件，请以电子邮件的形式向中国财政经济出版社索取（请注明：学校、全书名、版次），E－mail：caijingjiaocai@163.com，或登录如下网址下载：http://cjjc.cfeph.cn。

由于编者编写水平有限，不妥之处，诚恳地期待读者的批评与指正。

编　者

2022 年 1 月

目　录

第一章
概　述

【知识导入】 根据中国国家航天局透露：中国用于太空工业发展的资金每年约为20亿元人民币（约2.4亿美元）。十多年来，中国在载人航天项目上总共投入了数百亿元人民币。

请问：这些支出的费用从哪里来？

第一节　税收的概念及特征

【学习目标】 了解税收的含义及特点，树立诚信纳税意识。

一、税收的概念

税收，是财政收入的主要来源，是国家为了实现其职能，满足社会公共需要，凭借其政治权力，运用法律手段，按照预定标准，向社会成员强制、无偿征收而取得的。

税收的存在，最直观地看，是由国家的存在决定的。国家是公共事务的执行者，公共事务是满足公共需要的活动。所以从根本上说，税收的存在是由公共需要决定的。每个人都需要吃饭、穿衣、住房，但仅有这些需要是不够的。从经济学的角度，公众的公共需要，主要通过政府的公共事务来满足。

公共需要是指在一定社会整体范围内，为保证人口或劳动力再生产与物质资料再生产得以顺利进行的外部条件的需要。社会公共需要的主要内容包括：（1）保证国家职能的需要，包括国家政权的职能和执行某些社会职能的需要。如公安、司法、监察、国防、外交、行政管理，以及普及教育、卫生保健、基础科学研究、生态环境保护等（这类需要是典型的社会公共需要）。所以，我国太空工业发展花费的数百亿元的经费来自于老百姓的纳税。（2）大型公共设施和基础产业。如邮政、通讯、民航、铁路、公路、煤气、电力、钢铁及城市公共设施等。(3) 半社会公共需要，即社会公共需要与个人需要之间在性质上难以严格划分的一些需要，如高等教育、医疗事业等。

从纳税人的角度看，税收是一种支出，是享受社会公共产品而向政府支付的价格；从政府的角度看，提供公共产品以满足公共需要的经济来源，是一种成本补偿。可见，纳税人支付税款和得到政府好处之间有着密切联系。从根本上说，政府全部开支的财源最终来自于公众。因为政府需要收入来偿付它的支出，其偿付支出的钱主要来自税收。

知识拓展

根据预算报告，2020 年，全国一般公共预算收入 182 894.92 亿元，比 2019 年下降 3.9%。其中，中央一般公共预算收入 82 771.08 亿元，为预算的 100%，下降 7.3%；地方一般公共预算收入 183 439.14 亿元，其中，本级收入 100 123.84 亿元，下降 0.9%。

2020 年中国中央本级支出为 35 096 亿元，地方财政支出为 210 492 亿元。一般公共预算支出为 245 588 亿元，较 2019 年增加了 6 714 亿元。

2020 年全国税收收入首次出现下降，收入为 154 310 亿元，较 2019 年的 157 992 亿元同比下降 2.33%；2020 年全国非税收入为 28 585 亿元，较 2019 年的 32 390 亿元同比下降 11.75%。中国主要税收收入项目有增值税、企业所得税、进口货物增值税，消费税等。

2020 年，中国国内增值税收入为 56 791 亿元，企业所得税收入为 36 424 亿元，进口货物增值税，消费税收入为 14 535 亿元。

二、税收的特征

税收与其他财政收入形式相比，具有强制性、无偿性、固定性三个基本特征（简称“三性”）。

（一）强制性

税收的强制性是指国家凭借其政治权力，依据税法向纳税人强制课征，纳税人必须依据税法严格履行纳税义务，如果纳税人不履行纳税义务，必然会受到国家有关法律的制裁。

（二）无偿性

税收的无偿性是指国家在取得税收收入的同时，不需要向纳税人进行任何直接的返还，也不支付任何报酬。不过税收的无偿性是就具体纳税人而言的。国家征税的目的是为了社会公共需要。国家通过征税取得财政收入，又通过各项财政支出用于国防、安全、行政管理、教育、卫生等社会事业，就整个财政活动来看，税收又具有有偿性的一面。

名词解释

纳税人：指税法规定的直接负有纳税义务的单位和个人。

财政收入：指国家财政参与社会产品分配所取得的收入，是实现国家职能的财力保证。我国财政收入的主要形式有税收收入、利润收入、债务收入、其他收入。

（三）固定性

税收的固定性是指以税法为表现形式的国家与纳税人之间的征纳关系的固定性，特别是指以法律的形式预先规定的课税对象和征税数额之间的数量比例（即税率）的固定性，征纳双方不得超越法律而随意改变。

第二节　我国的税制结构

【学习目标】 了解我国税制的基本结构，掌握税务机关负责征收的税种名称。

一、概况

我国现行税制是以流转税为主体、所得税为发展重点的复合税制体系。

二、我国现行税种

我国现行税种按负责征收的部门和性质划分为以下几类：

（一）税务机关征收

1. 流转税，包括增值税、消费税、关税，主要在生产、流通或者服务领域中发挥调节作用。

2. 所得税，包括企业所得税和个人所得税，主要是对生产经营者的利润和个人的纯收入发挥调节作用。

3. 资源税类，包括资源税、土地增值税、城镇土地使用税，主要是对因开发和利用自然资源差异而形成的级差收入发挥调节作用。

4. 财产税类，包括房产税、车辆购置税、车船使用税，主要是对特定财产发挥调节作用。

5. 行为税类，包括城市维护建设税、印花税、耕地占用税（在县地税征收）等，主要是对特定行为发挥调节作用。

（二）海关征收

海关负责征收的税种包括关税和船舶吨税，主要对进出我国国境的货物、物品征税（进口环节的增值税、消费税由海关负责代征）。

（三）财政机关征收

财政机关负责征收的税种如契税（由财政局或地税局征收）。

三、税务机构设置

中央政府设立国家税务总局（正部级），省级以下设立国家税务局和地方税务局两个系统。国家税务总局对国家税务局系统垂直管理；地方税务局由上级机关和同级政府双重领导。国家税务局负责增值税（即中央税和地方共享税）、消费税及资源税（即中央税）等税种的征收。地方税务局负责个人所得税、土地增值税、房产税（即地方税）等税种的征收。

第三节　涉税会计的基本内容

【学习目标】　了解涉税会计是集税收制度和会计核算于一体的特殊专业会计，了解涉税会计与企业财务会计的关系、涉税会计核算是企业会计核算的重要内容。

涉税会计是税务与会计结合而形成的一门交叉学科。涉税会计的基本职能与财务会计相对应，是以税法法律制度为准绳，以货币为计量单位，运用会计学的原理和方法，对纳税人应纳税款的形成、申报、缴纳进行反映和监督的一种管理活动。它是以企业为核算主体，对税金的形成、计算、缴纳全过程进行反映与核算的一门专业性会计。

一、涉税会计的特点

涉税会计作为税收制度和会计核算于一体的特殊专业会计，具有以下特点：

（一）涉税会计要在税法的制约下操作

纳税人在发生应税行为、取得应税收入后，必须按税法的规定正确计算应纳税款，及时上缴国家金库。在整个纳税过程中，涉税会计必须如实地进行反映和监督，即纳税人对涉税活动的会计处理必须以税法为依据；会计制度规定与税法规定不一致时，应按税法的规定进行必要的调整。所以，涉税会计具有直接受制于税收法律规定的显著特点，这也是涉税会计区别于其他专业会计的一个重要标志。

知识拓展

按《企业会计准则》的规定，凡是企业取得的收入，不管其来源于何种途径，都作为企业所得的组成部分。而按照税法规定，有的收入如购买国库券利息收入，在计算应税所得时可以扣除。从支出方面看，按照会计惯例，凡是企业发生的各项支出，不管其是否与取得收入有关，都应作为企业费用支出，全额计入企业的成本、费用，在计算会计利润时可以扣除。而按照税法规定，有些支出如违法经营的罚款和被没收财物的损失，各种税收的滞纳金、罚金和罚款，各种赞助支出，各项资产减值准备等在计算应纳税所得额时不得扣除；有些费用支出，如工资支出、职工福利费、公益救济性捐赠等，只有在税法规定的标准之内的才能扣除，超过规定标准的不能扣除。

（二）相对独立性

和其他会计相比较，涉税会计具有其相对的独立性和特殊性，因为国家规定的征税依据与企业会计制度的规定有一定差别，其处理方法、计算口径不尽相同，所以，涉税会计有一套独立的处理准则。如自产自用货物视同销售的有关规定、企业会计利润与应纳税所得额的差异及其调整等，都反映了涉税会计核算方法与内容的相对独立性。

（三）涉税会计是反映和监督企业履行纳税义务的工具

根据财务会计的规定进行核算、反映和处理的结果，是为了满足投资者、债权人和管理者的需要；而根据涉税会计进行核算、反映和处理的结果，是为了满足国家征税和管理者进行税收筹划的需要。两者在收入确认、存货计价、计提折旧和坏账准备等方面都存在着一定的差异，造成了税前会计利润和应纳税所得额也存在一定的差异。对此，涉税会计应有一套独立的处理准则，保证企业的税务活动按照税收规定进行，使两者之间的差异可以根据产生差异的原因相互调节。

二、涉税会计与企业财务会计的关系

与企业财务会计相比较，企业涉税会计有其相对的独立性和特殊性，其差别体现在以下四个方面：

（一）服务的对象不同

财务会计通过对企业经济活动的记录、计算、分类、汇总，向企业的投资者、经营者、债权人等提供企业生产经营状况和财务成果的信息，同时为企业内部管理服务。因此，企业财务会计的核算方法、处理方法等，可以根据《小企业会计准则》或《企业会计准则》，并结合自身生产经营实际需要加以选择，按照有关规定核算企业的财务成果，并为企业利益相关人（包括银行、债务人、潜在投资者）提供真实相关的信息，便于他们投资决策。

涉税会计所提供的信息主要服务于国家税务部门和企业的经营管理者，必须严格按照税法（条例）及其实施细则的规定运作，受税法制约，不能任意选择或更改，按照税法来核算企业的收入、成本、利润和所得税的会计核算系统，其目的是保证国家税收的充分实现，调节经济和公平税负，为国家税务部门和经营管理者提供有用的信息。企业的经济行为和财务会计核算涉及税务问题时，应以税收法规为依据进行相应的会计处理，会计制度与税收法规要求不一致时，应以税收法规为准绳进行必要的调整。

（二）核算的范围不同

财务会计的核算对象是企业以货币计量的全部经济事项，其核算范围包括资金的投入、循环、周转、退出等过程，既要反映企业的财务状况，又要反映企业的经营成果和资金变动情况；而税务会计的核算对象是因纳税而引起的税款的形成、计算、缴纳、补退等经济活动的资金运动，其核算范围包括经营收入、成本（费用）与资产计价、收益分配、财产与特定行为目的、纳税申报与税款解缴、税收减免和税收筹划等与纳税有关的经济活动。

（三）核算的目的不同

财务会计通过对纳税人所有经济业务进行记录和核算，最后编制资产负债表、利润表、现金流量表及其相关附表，全面反映企业的财务状况和经营成果，并将其报送投资者、债权人、企业主管部门及其他会计信息使用者；而企业涉税会计不仅仅是对税务资金运动的反映和监督，保证纳税人依法纳税，而且可以通过税负因素分析等方法，使纳税人的经营行为既符合税法，又最大限度地减轻税收负担，具有税收筹划的作用。

（四）核算的依据不同

财务会计核算应遵循会计准则，依照企业会计制度的规定处理企业的各种经济业务；涉税会计不仅要遵循一定的会计准则，更要受税法的约束，强调客观性和统一性。当财务会计的规定和税法规定相抵触时，企业可以按财务会计规定进行会计处理，但在纳税时，必须按税法的规定进行调整。

三、涉税会计核算是企业会计核算的重要内容

会计核算通过确认、计量、记录、报告等环节，对企业的经济活动进行记账、算账、报账，为各有关方面提供会计信息。企业在生产经营活动中，必然会因纳税活动引起应纳税款的计算和缴纳、纳税申报以及涉税结果的会计处理等资金运动，纳税人只有合法地进行经济活动，并全面、客观、真实地记录经济活动，履行纳税义务，才能保证会计核算的真实性。

思考与练习

一、单项选择题

1. 从根本上说，税收的存在是由（　　）决定的。而公共需要则是社会需要中一个重要的有机组成部分。

A. 公共需要　　B. 个人需要
C. 社会需要　　D. 组织需要

2. 以下属于流转税的有（　　）。

A. 所得税　　B. 增值税
C. 资源税　　D. 印花税

3. 流转税不包括（　　）。

A. 增值税　　B. 消费税
C. 关税　　D. 城市维护建设税

4. 财产税不包括（　　）。

A. 房产税　　B. 土地增值税
C. 车辆购置税　　D. 契税

5. 海关负责征收的税种不包括（　　）。

A. 关税　　B. 船舶吨税
C. 进口环节的增值税　　D. 印花税

二、多项选择题

1. 社会公共需要的主要内容包括（　　）。

A. 保证国家职能的需要　　B. 大型公共设施和基础产业
C. 半社会公共需要　　D. 国防需要

2. 税收与其他财政收入的形式相比，具有（　　）基本特征。

A. 强制性　　B. 无偿性
C. 有偿性　　D. 固定性

3. 涉税会计与企业财务会计的差别体现在（　　）。

A. 服务的对象不同　　B. 核算的范围不同

C. 核算的目的不同　　D. 核算的依据不同

4. 流转税类包括（　　）。

A. 增值税　　B. 消费税

C. 关税　　D. 所得税

5. 财产税类包括（　　）。

A. 房产税　　B. 契税

C. 车船使用税　　D. 车辆购置税

6. 行为税类包括（　　）。

A. 城市维护建设税　　B. 印花税

C. 教育费附加　　D. 个人所得税

三、判断题

1. 涉税会计所提供的信息主要服务于国家税务部门和企业的经营管理者，必须严格按照税法（条例）及其实施细则的规定运作，受税法制约，不能任意选择或更改。（　　）

2. 国家税务总局对国家税务局系统垂直管理；地方税务局由上级机关和同级政府双重领导。（　　）

3. 税收的强制性是指国家凭借其政治权力，依据税法向纳税人强制课征，纳税人必须依据税法严格履行纳税义务。（　　）

4. 税收的存在是由社会成员的需要决定的。（　　）

5. 国家税务局负责增值税、消费税及资源税、城市维护建设税等税种的征收。（　　）

6. 当财务会计的规定和税法的规定相抵触时，企业可以按财务会计规定进行会计处理，在纳税时，不须按税法的规定进行调整。（　　）

第二章
增值税及其会计核算

【知识导入】 某假日酒店是一家四星级酒店，为一般纳税人，2022 年 1 月取得以下含税收入（均收款）：

（1）客房收入 500 万元，同时提供免费早餐。

（2）洗衣部收入 50 万元。

（3）餐厅收入 250 万元。

（4）出租酒店巴士收入 50 万元。

（5）酒店一楼大堂小超市的商品销售收入 60 万元，增值税税率为 16%。

（6）酒店桑拿馆收入 40 万元。

（7）出租房产收入 20 万元（该房产为 2016 年 4 月 30 日前取得的不动产）。

（8）无偿提供场地给书法协会开展书法展览（若正常收费，该场地使用费为 5 万元）。

根据以上资料如何计算应交增值税?

第一节　增值税概述

【学习目标】 了解增值税的概念及特点。

一、增值税的概念及特点

（一）增值税

增值税是对销售货物或者提供加工、修理修配劳务、应税服务以及进口货物的单位和个人就其实现的增值额征收的一个税种。我国现在已全面实行“营改增”（营业税改为增值税，以下同）。

增值税是以单位和个人在生产经营过程中取得的增值额为课税对象的一种税。所谓“增值”，是指纳税人在一定时期内销售产品或提供劳务所得的收入大于购进商品和取得劳务时所支付的金额的差额。如：某百货商店购进一批高级时装，价款100万元，卖出180万元，则对增值税额80万元征税。

增值税属于流转税（又称流转课税、流通税），指以纳税人商品生产、流通环节的流转额或者数量以及非商品交易的营业额为征税对象的一类税收。流转税是商品生产和商品交换的产物，各种流转税（如增值税、消费税、关税等）是政府财政收入的重要来源。

1. 我国营业税改增值税（以下简称“营改增”）的历程如下：

2011年10月，国务院决定开展“营改增”试点，逐步将征收营业税的行业改为征收增值税。

2012年1月1日起，率先在上海实施了交通运输业和部分现代服务业“营改增”试点。

2012年9月1日至2012年12月1日，交通运输业和部分现代服务业“营改增”试点由上海市分4批次扩大至北京市、江苏省、安徽省、福建省（含厦门市）、广东省（含深圳市）、天津市、浙江省（含宁波市）、湖北省等8省（直辖市）。

2013年8月1日起，交通运输业和部分现代服务业“营改增”试点推向全国，同时将广播影视服务纳入试点范围。

2014年1月1日起，铁路运输业和邮政业在全国范围实施“营改增”试点。

2014年6月1日起，电信业在全国范围实施“营改增”试点。

2016年5月1日起，全面推开“营改增”试点，将建筑业、房地产业、金融业、生活服务业纳入试点范围。

2. 新加入“营改增”的行业包括：

建筑业：工程服务、安装服务、修缮服务、装饰服务、其他建筑服务；

房地产业：销售不动产（建筑物、构筑物）；

金融业：贷款服务、直接收费金融服务、保险服务、金融商品转让；

生活服务业：文化体育服务、教育医疗服务、旅游娱乐服务、餐饮住宿服务、居民日常服务、其他生活服务。

《营业税改征增值税试点实施办法》

《营业税改征增值税试点有关事项的规定》

（二）增值税的特点

与其他税种相比，增值税具有以下特点：

1. 实行税款抵扣制度，不重复征税。通过税额抵扣仅就增值额部分征税，增值税的这一特点避免了重复征税的现象。

2. 税负公平。根据增值税的计税原理，流转额中的非增值因素已经在计税时扣除，所以对同一商品，无论流转环节的多与少，只要增值额相同税负就相同。

3. 普遍征收。增值税税基广阔，是对从事商品生产流通和提供劳务的所有单位和个人，在商品和劳务的各个流通环节向纳税人普遍征收。

4. 增值税为价外税，实行比例税率，简便易行。

二、纳税人和扣缴义务人

（一）纳税人

凡在我国境内销售货物或者提供加工、修理修配劳务，销售服务，无形资产或不动产，以及进口货物的单位和个人，为增值税纳税人。

单位，是指企业、行政单位、事业单位、军事单位、社会团体及其他单位。

个人，是指个体工商户和其他个人。

单位以承包、承租、挂靠方式经营的，承包人、承租人、挂靠人（以下统称承包人）以发包人、出租人、被挂靠人（以下统称发包人）名义对外经营并由发包人承担相关法律责任的，以该发包人为纳税人。否则，以承包人为纳税人。

对报关进口的货物，以进口货物的收货人或办理报关手续的单位和个人为进口货物的纳税人。对代理进口货物的，以海关开具的完税凭证上的纳税人为增值税纳税人。即：开具给委托方的由委托方纳税，若是开具给代理方的由代理方纳税。

（二）扣缴义务人

扣缴义务人是指法律、行政法规规定负有代扣代缴、代收代缴税款义务的单位和个人。

境外单位或者个人在境内发生应税行为，在境内未设有经营机构的，以购买方为增值税扣缴义务人。财政部和国家税务总局另有规定的除外。

两个或者两个以上的纳税人，经财政部和国家税务总局批准可以视为一个纳税人合并纳税。具体办法由财政部和国家税务总局另行制定。

（三）增值税纳税人的分类

增值税的纳税义务人分为一般纳税人和小规模纳税人，划分的标准有两个：

1. 按规模的大小进行划分（见表2-1）。

表2-1　　一般纳税人规模的划分标准

纳税人	小规模纳税人	一般纳税人
从事货物生产或提供应税劳务纳税人，以及从事货物生产或提供应税劳务为主，并兼营货物批发或零售的纳税人。批发或零售的纳税人。提供应税劳务的纳税人	年（连续12个月）应税销售额未超过500万元	年应税销售额在500万元以上

2. 按会计核算是否健全划分。会计核算健全的为一般纳税人，反之则为小规模纳税人。会计核算健全，是指能够按照国家统一的会计制度规定设置账簿，根据合法、有效凭证核算。

提示：年应税销售额未超过规定标准的纳税人，会计核算健全，能够提供准确税务资料的，可以向主管税务机关办理一般纳税人资格登记，成为一般纳税人。

符合一般纳税人条件的纳税人应当向主管税务机关办理一般纳税人资格登记。具体登记办法由国家税务总局制定。

除国家税务总局另有规定外，一经登记为一般纳税人后，不得转为小规模纳税人。

按照《增值税一般纳税人资格认定管理办法》增值税一般纳税人实行认证制。

按照财税〔2018〕33 号文件，原按《增值税暂行条例实施细则》第 28 条登记为一般纳税人的单位和个人，在 2018 年 12 月 31 日前，可转登记为小规模纳税人。

纳税人应当按照国家统一的会计制度进行增值税会计核算。

3. 特殊规定。年应税销售额超过规定标准的其他个人不属于一般纳税人，按小规模纳税人纳税。年应税销售额超过规定标准但不经常发生应税行为的单位和个体工商户可选择按照小规模纳税人纳税。

旅店业及饮食业纳税人销售非现场消费的食品，属于不经常发生增值税应税行为，自 2013 年 5 月 1 日起，可选择小规模纳税人纳税。

兼有销售货物、提供加工修理修配劳务及应税服务，且不经常发生应税行为的单位和个体工商户可选择小规模纳税人纳税。

小规模纳税人的标准由国家财政、税务主管部门规定。小规模纳税人实行简易办法征收增值税，一般不得使用增值税专用发票。

《财政部　税务总局关于统一增值税小规模纳税人标准的通知》

统一小规模纳税人标准等若干增值税问题的公告

2020 年 1 月 1 日起，增值税小规模纳税人（其他个人除外），可以自行使用增值税发票管理系统开具增值税专用发票。

三、征税范围

增值税的征税范围包括货物的生产、批发、零售和进口四个环节。2016 年 5 月 1 日以后，伴随“营改增”试点实施办法以及相关配套政策的实施，“营改增”试点行业扩大到销售服务、无形资产或者不动产（以下称应税行为），增值税的征税范围覆盖第一产业、第二产业和第三产业。

（一）销售或者进口的货物

包括电力、热力、气体在内。销售货物指有偿转让货物所有权。

（二）提供加工、修理修配劳务

加工是指受托加工货物，即委托方提供原材料及主要材料，受托方按照委托方的要求制造货物并收取加工费的业务；修理修配是指受托对损伤和丧失功能的货物进行修复，使其恢复原状和功能的业务。但单位或个体经营者聘用的员工为本单位或雇主提供加工、修理修配劳务，不包括在内。

（三）销售服务

销售服务，是指提供交通运输服务、邮政服务、电信服务、建筑服务、金融服务、现代服务、生活服务。

《销售服务、无形资产、不动产注释》

1. 销售服务、无形资产或者不动产，是指有偿提供服务、有偿转让无形资产或者不动产，但属于下列非经营活动的情形除外：

（1）行政单位收取的同时满足以下条件的政府性基金或者行政事业性收费。包括：①由国务院或者财政部批准设立的政府性基金，由国务院或者省级人民政府及其财政、价格主管部门批准设立的行政事业性收费；②收取时开具省级以上（含省级）财政部门监（印）制的财政票据；③所收款项全额上缴财政。

（2）单位或者个体工商户聘用的员工为本单位或者雇主提供取得工资的服务。

（3）单位或者个体工商户为聘用的员工提供服务。

（4）财政部和国家税务总局规定的其他情形。

2. 下列情形不属于在境内销售服务或者无形资产：

（1）境外单位或者个人向境内单位或者个人销售完全在境外发生的服务。

（2）境外单位或者个人向境内单位或者个人销售完全在境外使用的无形资产。

（3）境外单位或者个人向境内单位或者个人出租完全在境外使用的有形动产。

（4）财政部和国家税务总局规定的其他情形。

3. 下列情形视同销售服务、无形资产或者不动产：

（1）单位或者个体工商户向其他单位或者个人无偿提供服务，但用于公益事业或者以社会公众为对象的除外。

（2）单位或者个人向其他单位或者个人无偿转让无形资产或者不动产，但用于公益事业或者以社会公众为对象的除外。

（3）财政部和国家税务总局规定的其他情形。

4. 销售服务包括以下 7 个方面：

（1）交通运输服务。交通运输服务，是指利用运输工具将货物或者旅客送达目的地，使其空间位置得到转移的业务活动。包括陆路运输服务、水路运输服务、航空运输服务和管道运输服务。

（2）邮政服务。邮政服务，是指中国邮政集团公司及其所属邮政企业提供邮件寄递、邮政汇兑和机要通信等邮政基本服务的业务活动。包括邮政普遍服务、邮政特殊服务和其他邮政服务。

（3）电信服务。电信服务，是指利用有线、无线的电磁系统或者光电系统等各种通信网络资源，提供语音通话服务，传送、发射、接收或者应用图像、短信等电子数据和信息的业务活动。包括基础电信服务和增值电信服务。

交通运输服务　　邮政服务　　电信服务

（4）建筑服务。建筑服务，是指各类建筑物、构筑物及其附属设施的建造、修缮、装饰，线路、管道、设备、设施等的安装以及其他工程作业的业务活动。包括工程服务、安装服务、修缮服务、装饰服务和其他建筑服务。

（5）金融服务。金融服务，是指经营金融保险的业务活动。包括贷款服务、直接收费金融服务、保险服务和金融商品转让。

（6）现代服务。现代服务，是指围绕制造业、文化产业、现代物流产业等提供技术性、知识性服务的业务活动。包括研发和技术服务、信息技术服务、文化创意服务、物流辅助服务、租赁服务、鉴证咨询服务、广播影视服务、商务辅助服务和其他现代服务。

建筑服务　　金融服务　　现代服务

（7）生活服务。生活服务，是指为满足城乡居民日常生活需求提供的各类服务活动。包括文化体育服务、教育医疗服务、旅游娱乐服务、餐饮住宿服务、居民日常服务和其他生活服务。

生活服务

（四）销售无形资产

销售无形资产，是指转让无形资产所有权或者使用权的业务活动。无形资产，是指不具实物形态，但能带来经济利益的资产，包括技术、商标、著作权、商誉、自然资源使用权和其他权益性无形资产。

技术，包括专利技术和非专利技术。

自然资源使用权，包括土地使用权、海域使用权、探矿权、采矿权、取水权和其他自然资源使用权。

其他权益性无形资产，包括基础设施资产经营权、公共事业特许权、配额、经营权（包括特许经营权、连锁经营权、其他经营权）、经销权、分销权、代理权、会员权、席位权、网络游戏虚拟道具、域名、名称权、肖像权、冠名权、转会费等。

（五）销售不动产

销售不动产，是指转让不动产所有权的业务活动。不动产，是指不能移动或者移动后会引起性质、形状改变的财产，包括建筑物、构筑物等。

建筑物，包括住宅、商业营业用房、办公楼等可供居住、工作或者进行其他活动的建造物。

构筑物，包括道路、桥梁、隧道、水坝等建造物。

转让建筑物有限产权或者永久使用权的，转让在建的建筑物或者构筑物所有权的，以及在转让建筑物或者构筑物时一并转让其所占土地使用权的，按照销售不动产缴纳增值税。

（六）征税范围的特殊行为

1. 视同销售货物及提供应税服务行为，主要包括以下 11 项：

①将货物交付他人代销。②销售代销货物。③设有两个以上机构并实行统一核算的纳税人，将货物从一个机构移送至其他机构用于销售，但相关机构设在同一县（市）的除外

（用于销售，是指售货机构发生下列情形之一的经营行为：向购货方开具发票；向购货方收取货款。该移送行为有上述情形之一的，应向当地税务机关缴纳增值税，否则应由总机构统一缴纳增值税）。④将自产、委托加工或购买的货物作为投资，提供给其他单位或个体工商户。⑤将自产或委托加工的货物用于非增值税应税项目。⑥将自产、委托加工或购买的货物无偿赠送其他单位或他人。⑦将自产、委托加工或购买的货物分配给股东或投资者。⑧将自产、委托加工的货物用于集体福利或个人消费。⑨单位或个体工商户向单位或个人无偿提供应税服务，但用于公益活动为目的或以社会公众为对象的除外。⑩单位或个人向其他单位无偿转让无形资产或不动产，但用于公益活动为目的或以社会公众为对象的除外。⑪财政部和国家税务总局规定的其他情形。

2. 混合销售行为，指一项销售行为既涉及货物又涉及服务（两者有直接联系）。

混合销售行为纳税的处理：从事货物的生产、批发或零售的企业和个体工商户发生混合销售行为，按销售货物缴纳增值税。其他单位和个体工商户的混合销售行为，按销售服务缴纳增值税。

如：格里电器有限公司销售一批空调机给某企业，空调20台，每台2 000元，价款40 000元，增值税6 400元。同时每台收取安装费100元。

3. 兼营行为，指增值税纳税人在从事应税货物销售或劳务的同时，又从事增值税服务业务，两者没有直接的联系，常见于跨行业经营。

如：安浩建筑材料公司销售建筑装修材料，同时也提供装修劳务。

纳税处理：试点纳税人销售货物、加工修理修配劳务、服务、无形资产或者不动产适用不同税率或者征收率的，应当分别核算适用不同税率或者征收率的销售额，未分别核算销售额的，按照以下方法适用税率或者征收率：①兼有不同税率的销售货物、加工修理修配劳务、服务、无形资产或者不动产，从高适用税率。②兼有不同征收率的销售货物、加工修理修配劳务、服务、无形资产或者不动产，从高适用征收率。③兼有不同税率和征收率的销售货物、加工修理修配劳务、服务、无形资产或者不动产，从高适用税率。

（七）不征增值税的项目

1. 基本建设单位和从事建筑安装业务的企业附设工厂、车间在建筑现场制造的预制构件，凡直接用于本单位或本企业建筑工程的。

2. 供应或开采未经加工的天然水（如水库供应农业灌溉用水，工厂自采地下水用于生产），不征收增值税。

3. 对国家管理部门行使其管理职能，发放的执照、牌照和有关证书等取得的工本费收入，不征收增值税。

4. 对体育彩票的发行收入，不征收增值税。

5. 对增值税纳税人收取的会员费收入，不征收增值税。

6. 代购货物行为，凡具备以下条件的，不征收增值税：

（1）受托方不垫付资金；

（2）销货方将发票开具给委托方，并由受托方将该发票转给委托方；

（3）受托方按销售方实际收到的销售额和销项税额（如系代理进口货物，则为海关代征增值税额）与委托方结算货款，并另外收取手续费。

7. 计算机软件产品征收增值税问题。纳税人销售软件产品并随同销售一并收取软件安装费、维护费、培训费等收入，应按混合销售有关规定征收增值税，并可享受软件产品增值税即征即退政策。

8. 纳税人资产重组有关问题。2016 年 5 月 1 日起，在资产重组过程中，涉及的不动产、土地使用权转让行为。按《营业税改增值税试点实施办法》（财税〔2016〕36 号）及有关规定执行。

9. 纳税人取得的中央财政补贴有关增值税问题。2013 年 2 月 1 日起，纳税人取得的中央财政补贴，不属于增值税应税收入，不征收增值税。

燃油电厂从政府财政专户取得的发电补贴不属于增值税规定的价外费用，不计入应税销售额，不征收增值税。

10. 试点纳税人根据国家指令无偿提供的铁路运输服务、航空运输服务，属于《营业税改增值税试点实施办法》第十四条规定的用于公益事业的服务，不征收增值税。

11. 存款利息。

12. 被保险人获得的保险赔付。

13. 房地产主管部门或者其指定机构、公积金管理中心、开发企业以及物业管理单位代收的住宅专项维修资金。

《财政部　税务总局关于延续动漫产业增值税政策的通知》

《财政部　税务总局关于延续宣传文化增值税优惠政策的通知》

四、增值税的减税、免税

（一）法定免税项目

1. 农业生产者销售的自产农产品；
2. 避孕药品和用具；
3. 古旧图书；
4. 直接用于科学研究、科学试验和教学的进口仪器、设备；
5. 外国政府、国际组织无偿援助的进口物资和设备；
6. 由残疾人的组织直接进口供残疾人专用的物品；
7. 销售的自己使用过的物品。自己使用过的物品，指其他个人使用过的物品。

除上述项目外，增值税的减税、免税项目由国务院规定，任何地区、部门均无权自行规定减税、免税项目。

纳税人兼营免税、减税项目的应当分别核算免税、减税项目的销售额；未分别核算销售额的不得免税、减税。

其他增值税的减税、免税

纳税人销售货物或应税劳务适用免税规定的，可以放弃免税，依照《增值税暂行条例》的规定缴纳增值税。放弃免税后，36 个月内不得再申请免税。

（二）起征点

对个人销售额未达到规定起征点的，免征增值税。增值税起征点的适用范围限于个人，不包括认定为一般纳税人的个体工商户。

增值税起征点的幅度规定如下：

1. 销售货物的，为月销售额 5 000 ~ 20 000 元。
2. 销售应税劳务的，为月销售额 5 000 ~ 20 000 元。
3. 按次纳税的，为每次（日）销售额 300 ~ 500 元。
4. “营改增”规定的应税行为的起征点：

（1）按期纳税的，为月销售额 5 000 ~ 20 000 元（含本数）。

（2）按次纳税的，为每次（日）销售额 300 ~ 500 元（含本数）。

营业税改征增值税试点过渡政策的规定

（三）“营改增”对小微企业的免征增值税规定

根据国家税务总局发布的（财税〔2021〕5 号）《关于小规模纳税人免征增值税有关问题的公告》：增值税小规模纳税人销售货物或者加工、修理修配劳务月销售额不超过 15 万元（按季纳税 45 万元），销售服务、无形资产月销售额不超过 15 万元（按季纳税 45 万元）的，自 2021 年 4 月 1 日起至 2022 年 12 月 31 日，可分别享受小微企业暂免征收增值税优惠政策。

国家税务总局还公布了《关于合理简并纳税人申报缴税次数的公告》，自 2016 年 4 月 1 日起施行。相关规定如下：

1. 增值税小规模纳税人缴纳增值税、消费税、文化事业建设费，以及随增值税、消费税附征的城市维护建设税、教育费附加等税费，原则上实行按季申报。

纳税人要求不实行按季申报的，由主管税务机关根据其应纳税额大小核定纳税期限。

2. 随增值税、消费税附征的城市维护建设税、教育费附加免于零申报。

3. 对于采取简易申报方式的定期定额户，在规定期限内通过财税库银电子缴税系统批量扣税或委托银行扣缴核定税款的，当期可不办理申报手续，实行以缴代报。

纳税人兼营减税、免税项目的，应当分别核算减税、免税项目的销售额；未分别核算的，不得减税、免税。

五、税率和征收率

（一）基本税率（13%）

包括纳税人销售、进口货物，提供加工、修理修配劳务，有形动产租赁等。

《财政部　税务总局关于调整增值税税率的通知》

（二）低税率

1. 销售或者进口下列货物按 9% 纳税：

（1）粮食、食用植物油、鲜奶。

（2）自来水、暖气、冷气、热水、煤气、石油液化气、天然气、沼气、居民用煤炭制品、食用盐。

(3) 图书、报纸、杂志。

(4) 饲料、化肥、农药、农机(不包括农机零部件)、农膜。

(5) 农产品(指各种动、植物初级产品,冷冻、冷藏、盐渍及干制的水产品,经加工的咸蛋、松花蛋、腌制的蛋也属于本范围;肉桂油、桉油、香茅油不属于农业产品范围,适用税率16%。)、二甲醚。纳税人购进用于生产销售或委托加工13%税率货物的农产品,按12%扣除率计算进项税额。

(6) 音像制品、电子出版物。

(7) 国务院规定的其他货物。

2. 适用9%税率的是:提供交通运输(包括陆路、水路、管道、航空运输),邮政(包括普通、特殊、其他邮政服务),基础电信,建筑(包括工程、安装、修缮、装饰),不动产租赁服务,销售不动产(建筑物、构筑物),转让土地使用权。

3. 适用6%税率的是:服务业(包括现代服务业和生活服务业,有形动产租赁除外),增值电信服务,销售无形资产(土地使用权除外),金融服务。

现代服务业包括研发和技术、信息技术、文化创意、物流辅助、租赁、鉴证咨询、广播影视、商务辅助、其他等。

生活服务业包括文化体育、教育医疗、旅游娱乐、餐饮住宿、居民日常服务货物、其他等。

无形资产包括专利权、非专利技术、商标、著作权、商誉、自然资源使用权、其他等。

(三) 零税率

一般纳税人出口货物税率为零,国务院另有规定的除外。境内单位和个人发生的跨境应税行为,税率为零,具体范围由财政部和国家税务总局另行规定。

(四) 征收率

小规模纳税人及简易办法计税征收率为:3%、5%。小规模纳税人按销售额与征收率3%计算应纳税额。销售、出租不动产,劳务派遣差额纳税,道路、桥、闸通行费、房地产、建筑业简易办法计税的按5%征收率计算应纳税额。

跨境应税行为适用增值税零税率和免税政策的规定

小规模纳税人(除其他个人外,下同)销售自己使用过的固定资产,减按2%的征收率征收增值税,并且只能开具普通发票。

小规模纳税人销售自己使用过的固定资产以外的物品,应按3%的征收率征收增值税。

纳税人销售旧货,按照简易计税方法依照3%征收率,减按2%的征收率征收增值税。

表2-2是对不同纳税人及其应税行为的税率或征收率的总结。

表 2-2　　　　税　率　表

纳税人	应税行为	税率或征收率	备注
一般纳税人	销售、进口货物，提供加工、修理修配劳务，有形动产租赁	13%	可抵扣进项
	销售或进口粮食、食用植物油、鲜奶，自来水、暖气、冷气、热水、煤气、石油液化气、天然气、沼气、居民用煤炭制品、食用盐，图书、报纸、杂志，饲料、化肥、农药、农机、农膜，农产品、二甲醚，音像制品，电子出版物，其他	9%	
	提供交通运输，基础电信，邮政，建筑服务	9%	
	不动产租赁服务，销售不动产，转让土地使用权	9%	
	服务业，增值电信服务，销售无形资产（土地使用权除外），金融服务	6%	
	简易计税方法	5%	不可抵扣
	出口货物（国务院另有规定外）、跨境应税行为、航天运输	0	可办理退税
小规模纳税人	销售进口货物、提供加工、修理劳务、建筑业	3%	不可抵扣
	不动产销售、租赁、房地产	5%	不可抵扣

知识拓展

增值税的零税率与免税的区别

免税是根据国家政策，对某些纳税人给予免予征税照顾的规定；增值税的零税率是使商品的增值税税负为零的一种制度。实行零税率，首先使商品的销项税额为零，进而使销项税额减去进项税额之后的应纳税额为负数。这意味着政府不仅不向销售者征税，而且应当向销售者退税。退税额等于该负数的应纳税额，因此，零税率制度的实质就是退税的制度，它与免税是有区别的。零税率的适用范围仅限于出口的货物，但对纳税人出口的原油、糖、援外货物和禁止出口的货物（包括天然牛黄、麝香、锡及铜基合金、白金、糖等），不能采用零税率，应比照内销货物的规定征收增值税。

（五）其他规定

1. 纳税人提供适用不同税率或征收率的货物、应税劳务和应税行为，应当分别核算适用不同税率或征收率的销售额；未分别核算的，从高适用税率。

2. 试点纳税人销售电信服务时，附带赠送用户识别卡、电信终端等货物或者电信服务的，应将其取得的全部价款和价外费用进行分别核算，按各自适用的税率计算缴纳增值税。

3. 根据（财税〔2016〕36号）规定，油气田企业发生应税行为，适用《营业税改征增值税试点实施办法》规定的增值税税率为3%。

一般纳税人与小规模纳税人税率及计税方法的区别如表 2-3 所示。

表 2－3　　一般纳税人与小规模纳税人税率及计税方法的区别

类别	税率（征收率）%	管理要求	计税方法	备注
一般纳税人	13%、9%、6%、0	会计核算健全	一般计税方法	可进项抵扣
小规模纳税人	3%		简易计税方法	不可进项抵扣

第二节　增值税的计算

【学习目标】 掌握增值税会计账户的设置及增值税的计税方法。

一、增值税会计账户的设置

（一）一般纳税人应交增值税账户设置

增值税一般纳税人应当在“应交税费”账户下设置“应交增值税”“未交增值税”“预交增值税”“待抵扣进项税额”“待认证进项税额”“待转销项税额”“增值税留抵税额”“简易计税”“转让金融商品应交增值税”“代扣代交增值税”等二级账户。其中：

1. “应交税费——应交增值税”二级账户。增值税一般纳税人应在“应交增值税”明细账内设置“进项税额”“销项税额抵减”“已交税金”“转出未交增值税”“减免税款”“出口抵减内销产品应纳税额”“销项税额”“出口退税”“进项税额转出”“转出多交增值税”等专栏。

应交税费——应交增值税

借方	贷方
①进项税额	①销项税额
②已交税金	②出口退税
③出口抵减内销产品应纳税款	③进项税额转出
④减免税款	④转出多交增值税
⑤转出未交增值税	
⑥销项税额抵减	

图 2－1

（1）“进项税额”专栏，记录企业购入货物或接受应税劳务而支付的，准予从销项税额中抵扣的增值税额。企业购入货物或接受应税劳务支付的进项税额，用蓝字登记；退回所购货物应冲销的进项税额，用红字登记（见图 2－2）。

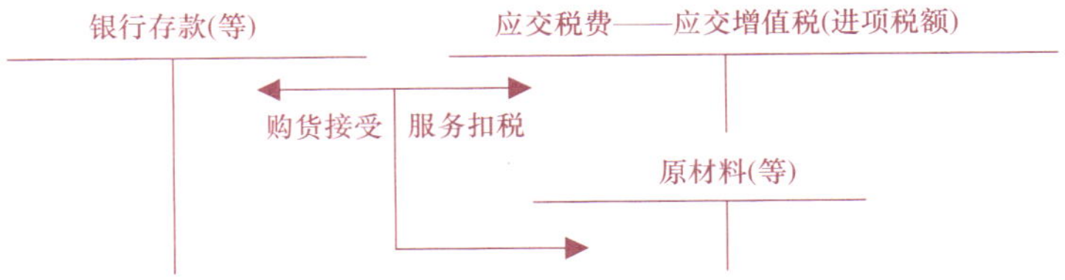

图 2－2

（2）“已交税金”专栏，记录企业当月应交并已缴纳的当月增值税额。企业已缴纳的增值税用蓝字登记；退回多缴的增值税额用红字登记（见图2－3）。

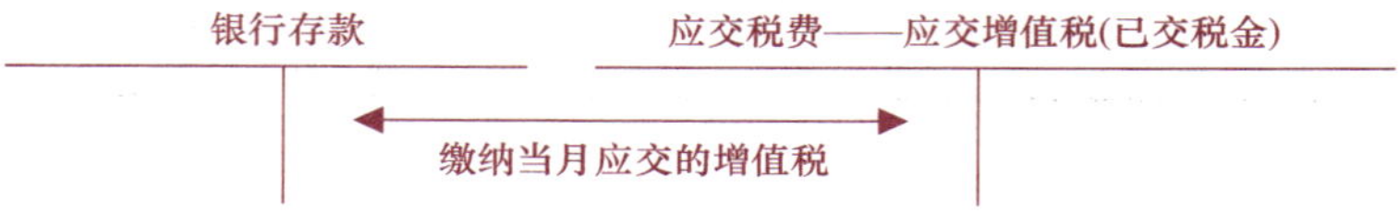

图2－3

（3）“销项税额”专栏，记录企业销售货物、服务或提供应税劳务，应收取的增值税额。企业销售货物或提供应税劳务应收取的销项税额，用蓝字登记；退回销售货物应冲销销项税额，用红字登记（见图2－4）。

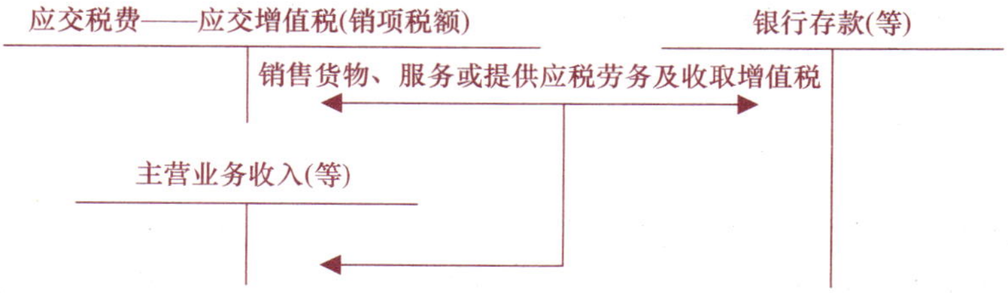

图2－4

（4）“出口退税”专栏，记录企业出口适用零税率的货物，在向海关办理报关出口手续后，凭出口报关单等有关凭证，向主管税务机关申报办理出口退税而收到退回的税款。出口货物退回的增值税额，用蓝字登记；出口货物办理退税后发生退货或者退关而补缴已退的税款，用红字登记（见图2－5）。

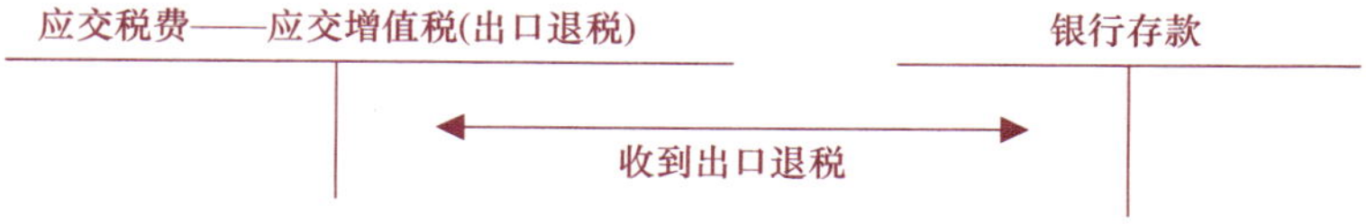

图2－5

（5）“进项税额转出”专栏，记录税法规定的企业因购进货物，在产品、产成品等发生非正常损失以及其他原因不应从销项税额中抵扣，按规定转出的进项税额（见图2－6）。

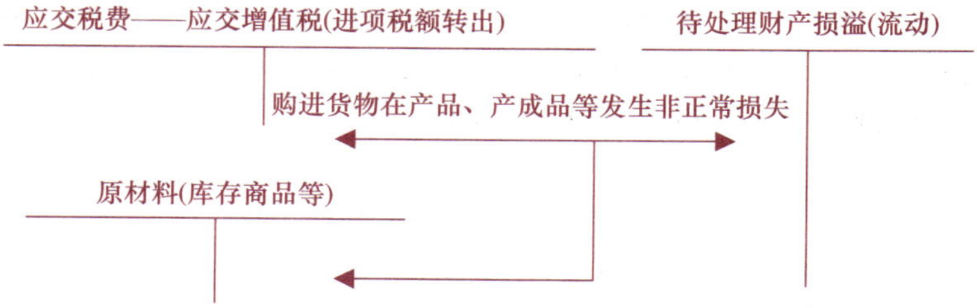

图2－6

非正常损失，是指因管理不善造成货物被盗、丢失、霉烂变质，以及因违反法律法规造成货物或者不动产被依法没收、销毁、拆除的情形。

（6）“转出未交增值税”专栏，记录企业月终时将当月发生的应交未交增值税转入“未交增值税”二级科目的金额（见图2－7）。

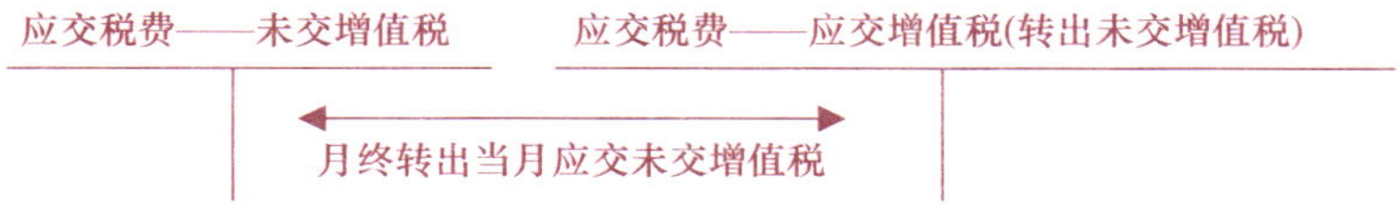

图2－7

（7）“转出多交增值税”专栏，记录企业月末将当月多交增值税转入“未交增值税”二级科目的金额（见图2－8）。

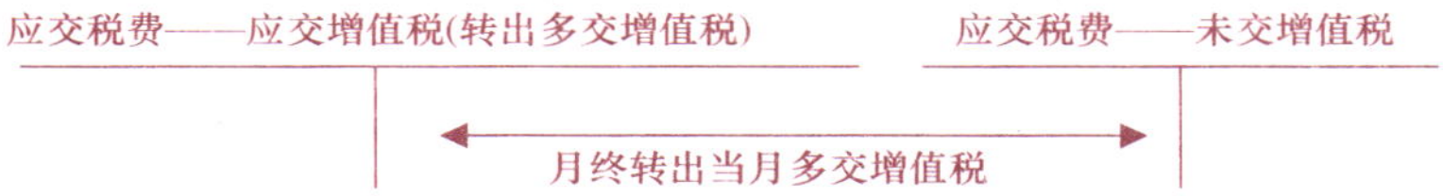

图2－8

（8）“出口抵减内销产品应纳税款”专栏。反映企业按照规定计算的出口货物的进项税额抵减内销产品的应纳税额。

（9）“减免税款”专栏。反映按税法规定减免的增值税款。

（10）“销项税额抵减”专栏。核算差额征税的试点纳税人本期从销售额中扣减的、购进应税服务按适用税率计算的销项税额（见图2－9）。

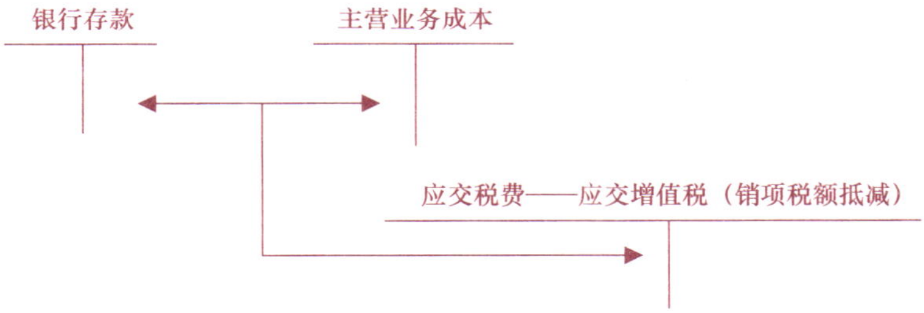

图2－9

2.“应交税费——未交增值税”二级账户。“应交税费——未交增值税”账户的借方发生额，反映企业上交以前各期未交增值税额和月末“应交税费——应交增值税（转出多交增值税）”账户转入的当月多交的增值税额；“应交税费——未交增值税”账户的贷方发生额，反映企业月末自“应交税费——未交增值税（转出未交增值税）”账户转入的当月未交增值税额；“应交税费——未交增值税”账户的期末余额，借方反映企业多交的增值税，贷方反映企业应交未交的增值税。

（二）小规模纳税人应交增值税账户设置

小规模纳税人在“应交税费”下设置“应交增值税”二级账户即可，贷方发生额反映本月应交的增值税，借方发生额反映本月实际已上交的增值税款；期末贷方余额反映应交未交的增值税款，借方余额反映多交的增值税款。

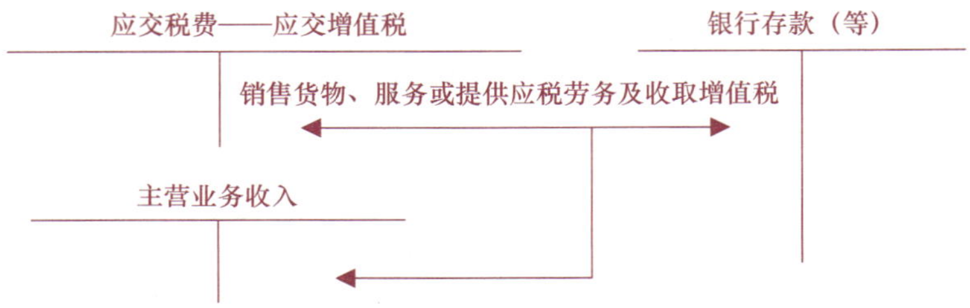

图 2－10

二、增值税的计税方法

增值税的计税方法，包括一般计税方法、简易计税方法和扣缴计税方法。

（一）一般计税方法

一般纳税人销售货物、提供加工修理修配劳务、销售服务、无形资产或不动产适用一般计税方法计税。

当期应纳税额＝当期销项税额－当期进项税额

【例 2－1】 广州王府井百货 9 月份销售产品 800 万元，销项税额 104 万元；购进商品 500 万元，进项税额为 65 万元，9 月份应交增值税 39 万元（104－65）。

（二）简易计税方法

一般纳税人发生财政部和国家税务总局规定的特定应税行为，可以选择适用简易计税方法计税，但一经选择，36 个月内不得变更。

小规模纳税人发生应税行为适用简易计税方法计税。

当期应纳税额＝当期销售额×征收率

【例 2－2】 某小康超市（小规模纳税人）本月销售商品 20 600 元，当月应交增值为多少？

当月应交增值税＝20 600÷（1＋3%）×3%＝600（元）

若销售均收款，则会计处理为：

借：银行存款　　20 600

　　贷：主营业务收入　　20 000

　　　　应交税费——应交增值税　　600

（三）扣缴计税方法

境外单位或者个人在境内发生应税行为，在境内未设有经营机构的，扣缴义务人按照下列公式计算应扣缴税额：

应扣缴税额＝购买方支付的价款÷（1＋税率）×税率

三、一般计税方法（增值税一般纳税人）

一般计税方法的应纳税额，是指当期销项税额抵扣当期进项税额后的余额。

当期应纳税额＝当期销项税额－当期进项税额

当期销项税额小于当期进项税额不足抵扣时，其不足部分可以结转下期继续抵扣。

（一）销项税额

销项税额，是指纳税人发生应税行为按照销售额和增值税税率计算并收取的增值税额。销项税额计算公式：

销项税额＝销售额×税率

或＝组成计税价格×税率

1. 销售额的一般规定。销售额为纳税人销售货物或者应税劳务向购买方收取的全部价款和价外费用，但是不包括收取的销项税额。销售额以人民币计算。纳税人以人民币以外的货币结算销售额的，应当折合成人民币计算。具体包括：

（1）销售货物或者应税劳务取自购买方的全部价款。

（2）向购买方收取的各种价外费用。价外费用是指价外向购买方收取的手续费、补贴、基金、集资费、返还利润、奖励费、违约金、延期付款利息、包装费、包装物租金、储备费、优质费、运输装卸费、代收款项、代垫款项目及其他各种性质的价外收费。

但上述价外费用不包括以下项目：

①受托加工应税消费品有受托方代扣代缴的消费税。

②同时符合以下两个条件的代垫运费：承运部门的运输发票开给购买方，并由纳税人转给购买方。

③同时符合以下条件代收取的政府性基金或者行政事业性收费：由国务院或者财政部批准设立的政府性基金，由国务院或者省级人民政府及其财政、价格主管部门批准设立的行政事业性收费；收取时开具省级以上财政部门印制的财政票据；所收款项全额上缴财政。

④销售货物的同时代办保险等向购买方收取的保险费、车辆购置税、车辆牌照费。

⑤消费税税金。消费税属于价内税，计征增值税时，其应税销售额应包括消费税税金。

【例2－3】 某制造业企业销售产品200 000元，增值税26 000元，开出增值税专用发票，另外收取包装物押金3 000元，收到存款。

借：银行存款 229 000
　贷：主营业务收入 200 000
　　应交税费——应交增值税（销项税额） 26 000
　　其他应付款——包装物押金 3 000

若包装物到期没有归还，按规定没收押金3 000元。

借：其他应付款——包装物押金 3 000
　贷：其他业务收入 2 654.87【3 000÷（1＋13%）】
　　应交税费——应交增值税（销项税额） 345.13

【例2－4】 某制造业企业销售产品100 000元，增值税13 000元，开出增值税专用发票，同时，以现金代垫运费1 090元（其中运费1 000元，增值税90元），货款均未收。

借：应收账款 114 090
　贷：主营业务收入 100 000
　　应交税费——应交增值税（销项税额） 13 000
　　库存现金 1 090

2. 特殊方式下的销售额。

（1）以折扣方式销售货物。折扣销售即商业折扣，是指购货方在销售货物或提供应税劳务，销售服务、无形资产或不动产时，因购货方购货数量较大等原因，而给予购货方的价格优惠。如购买 10 件，可按销售价格折扣 10%；购买 20 件，销售价格折扣 20% 等。要注意的是，增值税专用发票反映的销售额是取得商业折扣后的销售额。

现金折扣：现金折扣是在企业以赊销方式销售货物及提供劳务的业务中，为了鼓励购货方早日还款而给予购货方的一种优惠折扣。如客户在 10 天之内付款可按售价给予 2% 的折扣（2/10）；11～20 天之内付款折扣 1%（1/20）；21～30 天之内全价付款（n/30）。

我国的会计实务中一般采取总价法，即将减去现金折扣之前的金额作为实际销售额，将给予客户的现金折扣看作融资的财务费用，不可以从销售额中扣除。

销售折让：销售折让是指企业出售的货物或提供的劳务因质量不合格或不达标等原因而给客户在售价上予以的减让。销售折让可以通过开具增值税红字专用发票从销售额中扣除，未按规定开具增值税红字专用发票的，不得扣减销项税额或销售额。

纳税人发生应税行为，将价款和折扣额在同一张发票上分别注明的，以折扣后的价款为销售额；未在同一张发票上分别注明的，以价款为销售额，不得扣减折扣额。

【例 2-5】 8 月 5 日，绿蜻蜓鞋业有限公司向东山百货公司销售鞋子一批，原价 100 000 元，给予购货方商业折扣 10%，并在增值税专用发票予以注明。该公司为了提前收回货款，许诺给购货方现金折扣（分别为 2/10、1/20 以及 n/30），客户在 8 月 12 日付款。

应税销售额 = 100 000 ×（1 - 10%）= 90 000（元）

增值税 = 90 000 × 13% = 11 700（元）

- 绿蜻蜓鞋业有限公司的会计处理：

5 日销售产品：

借：应收账款	101 700	
贷：主营业务收入		90 000
应交税费——应交增值税（销项税额）		11 700

12 日收款，假设只有货款取得折扣：

借：银行存款	99 900	
财务费用	1 800（90 000 × 2%）	
贷：应收账款		101 700

- 东山百货公司的会计处理：

5 日购买产品：

借：库存商品	90 000	
应交税费——应交增值税（进项税额）	11 700	
贷：应付账款		101 700

12 日付款，假设只有货款部分取得折扣：

借：应付账款	101 700	
贷：财务费用		1 800
银行存款		99 900

【例 2-6】 8 月 10 日，绿蜻蜓鞋业有限公司上月售出的一批鞋子存在一些问题（该批鞋子货款 200 000 元，增值税 26 000 元，未收款），客户要求给予销售折让 10%，鞋业公司经核实同意给予折让。

开出增值税红字发票，冲减收入 20 000 元，增值税 2 600 元。

借：应收账款　　22 600

　　贷：主营业务收入　　20 000

　　　　应交税费——应交增值税（销项税额）　　2 600

（2）以旧换新、以物易物：采取以旧换新方式销售货物，应按新货物的同时期销售价格确定销售额。采取以物易物方式销售货物，双方均以各自发出的货物核算销售额并计算销项税额，同时以各自收到的货物核算购货额并计算进项税额。

【例 2－7】 某家用电器公司为了促销其生产的冰箱，采取以旧换新方式销售冰箱，每台冰箱不含税价 2 000 元，同时回收一台旧冰箱 200 元，即只收现金 1 800 元。计税时，须按每台 2 000 元确定销售额。

以物易物是指购销双方不以货币结算，而是以同等价款的货物相互结算，实现货物购销的一种方式。对此，税法规定以物易物双方都要作购销处理，以各自发出的货物核算销售额并计算销项税额；以各自收得的货物核算购货额计算进项税额。

【例 2－8】 万保家用电器公司用自产的产品（产品成本 200 000 元，价款 300 000 元，增值税 39 000 元），换取同等价值的原材料一批，各自开出增值税专用发票，发票价款 300 000 元，增值税 48 000 元。该换货的账务处理为：

借：原材料　　300 000

　　应交税费——应交增值税（进项税额）　　39 000

　　贷：主营业务收入　　300 000

　　　　应交税费——应交增值税（销项税额）　　39 000

同时，借：主营业务成本　　200 000

　　　　贷：库存商品　　200 000

（3）还本销售。还本销售是企业销售货物后，在一定期限内将全部或部分销货款一次或分次无条件退还给购货方的一种销售方式。由于该种销售方式对消费者存在还本的吸引力，而且销售企业还能在短时间内实现较大的销售额。因此，近年来不少企业从不同的目的出发采用该方式销售货物。

（4）直销企业销售额的确定。

①直销企业先将货物销售给直销员，直销员再将货物销售给消费者的，直销企业的销售额为其向直销员收取的全部价款和价外费用。直销员将货物销售给消费者时，应按照现行规定缴纳增值税。

> **名词解释**
>
> **直销企业：**是指依照规定经批准采取直销方式销售产品的企业。

②直销企业通过直销员向消费者销售货物，直接向消费者收取货款，直销企业的销售额为其向消费者收取的全部价款和价外费用。

（5）包装物押金的计税。对于包装物押金的处理，税法规定凡企业为销售货物而出租、出借包装物收取的押金，单独记账核算的，不并入销售额征税；逾期（12 个月为限）未收回包装物而不需退还的押金，按其所包装货物的适用税率计算销项税额，“逾期”是指按合同的定期逾期或以一年为期限，对收取一年以上的押金，无论是否退还均并入销售额。

注意：没收押金属于含税收入，需要换算为不含税销售额。

【例2-9】 某企业（一般纳税人）没收逾期未还包装物的押金5 000元。

不含税收入=5 000÷(1+13%)=4 424.78（元）

应交增值税=4 424.78×13%=575.22（元）

借：其他应付款——包装物押金　　5 000
　　贷：其他业务收入　　4 424.78
　　　　应交税费——应交增值税（销项税额）　　575.22

3. 视同销售行为销售额的确定。视同销售行为是增值税税法规定的特殊销售行为，由于视同销售行为一般不以资金形式反映，因而会出现视同销售而没有销售额的情况。另外，有时纳税人销售货物或提供应税劳务的价格明显偏低的销售行为而无正当理由。在上述情况下，主管税务机关有权按下列顺序核定其计税销售额：①按企业当月同类货物的平均销售价格确定；②按企业最近时期同类货物的平均销售价格确定；③按组成计税价格确定。

组成计税价格的计算公式是：

组成计税价格=成本×(1+成本利润率)

【例2-10】 某家用电器有限公司将一批新生产的冷气风扇送给养老院使用，该批风扇共30台，每台成本100元，暂无市场价，成本利润率为10%。

组成计税价格=100×30×(1+10%)=3 300（元）

应交增值税=3 300×13%=429（元）

借：营业外支出　　3 429
　　贷：库存商品　　3 000
　　　　应交税费——应交增值税（销项税额）　　429

如果属于应征消费税的货物，其组成计税价格中应加上消费税额。计算公式是：

组成计税价格=成本×(1+成本利润率)÷(1-消费税税率)

国家税务总局规定成本利润率一般为10%，但属于从价定率征收消费税的货物，其组成价格中的成本利润率为《消费税若干具体问题的规定》中规定的成本利润率。

知识拓展

按照《中华人民共和国消费税暂行条例实施细则》第十七条的规定，应税消费品全国平均成本利润率规定如下：甲类卷烟10%；乙类卷烟5%；雪茄烟5%；烟丝5%；粮食白酒10%；薯类白酒5%；其他酒5%；酒精5%；化妆品5%；护肤护发品5%；鞭炮、焰火5%；贵重首饰及珠宝玉石6%；汽车轮胎5%；摩托车6%；小轿车8%；越野车6%；小客车5%。

【例2-11】 某化妆品公司将新研发的高档化妆品在北京路商业街派发样品，该化妆品成本10 000元，成本利润率5%，消费税税率15%。暂无同类货物的平均销售价格。

组成计税价格=10 000×(1+5%)÷(1-15%)=12 352.94（元）

应交增值税=12 352.94×13%=1 605.88（元）

应交消费税=12 352.94×15%=1 852.94（元）

借：销售费用　　13 458.82

贷：库存商品 10 000

应交税费——应交增值税（销项税额） 1 605.88

应交税费——应交消费税 1 852.94

根据《营业税改征增值税试点实施办法》规定，纳税人发生应税行为价格明显偏低或者偏高且不具有合理商业目的的，或者发生本办法第十四条（见本项目二维码“营业税改征增值税试点实施办法”）所列行为而无销售额的，主管税务机关有权按照下列顺序确定销售额：①按照纳税人最近时期销售同类服务、无形资产或者不动产的平均价格确定。②按照其他纳税人最近时期销售同类服务、无形资产或者不动产的平均价格确定。③按照组成计税价格确定。组成计税价格的公式为：

$$组成计税价格=成本\times(1+成本利润率)$$

成本利润率由国家税务总局确定。

不具有合理商业目的，是指以谋取税收利益为主要目的，通过人为安排，减少、免除、推迟缴纳增值税税款，或者增加退还增值税税款。

【例 2-12】 某建筑公司免费为市儿童活动中心修缮房屋，修缮费用 200 000 元，同类服务市场价为 250 000 元。

应交增值税 = 250 000 × 9% = 22 500（元）

借：营业外支出 222 500

贷：劳务成本 200 000

应交税费——应交增值税（销项税额） 22 500

4. 含税销售额的换算。一般纳税人销售货物或者应税劳务，采用销售额和销项税额合并定价方法的，按下列公式计算销售额：

$$销售额=含税销售额\div(1+税率)$$

【例 2-13】 2 日，友谊商店销售商品给消费者，收到款项 2 260 000 元（含税收入），开出普通发票。

销售额 = 2 260 000 ÷ (1 + 13%) = 2 000 000（元）

应交增值税 = 2 000 000 × 13% = 260 000（元）

借：银行存款 2 260 000

贷：主营业务收入 2 000 000

应交税费——应交增值税（销项税额） 260 000

5. “营改增”试点行业的销售额。

(1) 贷款服务，以提供贷款服务取得的全部利息及利息性质的收入为销售额。

(2) 直接收费金融服务，以提供直接收费金融服务收取的手续费、佣金、酬金、管理费、服务费、经手费、开户费、过户费、结算费、转托管费等各类费用为销售额。

【例 2-14】 某建设银行本月收入利息 5 000 000 元（未收款），另外还收到结算费 800 000 元，服务费 200 000 元（已收款）。

应交增值税 = 6 000 000 × 6% = 360 000（元）

借：银行存款 800 000

应收账款 5 236 000

贷：利息收入 5 000 000

手续费及佣金收入　　1 000 000

应交税费——应交增值税（销项税额）　　360 000

【例2－15】 某金融机构（一般纳税人，按月申报）7月份发生如下业务：购买电脑50台取得增值税专用发票，价款50万元，增值税8万元；向其他用户贷款1 000万元并向其支付相关咨询费20万元（不含税，开出普通发票）；同月为广州光弘集团公司提供账户管理，收取管理费200万元（不含税，开出普通发票）；取得财产保险费收入100万元（不含税，开具专用发票）。

注意：纳税人接受贷款服务向贷款方支付的与该笔贷款直接相关的投融资顾问费、手续费、咨询费等费用，其进项税额不得从销项税额中抵扣。

销项税额：

账户管理费收入的增值税＝2 000 000×6%＝120 000（元）

保险费收入的增值税＝1 000 000×6%＝60 000（元）

合计180 000元。

进项税额：80 000元

应交增值税＝120 000－80 000＝40 000（元）

（3）金融商品转让，按照卖出价扣除买入价后的余额为销售额（差额计税）。

金融商品转让，是指转让外汇、有价证券、非货物期货和其他金融商品所有权的业务活动。其他金融商品转让包括基金、信托、理财产品等各类资产管理产品和各种金融衍生品的转让。

转让金融商品出现的正负差，按盈亏相抵后的余额为销售额。若相抵后出现负差，可结转下一纳税期与下期转让金融商品销售额相抵，但年末时仍出现负差的，不得转入下一个会计年度。

金融商品的买入价，可以选择按照加权平均法或者移动加权平均法进行核算，选择后36个月内不得变更。

金融商品转让，不得开具增值税专用发票（可以开具普通发票）。

【例2－16】 某金融机构（按月申报）为一般纳税人，6月份买入国债，买入价100 000元，当年12月份卖出，卖出价200 000元，未开发票；6月份买入股票200 000元，当年12月卖出，卖出价150 000元。

申报：金融商品卖出价＝200 000＋150 000＝350 000（元）

金融商品买入价＝100 000＋200 000＝300 000（元）

金融商品转让销售额＝350 000－300 000＝50 000（元）

不含税销售额＝50 000÷（1＋6%）＝47 169.81（元）

应纳增值税＝47 169.81×6%＝2 830.19（元）

从以上的规定可以看到，只有买入金融商品再卖出才需征收增值税。

（4）经纪代理服务，以取得的全部价款和价外费用，扣除向委托方收取并代为支付的政府性基金或者行政事业性收费后的余额为销售额（差额计税）。向委托方收取的政府性基金或者行政事业性收费，不得开具增值税专用发票。

（5）融资租赁和融资性售后回租业务。

（6）航空运输企业的销售额，不包括代收的机场建设费和代售其他航空运输企业客票而代收转付的价款（差额计税）。

（7）试点纳税人中的一般纳税人提供客运场站服务，以其取得的全部价款和价外费用，扣除支付给承运方运费后的余额为销售额（差额计税）。

【例 2－17】 10 月，舒达运输公司（一般纳税人）提供客运场站服务，取得含税收入 31 800 元，当月支付承运方运费 10 600 元。

不含税销售额＝31 800÷（1＋6%）＝30 000（元）

应交增值税＝30 000×6%＝1 800（元）

支付承运方运费可扣税＝10 600÷（1＋6%）×6%＝600（元）

实际应交增值税＝1 800－600＝1 200（元）

● 提供应税服务：

借：银行存款　　31 800

　　贷：主营业务收入　　30 000【31 800÷（1＋6%）】

　　　　应交税费——应交增值税（销项税额）　　1 800【30 000×6%】

● 舒达运输公司支付承运方运费：

借：主营业务成本　　10 000【10 600÷（1＋6%）】

　　应交税费——应交增值税（销项税额抵减）　　600【10 000×6%】

　　贷：银行存款　　10 600

（8）试点纳税人提供旅游服务，可以选择以取得的全部价款和价外费用，扣除向旅游服务购买方收取并支付给其他单位或者个人的住宿费、餐饮费、交通费、签证费、门票费和支付给其他接团旅游企业的旅游费用后的余额为销售额（差额计税）。

选择上述办法计算销售额的试点纳税人，向旅游服务购买方收取并支付的上述费用，不得开具增值税专用发票，可以开具普通发票。

【例 2－18】 11 月，和平旅游公司收到旅游费用 3 000 000 元，其中国内游代旅客支付住宿费、餐饮费、交通费、门票费共 1 000 000 元，支付国内接团旅游公司的旅游费用为 200 000 元，支付国外接团旅游公司的旅游费用为 500 000 元。

不含税销售收入＝3 000 000÷（1＋6%）＝2 830 188.68（元）

差额扣除部分不得开具增值税专用发票，可以开普通发票。

● 收款时：

借：银行存款　　3 000 000

　　贷：预收账款　　3 000 000

● 提供旅游服务时确认收入：

借：预收账款　　3 000 000

　　贷：主营业务收入　　2 830 188.68【3 000 000÷（1＋6%）】

　　　　应交税费——应交增值税（销项税额）　　169 811.32【2 830 188.68×6%】

● 确认营业成本：

借：主营业务成本　　1 603 773.59【1 700 000÷（1＋6%）】

　　应交税费——应交增值税（销项税额抵扣）

　　　　96 226.41【1 700 000÷（1＋6%）×6%】

　　贷：银行存款　　1 700 000

【财政部 税务总局公告2019年第87号】生活性服务业纳税人应按照当期可抵扣进项税额的15%计提当期加计抵减额。按照现行规定不得从销项税额中抵扣的进项税额，不得计提加计抵减额；已按照15%计提加计抵减额的进项税额，按规定作进项税额转出的，应在进项税额转出当期，相应调减加计抵减额。计算公式如下：

当期计提加计抵减额＝当期可抵扣进项税额×15%

- 生活服务业加计抵扣15%进项税额：

借：应交税费——应交增值税（进项税额加计抵减额）　　14 433.96

　贷：其他收益——增值税抵减优惠　　14 433.96

进项加计抵扣＝96 226.41×15%＝14 433.96（元）

（9）房地产开发企业中的一般纳税人销售其开发的房地产项目（选择简易计税方法的房地产老项目除外），以取得的全部价款和价外费用，扣除受让土地时向政府部门支付的土地价款后的余额为销售额（差额计税）。

房地产老项目，是指《建筑工程施工许可证》注明的合同开工日期在2016年4月30日前的房地产项目。

知识链接

房地产开发企业中的一般纳税人销售自行开发的房地产项目，适用一般计税方法计税，按照取得的全部价款和价外费用，扣除当期销售房地产项目对应的土地价款后的余额计算销售额。销售额的计算公式如下：

销售额＝(全部价款和价外费用－当期允许扣除的土地价款)÷(1＋9%)

知识链接

当期允许扣除的土地价款＝（当期销售房地产项目建筑面积÷房地产项目可供销售建筑面积）×支付的土地价款

当期销售房地产项目建筑面积，是指当期进行纳税申报的增值税销售额对应的建筑面积。

房地产项目可供销售建筑面积，是指房地产项目可以出售的总建筑面积，不包括销售房地产项目时未单独作价结算的配套公共设施的建筑面积。

支付的土地价款，是指向政府、土地管理部门或受政府委托收取土地价款的单位直接支付的土地价款。

一般纳税人应建立台账登记土地价款的扣除情况，扣除的土地价款不得超过纳税人实际支付的土地价款。

知识拓展

试点纳税人按照上述规定从全部价款和价外费用中扣除的价款，应当取得符合法律、行政法规和国家税务总局规定的有效凭证。否则，不得扣除。

其中，“有效凭证”是指：

①支付给境内单位或者个人的款项，以发票为合法有效凭证。

②支付给境外单位或者个人的款项，以该单位或者个人的签收单据为合法有效凭证，税务机关对签收单据有异议的，可以要求其提供境外公证机构的确认证明。

③缴纳的税款，以完税凭证为合法有效凭证。

④扣除的政府性基金、行政事业性收费或者向政府支付的土地价款，以省级以上（含省级）财政部门监（印）制的财政票据为合法有效凭证。

⑤国家税务总局规定的其他凭证。

纳税人取得的上述凭证属于增值税扣税凭证的，其进项税额不得从销项税额中抵扣。

（10）一般纳税人跨县（市）提供建筑服务，适用一般计税方法计税的，应以取得的全部价款和价外费用为销售额计算应纳税额。纳税人应以取得的全部价款和价外费用扣除支付的分包款后的余额，按照2%的预征率在建筑服务发生地预缴税款。

【例2－19】 广州华明建筑公司为深圳某公司建造办公楼，工程总价款为1 308万元，其中222万元的安装工程分包给深圳红岭建筑安装公司。

不含税销售额＝1 308÷（1＋9%）＝1 200（万元）

应交增值税＝1 200×9%＝108（万元）

预征税额＝1 200×2%＝24（万元）

（11）一般纳税人销售其2016年5月1日后取得的不动产（不含自建），应适用一般计税方法，以取得的全部价款和价外费用为销售额计算应纳税额。纳税人应以取得的全部价款和价外费用减去该项不动产购置原价或者取得不动产时的作价后的余额，按照5%的预征率在不动产所在地预缴税款。（差额计税）

【例2－20】 12月30日，广州天轮集团公司出售办公楼一套（该办公楼为2019年12月2日购入，原价3 600 000元，现已提折旧18万元）。售价500万元，增值税45万元，开出增值税专用发票。

- 借：固定资产清理　　3 420 000
  　　累计折旧　　180 000
  　　贷：固定资产　　3 600 000
- 借：银行存款　　5 450 000
  　　贷：固定资产清理　　5 000 000
  　　　　应交税费——应交增值税（销项税额）　　450 000
- 预缴税额＝（5 000 000－3 600 000）×5%＝70 000（元）

借：应交税费——预交增值税　　70 000
　　贷：银行存款　　70 000

（12）一般纳税人销售其2016年5月1日后自建的不动产，应适用一般计税方法，以取得的全部价款和价外费用为销售额计算应纳税额。纳税人应以取得的全部价款和价外费用，按照5%的预征率在不动产所在地预缴税款。

【例2－21】 富丽房地产开发公司（一般纳税人）销售其2016年5月自建的房屋，价款2 000万元，增值税180万元（税率9%）。

预缴税额＝2 000×5%＝100（万元）

借：银行存款　　21 800 000
　　贷：主营业务收入　　20 000 000
　　　　应交税费——应交增值税（销项税额）　　1 800 000
借：应交税费——预交增值税　　1 000 000
　　贷：银行存款　　1 000 000

（13）一般纳税人出租其 2016 年 5 月 1 日后取得的、与机构所在地不在同一县（市）的不动产，应按照 3% 的预征率在不动产所在地预缴税款。向机构所在地主管税务机关进行纳税申报。

【例 2 – 22】 广盛集团公司出租其在深圳的办公楼一层（该办公楼为 2018 年 5 月 5 日购入），租金为 163.5 万元（含税）。

不含税销售额 = 163.5 ÷（1 + 9%）= 150（万元）

应交增值税 = 150 × 9% = 13.5（万元）

预征税额 = 150 × 3% = 4.5（万元）

借：银行存款　　1 635 000
　　贷：其他业务收入　　1 500 000
　　　　应交税费——应交增值税（销项税额）　　135 000
借：应交税费——预交增值税　　45 000
　　贷：银行存款　　45 000

（14）一般纳税人销售其 2016 年 4 月 30 日前取得的不动产（不含自建），适用一般计税方法计税的，以取得的全部价款和价外费用为销售额计算应纳税额。该纳税人应以取得的全部价款和价外费用减去该项不动产购置原价或者取得不动产时的作价后的余额，按照 5% 的预征率在不动产所在地预缴税款后，向机构所在地主管税务机关进行纳税申报（差额计税，一张发票，全额 9% 的专用发票）。

【例 2 – 23】 某公司（一般纳税人）销售房屋一套（该房屋为 2013 年购买，原购入价为 500 万元，现已提折旧 75 万元），现售价 800 万元，增值税 72 万元。

若公司选择一般计税方法，则全额 9% 的专用发票，增值税为 72 万元。

- 借：固定资产清理　　4 250 000
　　累计折旧　　750 000
　　贷：固定资产　　5 000 000
- 借：银行存款　　8 720 000
　　贷：固定资产清理　　8 000 000
　　　　应交税费——应交增值税（销项税额）　　720 000
- 预交增值税 =（800 – 500）× 5% = 15（万元）

借：应交税费——预交增值税　　150 000
　　贷：银行存款　　150 000

申报时差额计税，扣除不动产购置原价 500 万元。

实际缴纳增值税 =（800 – 500）× 9% = 27（万元）

（15）房地产开发企业中的一般纳税人销售房地产老项目，以及一般纳税人出租其 2016 年 4 月 30 日前取得的不动产，适用一般计税方法计税的，应以取得的全部价款和价外费用，按照3%的预征率在不动产所在地预缴税款后，向机构所在地主管税务机关进行纳税申报。

（16）一般纳税人销售其2016年4月30日前自建的不动产，适用一般计税方法计税的，应以取得的全部价款和价外费用为销售额计算应纳税额。纳税人应以取得的全部价款和价外费用，按照5%的预征率在不动产所在地预缴税款后，向机构所在地主管税务机关进行纳税申报。

知识拓展

《营业税改征增值税试点实施办法》第三十二条　纳税人适用一般计税方法计税的，因销售折让、中止或者退回而退还给购买方的增值税额，应当从当期的销项税额中扣减；因销售折让、中止或者退回而收回的增值税额，应当从当期的进项税额中扣减。

第三十六条　纳税人适用简易计税方法计税的，因销售折让、中止或者退回而退还给购买方的销售额，应当从当期销售额中扣减。扣减当期销售额后仍有余额造成多缴的税款，可以从以后的应纳税额中扣减。

知识拓展

《营业税改征增值税试点实施办法》第十四条　下列情形视同销售服务、无形资产或者不动产：（一）单位或者个体工商户向其他单位或者个人无偿提供服务，但用于公益事业或者以社会公众为对象的除外。（二）单位或者个人向其他单位或者个人无偿转让无形资产或者不动产，但用于公益事业或者以社会公众为对象的除外。（三）财政部和国家税务总局规定的其他情形。

销售额以人民币计算，纳税人以外汇结算销售额的，应当按外汇市场价折合人民币计算。

纳税人按外汇结算销售额的，其销售额的人民币折合率可以选择销售额发生的当天或者当月1日的国家外汇牌价（原则上为中间价）。纳税人应在事先确定采用何种折合率，确定后一年不能随意变更。

表2－4所示为差额纳税情形的销售额及开票。

表2－4　　差额纳税情形的销售额及开票

序号	差额纳税情形	销售额的确定	发　票
1	物业管理服务	向服务接收方收取的自来水水费，以扣除其对外支付的自来水水费后的余额为销售额，按照简易计税办法依3%的征收率计算缴纳增值税	全额开具3%专用发票，申报时凭支付的自来水发票扣除差额，也可开普通发票
2	安全保护服务（一般/小规模纳税人）	全部价款和价外费用，扣除代用工单位支付给外派员工的工资、福利和为其办理社会保险及住房公积金后的余额为销售额，按照简易计税方法依5%的征收率计算缴纳增值税	可开一张5%的增值税专用发票，一张普通发票；或一张普通发票；或一张全额增值税专用发票（6%、3%）

续表

序号	差额纳税情形	销售额的确定	发　票
3	劳务派遣服务	以取得的全部价款和价外费用，扣除代用工单位支付给劳务派遣员工的工资、福利和为其办理社会保险及住房公积金后的余额为销售额	扣除部分不得开具增值税专用发票（可开普通发票），其他部分可开增值税专用发票（6%、3%）
4	人力资源外包服务	以取得的全部价款和价外费用，扣除受客户单位委托代为向客户单位员工发放的工资和代理缴纳的社会保险、住房公积金	扣除部分不得开具增值税专用发票（可开普通发票），其他部分可开增值税专用发票，也可开全额普通发票
5	一般计税的建筑服务（跨县市）	一般纳税人以取得的全部价款和价外费用扣除支付的分包款后的余额，按照2%的预征率预缴	全额开具9%增值税专用发票
6	简易计税的建筑服务（跨县市及老项目选择）	（一般/小规模纳税人）以取得的全部价款和价外费用扣除支付的分包款后的余额为销售额，按3%征收率	全额开具增值税专用发票，申报时扣除差额
7	房地产开发企业（一般纳税人）销售其开发的房地产项目	（简易计税的老项目除外）以取得的全部价款和价外费用，扣除受让土地时向政府部门支付的土地价款后的余额为销售额	全额开具9%增值税专用发票，申报时差额扣除
8	一般纳税人销售2016.4.30前取得的不动产（一般计税）	（不含自建）以全部收入减去该项不动产购置原价或者取得不动产时的作价后的余额，按照5%的预征率预征	一张发票，全额9%的专用发票
9	一般纳税人销售2016.4.30前取得的不动产（简易计税）	（不含自建）以全部收入减去该项不动产购置原价或者取得不动产时的作价后的余额，按照5%的预征率预征	一张发票，差额开票功能来实现，可开5%专用发票
10	一般纳税人销售2016.5.1后取得的不动产（一般计税）	（不含自建）以全部收入减去该项不动产购置原价或者取得不动产时的作价后的余额，按照5%的预征率预征	一张发票，开全额9%的专用发票
11	小规模纳税人销售取得的不动产（不含个体及个人的）	以全部收入减去该项不动产购置原价或者取得不动产时作价后的余额，按照5%的征收率计税	一张发票，通过差额开票功能来实现，可以是5%专用发票
12	其他个人销售取得（不含自建）的不动产（不含其购买的住房）	以全部收入减去该项不动产购置原价或者取得不动产时作价后的余额，按照5%的征收率计税	一张发票，通过差额开票功能来实现，可以是5%专用发票
13	“北上广深”的个体及个人销售购买的住房	1. 购买不足2年销售的，按5%的征收率全额计税。购买2年以上（含2年）销售的，以收入减购房款后的差额按5%的征收率计税 2. 个人将购买2年以上（含2年）的普通住房（144平方米以下）对外销售的，免增值税	1. 一张发票，全额5%的专用发票 2. 一张发票，通过差额开票功能来实现，可以是5%专用发票

续表

序号	差额纳税情形	销售额的确定	发　票
14	金融商品转让	按照卖出价扣除买入价后的余额为销售额	不得开具增值税专用发票，可开普通发票
15	中国证券登记结算公司	销售额不包括以下资金项目：按规定提取的证券结算风险基金；代收代付的证券公司资金交收违约垫付资金利息；结算过程中代收代付的资金交收违约罚息	全额开具6%专用发票，申报时扣除差额。具体规定待明确
16	经纪代理服务	以取得的全部价款和价外费用，扣除向委托方收取并代为支付的政府性基金或者行政事业性收费后的余额为销售额	扣除部分不得开具增值税专用发票（可开普通发票），其他部分可开专用发票（纯代理费）
17	旅游服务（一般/小规模纳税人）	以取得的全部价款和价外费用，扣除向旅游服务购买方收取并支付给其他单位或者个人的住宿费、餐饮费、交通费、签证费、门票费和支付给其他接同旅游企业的旅游费用后的余额为销售额	扣除部分不得开具增值税专用发票（可开普通发票），其他部分可开增值税专用发票
18	（1）融资性售后回租	取得的全部价款和价外费用（不含本金），扣除对外支付的借款利息、发行债券利息后的余额作为销售额（贷款服务6%）	可全额开具增值税专用发票，申报时填列扣除金额。本金可开普通发票
	（2）融资租赁	收取的全部价款和价外费用，扣除支付的借款利息、发行债券利息和车辆购置税后的余额为销售额（有形动产13%，不动产9%）	可全额开具增值税专用发票，申报时填列扣除金额
	（3）有形动产融资性售后回租老合同且选择扣除本金	取得的全部价款和价外费用（不含本金），扣除对外支付的借款利息、发行债券利息后的余额作为销售额	向承租方收取的有形动产价款本金不得开具增值税专用发票（可开普通发票），其他部分可开增值税专用发票
	（4）有形动产融资性售后回租老合同且选择不扣除本金	取得的全部价款和价外费用，扣除对外支付的借款利息、发行债券利息后的余额作为销售额	全额开具增值税专用发票
19	航空运输企业	收取的价款和价外费用扣除代收的机场建设费和代售其他航空运输企业客票而代收转付的价款	不得开具增值税专用发票
20	客运场站服务	以取得的全部价款和价外费用，扣除支付给承运方运费后的余额为销售额	可开具普通发票
21	移动、电信所收公益性捐款	取得的全部价款和价外费用，扣除支付给公益性机构捐款后的余额为销售额	其接受的捐款不得开具增值税专用发票（可开普通发票），其他部分可开增值税专用发票

续表

序号	差额纳税情形	销售额的确定	发　票
22	一般及小规模纳税人转让2016.4.30前取得的土地使用权（简易计税）	以全部价款和价外费用减去取得土地使用权的原价后余额作为销售额，按照5%的征收率计税	同不动产，简易计税，通过差额开票功能来实现，可以是5%的专用发票

（二）进项税额

进项税额，是指纳税人购进货物、加工修理修配劳务、服务、无形资产或者不动产，支付或者负担的增值税额。

1. 准予从销项税额中抵扣进项税额。

（1）从销售方取得的增值税专用发票（含税控机动车销售统一发票，下同）上注明的增值税额。

（2）从海关取得的海关进口增值税专用缴款书上注明的增值税额。

上述两款规定是指增值税一般纳税人在购进、接受应税劳务、服务、无形资产或不动产时，取得对方的增值税专用发票或海关进口增值税专用缴款书上已注明规定税率或征收率计算的增值税税额，不需要纳税人计算，但要注意其合法性。

（3）购进农产品，除取得增值税专用发票或者海关进口增值税专用缴款书外，按照农产品收购发票或者销售发票上注明的农产品买价和10%的扣除率计算的进项税额。计算公式为：

进项税额＝买价×扣除率

买价，是指纳税人购进农产品在农产品收购发票或者销售发票上注明的价款和按照规定缴纳的烟叶税。

购进农产品，按照《农产品增值税进项税额核定扣除试点实施办法》抵扣进项税额的除外。

【例2－24】 某棉纺厂收购棉花，收购价为100万元，开出收购发票，向各农户支付现金。

借：原材料——原料及主要材料（棉花）　　900 000（1 000 000×90%）
　　应交税费——应交增值税（进项税额）　　100 000（1 000 000×10%）
　　贷：库存现金　　1 000 000

提问： 企业向批发零售商购买农产品，可以开具收购发票并扣税吗？

解答： 不可以，只有向直接从事农业生产的单位或个人购买他们自产的农产品才能凭借收购发票按照买价的10%扣税（生产销售或委托加工13%税率货物的农产品）。

（4）不动产进项税额的抵扣。

①适用一般计税方法的试点纳税人，按取得不动产的进项税额从销项税额中抵扣。

取得不动产，包括以直接购买、接受捐赠、接受投资入股、自建以及抵债等各种形式取得不动产，不包括房地产开发企业自行开发的房地产项目。

【例2－25】 2021年1月10日，广州岭南公司（一般纳税人）购进办公楼1栋，取得增值税专用发票，价款1 000万元，增值税90万元，付款。

借：固定资产　　10 000 000

　　应交税费——应交增值税（进项税额）　　900 000

　　贷：银行存款　　10 900 000

②按照《增值税试点实施办法》第二十七条第（一）项规定不得抵扣且未抵扣进项税额的固定资产、无形资产、不动产，发生用途改变，用于允许抵扣进项税额的应税项目，可在用途改变的次月按照下列公式计算可以抵扣的进项税额：

可以抵扣的进项税额＝固定资产、无形资产、不动产净值÷（1＋适用税率）×适用税率

上述可以抵扣的进项税额应取得合法有效的增值税扣税凭证。

【例 2－26】 2021 年 2 月，岭南公司将 2020 年 7 月份购进办公楼转为员工宿舍，办公楼按 20 年（240 个月）计提折旧（已提折旧 7 个月）。

不动产净值率＝(240－7)÷240×100%＝97.0833%

不得抵扣的进项税额＝900 000×97.0833%＝873 749.7（元）

2020 年 8 月份购入时曾抵扣 900 000 元

应转出进项税额＝873 749.7（元）

③纳税人接受贷款服务向贷款方支付的与该笔贷款直接相关的投融资顾问费、手续费、咨询费等费用，其进项税额不得从销项税额中抵扣。

（5）从境外单位或者个人购进服务、无形资产或者不动产，自税务机关或者扣缴义务人取得的解缴税款的完税凭证上注明的增值税额。

增值税扣税凭证，是指增值税专用发票、海关进口增值税专用缴款书、农产品收购发票、农产品销售发票和完税凭证。

（6）原增值税纳税人准予抵扣的进项税额。原增值税纳税人（指按《增值税暂行条例》缴纳增值税的纳税人）准予抵扣的进项税额按照以下规定执行。

①原增值税一般纳税人购进服务、无形资产或者不动产，取得的增值税专用发票上注明的增值税额为进项税额，准予从销项税额中抵扣。

【例 2－27】 某企业（增值税一般纳税人）在某五星级酒店开展产品推广活动，发生餐饮住宿等费用，支付给酒店服务费 200 000 元，增值税 12 000 元，收到增值税专用发票，开出支票付款。

借：销售费用　　200 000

　　应交税费——应交增值税（进项税额）　　12 000（200 000×6%）

　　贷：银行存款　　212 000

②原增值税一般纳税人自用的应征消费税的摩托车、汽车、游艇，其进项税额准予从销项税额中抵扣。

【例 2－28】 某企业（增值税一般纳税人）购入自用的小汽车一辆，价款 400 000 元，增值税 52 000 元，收到增值税专用发票；其他费用 30 000 元，均通过银行付款。

借：固定资产　　430 000

　　应交税费——应交增值税（进项税额）　　52 000

　　贷：银行存款　　482 000

③原增值税一般纳税人从境外单位或者个人购进服务、无形资产或者不动产，按照规定

应当扣缴增值税的，准予从销项税额中抵扣的进项税额为自税务机关或者扣缴义务人取得的解缴税款的完税凭证上注明的增值税额。

纳税人凭完税凭证抵扣进项税额的，应当具备书面合同、付款证明和境外单位的对账单或者发票。资料不全的，其进项税额不得从销项税额中抵扣。

【例2－29】 广州业树科技公司（增值税一般纳税人）从香港华林科技公司购进一项商标，海关进口增值税专用缴款书列明：价款500 000元，增值税30 000元，通过网上银行付款。

借：无形资产　　500 000

　　应交税费——应交增值税（进项税额）　　30 000

　　贷：银行存款　　530 000

④原增值税一般纳税人购进货物或者接受加工修理修配劳务，用于《销售服务、无形资产或者不动产注释》所列项目的，不属于《增值税暂行条例》第十条所称的用于非增值税应税项目，其进项税额准予从销项税额中抵扣。

【例2－30】 车间生产线进行维修，发生修理费18 000元，增值税2 340元，取得增值税专用发票，付款。

借：制造费用　　18 000

　　应交税费——应交增值税（进项税额）　　2 340（18 000×13%）

　　贷：银行存款　　20 340

（7）关于运营方利用信托资金融资过程中增值税进项税额抵扣问题。该经营模式下项目运营方在项目建设期内取得的增值税专用发票和其他抵扣凭证，允许其按现行增值税有关规定予以抵扣。

（8）进口环节进项税额的抵扣。对海关代征进口环节增值税开具的增值税专用缴款书上标明有两个单位名称，即既有代理进口单位名称，又有委托进口单位名称的，只准予其中取得专用缴款书原件的一个单位抵扣税款。申报抵扣税款的委托进口单位，必须提供相应的海关代征增值税专用缴款书原件，委托代理合同及付款凭证，否则，不予抵扣进项税款。

（9）蜂窝数字移动通信用塔（杆）属于《固定资产分类与代码》（GB/T 14885－2010）中的“其他通信设备”，其增值税进项税额可以按照现行规定从销项税额中抵扣（自2016年2月1日起施行）。

（10）煤炭采掘企业增值税进项税额抵扣有关事项。自2015年11月1日起，煤炭采掘企业购进的下列项目，其进项税额允许从销项税额中抵扣：

①巷道附属设备及其相关的应税货物、劳务和服务；

②用于除开拓巷道以外的其他巷道建设和掘进，或者用于巷道回填、露天煤矿生态恢复的应税货物、劳务和服务。

2. 不得从销项税额中抵扣的进项税额。下列项目的进项税额不得从销项税额中抵扣：

（1）用于简易计税方法计税项目、免征增值税项目、集体福利或者个人消费的购进货物、加工修理修配劳务、服务、无形资产和不动产。其中涉及的固定资产、无形资产、不动产，仅指专用于上述项目的固定资产、无形资产（不包括其他权益性无形资产）、不动产。

【例 2－31】 某清洁用品公司购进一批洗涤用品 20 000 元，取得增值税专用发票，增值税 2 600 元，并在当期抵扣，后该批洗涤用品转发给职工作为福利。

借：应付职工薪酬——非货币性福利　　22 600
　贷：原材料　　20 000
　　应交税费——应交增值税（进项税额转出）　　2 600

提问：公司购买了 10 台电视机，取得增值税专用发票，电视机安装在职工宿舍，可以扣税吗？

解答：不可以。

提问：若上述电视机安装在会议室，可以扣税吗？

解答：可以扣税，因为属于正常生产经营。

【例 2－32】 某职业和婚姻中介服务公司为一般纳税人，适用一般计税方法，其中婚介服务享受免征增值税优惠政策。5 月份公司购进一台复印机（预计使用期限为 5 年），价款 10 000 元，增值税 1 300 元，取得增值税专用发票并在当月抵扣。11 月份，复印机转入婚介部门专用。

纳税人购进固定资产专用于免税项目，应于次月按下列公式计算不得抵扣的进项税额。

固定资产净值 = 10 000 −（10 000 ÷ 5 ÷ 12 × 6）= 9 000（元）

应转出的进项税额 = 9 000 × 13% = 1 170（元）

借：固定资产　　1 170
　贷：应交税费——应交增值税（进项税额转出）　　1 170

（2）非正常损失的购进货物，以及相关的加工修理修配劳务和交通运输服务。

【例 2－33】 9 月份，某广告公司购进一批复印纸，价款 5 000 元，增值税 650 元；运费 100 元，增值税 9 元；均取得增值税专用发票并在当月抵扣。10 月份发现复印纸因保管不善受潮发霉不能使用。处理如下：

借：待处理财产损溢——待处理流动资产损失　　5 759
　贷：应交税费——应交增值税（进项税额转出）　　659
　　库存商品　　5 100

（3）非正常损失的在产品、产成品所耗用的购进货物（不包括固定资产）、加工修理修配劳务和交通运输服务。

【例 2－34】 11 月份，某玩具公司正在生产的玩具（在产品）因原材料有质量问题，被依法销毁。该批产品成本 200 000 元，原耗用的材料已经扣税 13 000 元。

借：待处理财产损溢——待处理流动资产损溢　　213 000
　贷：生产成本　　200 000
　　应交税费——应交增值税（进项税额转出）　　13 000

（4）非正常损失的不动产，以及该不动产所耗用的购进货物、设计服务和建筑服务。

【例 2－35】 11 月份，某玩具公司的工人因操作严重失误，使仓库电梯毁损，该电梯原价 50 000 元，经计算需转出已经扣税 5 000 元，已提折旧 6 000 元。

借：待处理财产损溢——待处理固定资产损溢　　49 000
　　累计折旧　　6 000
　　贷：固定资产　　50 000
　　　　应交税费——应交增值税（进项税额转出）　　5 000

（5）非正常损失的不动产在建工程所耗用的购进货物、设计服务和建筑服务。

纳税人新建、改建、扩建、修缮、装饰不动产，均属于不动产在建工程。

第（4）项、第（5）项所称“货物”，是指构成不动产实体的材料和设备，包括建筑装饰材料和给排水、采暖、卫生、通风、照明、通讯、煤气、消防、中央空调、电梯、电气、智能化楼宇设备及配套设施。

固定资产，是指使用期限超过 12 个月的机器、机械、运输工具以及其他与生产经营有关的设备、工具、器具等有形动产。

不动产、无形资产的具体范围，按照《销售服务、无形资产或者不动产注释》执行。

（6）购进的旅客运输服务、贷款服务、餐饮服务、居民日常服务和娱乐服务。

（7）财政部和国家税务总局规定的其他情形。

（8）适用一般计税方法的纳税人，兼营简易计税方法计税项目、免征增值税项目而无法划分不得抵扣的进项税额，按照下列公式计算不得抵扣的进项税额：

不得抵扣的进项税额＝当期无法划分的全部进项税额×（当期简易计税方法计税项目销售额＋免征增值税项目销售额）÷当期全部销售额

主管税务机关可以按照上述公式依据年度数据对不得抵扣的进项税额进行清算。

纳税人取得的增值税扣税凭证不符合法律、行政法规或者国家税务总局有关规定的，其进项税额不得从销项税额中抵扣。

纳税人凭完税凭证抵扣进项税额的，应当具备书面合同、付款证明和境外单位的对账单或者发票。资料不全的，其进项税额不得从销项税额中抵扣。

【例 2－36】 某顺风运输公司提供运输及装卸服务，其中货物运输适用一般计税方法，装卸搬运选择适用简易计税方法。公司 10 月缴纳电费 100 000 元，增值税 13 000 元，取得增值税专用发票并在当月抵扣，电费难以在运输及装卸服务划分。该纳税人当月取得运输收入 600 000 元，装卸服务收入 400 000 元。

纳税人因兼营简易计税方法而无法划分取得的进项税额的，按照下列方法计算应转出的进项税额：

应转出的进项税额＝113 000÷（1＋13%）×13%×400 000÷（400 000＋600 000）
　　　　　　　　＝5 200（元）

会计处理：

借：管理费用　　5 200
　　贷：应交税费——应交增值税（进项税额转出）　　5 200

（9）原增值税一般纳税人购进服务、无形资产或者不动产，下列项目的进项税额不得从销项税额中抵扣：

①用于简易计税方法计税项目、免征增值税项目、集体福利或者个人消费。其中涉及的无形资产、不动产，仅指专用于上述项目的无形资产（不包括其他权益性无形资产）、不动产。

纳税人的交际应酬消费属于个人消费。

【例 2-37】 某企业 2021 年 1 月购进一栋楼房，价款 1 000 万元，增值税 90 万元，取得增值税专用发票，第二个月楼房转作职工宿舍。

购入时：

借：固定资产　　10 000 000

　　应交税费——应交增值税（进项税额）　　900 000

　　贷：银行存款　　10 900 000

第二个月楼房转作职工宿舍，按照规定，纳税人取得不动产用于集体福利的，不得抵扣进项税额。

应转出已抵扣的进项税额 900 000 元。

借：固定资产　　900 000

　　贷：应交税费——应交增值税（进项税额转出）　　900 000

②非正常损失的购进货物，以及相关的加工修理修配劳务和交通运输服务。

③非正常损失的在产品、产成品所耗用的购进货物（不包括固定资产）、加工修理修配劳务和交通运输服务。

④非正常损失的不动产以及该不动产所耗用的购进货物、设计服务和建筑服务。

⑤非正常损失的不动产在建工程所耗用的购进货物、设计服务和建筑服务。

纳税人新建、改建、扩建、修缮、装饰不动产，均属于不动产在建工程。

⑥购进的旅客运输服务、贷款服务、餐饮服务、居民日常服务和娱乐服务。

⑦财政部和国家税务总局规定的其他情形。

纳税人接受贷款服务向贷款方支付的与该笔贷款直接相关的投融资顾问费、手续费、咨询费等，其进项税额不得从销项税额中抵扣。

（10）原增值税一般纳税人购进服务、无形资产或者不动产，已抵扣进项税额的购进货物发生上述第⑤项情形（简易计税方法计税项目、免征增值税项目除外）的，应当将该进项税额从当期进项税额中扣减；无法确定该进项税额的，按照当期实际成本计算应扣减的进项税额。

（11）原增值税一般纳税人购进服务、无形资产或者不动产，已抵扣进项税额的固定资产、无形资产或者不动产，发生上述第⑤项情形的，按照下列公式计算不得抵扣的进项税额：

不得抵扣的进项税额 = 固定资产、无形资产或者不动产净值 × 适用税率

（12）按照《增值税暂行条例》第十条和上述第⑤项不得抵扣且尚未抵扣进项税额的固定资产、无形资产或者不动产，发生用途改变，用于允许抵扣进项税额的应税项目，可在用途改变的次月按照下列公式计算可以抵扣的进项税额：

可以抵扣的进项税额 = 固定资产、无形资产、不动产净值 ÷（1 + 适用税率）× 适用税率

上述可以抵扣法人进项税额应取得合法有效的增值税扣税凭证。

【例 2-38】 某企业 5 月租入一栋办公楼，当月预付全年租金 118 万元（对方租金采取一般计税办法，其中租金 120 万元，增值税 18 万元），取得增值税专用发票并在当月抵扣。10 月份因房屋质量问题停止租赁，收到并退回租金 65.4 万元，并开具“开具红字增值税专

用发票信息表”。

按照规定，纳税人因终止销售而收到的余款，应于“开具红字增值税专用发票信息表”的当月进行进项税额转出处理。

应转出进项税额 =654 000 ÷（1 +9%）×9% =54 000（元）

借：银行存款　　654 000
　　贷：预付账款　　600 000
　　　　应交税费——应交增值税（进项税额转出）　　54 000

（13）有下列情形之一者，应当按照销售额和增值税税率计算应纳税额，不得抵扣进项税额，也不得使用增值税专用发票。

①一般纳税人会计核算不健全，或者不能够提供准确税务资料的。

②应当办理一般纳税人资格登记而未办理的。

知识拓展

《增值税暂行条例》第十条　下列项目的进项税额不得从销项税额中抵扣：（一）用于非增值税应税项目、免征增值税项目、集体福利或者个人消费的购进货物或者应税劳务；（二）非正常损失的购进货物及相关的应税劳务；（三）非正常损失的在产品、产成品所耗用的购进货物或者应税劳务；（四）国务院财政、税务主管部门规定的纳税人自用消费品；（五）本条第（一）项至第（四）项规定的货物的运输费用和销售免税货物的运输费用。

（三）应纳税额的计算

确定了销项税额和进项税额后，就可以计算应纳税额，基本计算公式：

当期应纳税额 = 当期销项税额 − 当期进项税额

应纳税额的时间界定如下：

1. 销项税额的时间界定。具体确定销项税额的时间按照纳税义务发生时间的有关规定执行。

2. 进项税额抵扣的时限的界定。

（1）防伪税控专用发票进项税额抵扣的时限为开具增值税专用发票之日起 180 天内认证抵扣。

（2）海关完税凭证进项税额的抵扣。为开具海关缴款书之日起 180 天内向主管税务机关报送“海关完税凭证抵扣清单”（电子数据），申请稽核比对，预期未申请的其进项税额不予抵扣。

（3）取消纳税信用 A 级增值税一般纳税人增值税发票认证的规定。2016 年 3 月 1 日起，对纳税信用 A 级增值税一般纳税人取消增值税发票认证。纳税信用 A 级增值税一般纳税人取得销售方使用增值税发票系统升级版开具的增值税发票，可以不再进行扫描认证，通过增值税发票税控开票软件登录本省增值税发票查询平台，查询、选择用于申报抵扣或者出口退税的增值税发票信息。

纳税人取得增值税发票，通过增值税发票查询平台未查询到对应发票信息的，仍可进行扫描认证。

3. 扣减当期销项税额的规定。纳税人销货时，因销售折让、中止或者退回而退还给购买方的增值税额，应当从当期的销项税额中扣减。

4. 扣减当期进项税额的规定。

（1）进货退出或折让的税务处理。纳税人购货时，因销售折让、中止或者退回而从销售方收回的增值税额，应当从当期的进项税额中扣减。若不扣减，则属于偷税行为，按偷税予以处罚。

（2）已抵扣进项税额的购进货物发生用途改变的税务处理。已抵扣进项税额的购进货物改变用途，如用于集体福利或者个人消费，购进货物发生非正常损失，在产品、产成品发生非正常损失，根据税法规定，应将购进货物或应税劳务的进项税额从当期的进项税额中扣减。无法抵扣该进项税额的，按当期实际成本计算应扣减的进项税额。

纳税人已抵扣进项税额的固定资产、无形资产或者不动产，用于不能从销项税额中抵扣进项税额的，按照下列公式计算不得抵扣的进项税额：

不得抵扣的进项税额 = 固定资产、无形资产或者不动产净值 × 适用税率

固定资产、无形资产或者不动产净值，是指纳税人根据财务会计制度计提折旧或摊销后的余额。

（3）进项税额不足抵扣的处理。如果当期销项税额小于进项税额不足抵扣的部分，可以结转下期继续抵扣。原一般纳税人兼有应税服务的，到试点前的增值税期末留抵税额，不得从应税服务的销项税额中抵扣。

（4）关于增值税税控系统专用设备和技术维护费用抵减增值税税额有关政策。自 2011 年 12 月 1 日起，增值税纳税人购买增值税税控系统专用设备支付的费用以及缴纳的技术维护费（以下称“二项费用”）可在增值税应纳税额中全额抵减。

《关于增值税税控系统专用设备和技术维护费用抵减增值税税额有关政策的通知》

【例 2－39】 思图鞋业公司为一般纳税人，11 月份发生有关业务如下：

【业务 1】 购进生产用原材料，取得增值税专用发票，价款 500 000 元，增值税 65 000 元；支付运费 1 000 元，增值税 90 元。（①）

【业务 2】 从国外进口一台设备价款 50 000 元，增值税专用缴款书注明的增值税为 6 500 元。（②）

【业务 3】 国内销售鞋子 10 000 双，每双不含税价格为 200 元（成本 120 元），增值税 260 000 元，出口鞋子收入 800 000 元（退税率 10%）。同时发生运费，取得增值税专用发票，运费 2 000 元，增值税 180 元。（③）

【业务 4】 向某小规模纳税人购进劳保用品，取得税务机关代开的增值税专用发票，价款 30 000 元，增值税 900 元。（④）

【业务 5】 从大众 4S 店购入小轿车，用于企业接待，取得增值税专用发票，价款 300 000 元，增值税 39 000 元。（⑤）

【业务 6】 用 200 双鞋子（每双不含税价格为 200 元）换取原材料（亦开出增值税专用发票），取得增值税专用发票，价款 40 000 元，增值税 5 200 元。（⑥）

【业务 7】 为某公司定制鞋子 30 双，收取价税合计款 10 170 元。（⑦）

【业务 8】 送给养老院鞋子 50 双（每双成本 100 元，无市场价，成本利润率 10%）。（⑧）

分析：销项税额 = ③260 000 + ⑥5 200 + ⑦10 170 ÷ (1 + 13%) × 13%
+ ⑧50 × 100 × (1 + 10%) × 13%
= ③260 000 + ⑥5 200 + ⑦1 170 + ⑧715
= 267 085（元）

进项税额 = ①65 000 + 90 + ②6 500 + ③180 + ④900 + ⑤39 000 + ⑥5 200
= 116 870（元）

应交增值税 = 267 085 − 116 870 = 150 215（元）

出口退税 = 800 000 × 10% = 80 000（元）

知识导入解析

某假日酒店应交增值税的计算

6%税率的应税服务应交的增值税：

=（客房 5 000 000 + 餐厅 2 500 000 + 洗衣 500 000 + 桑拿 400 000）÷（1 + 6%）× 6%
= 475 471.7（元）

13%税率的应税服务应交的增值税：

=（商品 600 000 + 出租巴士 500 000）÷（1 + 13%）× 13% = 126 548.67（元）

出租房产收入应交的增值税：

= 200 000 ÷（1 + 5%）× 5% = 9 523.81（元）

一般纳税人出租其 2016 年 4 月 30 日前取得的不动产，可以选择适用简易计税方法，按照 5% 的征收率计算应纳税额。

无偿提供场地视同提供应税劳务，应交的增值税（简易计税方法）：

= 50 000 ÷（1 + 5%）× 5% = 2 380.95（元）

假设为一般计税办法，一般纳税人适用税率为 9%：

= 50 000 ÷（1 + 9%）× 9% = 4 128.44（元）

四、简易计税方法

（一）应纳税额计算公式

根据《增值税暂行条例》和“营改增”的规定，小规模纳税人销售货物或提供应税劳务和服务按简易方法计税。简易计税方法的应纳税额，是指按照销售额和增值税征收率计算的增值税额，不得抵扣进项税额，也不得自行开具增值税专用发票（试点的住宿业增值税小规模纳税人除外）。应纳税额计算公式：

应纳税额 = 销售额 × 征收率

【例 2-40】 众山税务师事务所为小规模纳税人，10 月份业务款为 80 000 元，征收率为 3%。开出增值税普通发票。则：

增值税 = 80 000 × 3% = 2 400（元）

借：银行存款　　82 400
　　贷：主营业务收入　　80 000
　　　　应交税费——应交增值税　　2 400

（二）含税销售额的换算

简易计税方法的销售额不包括其应纳税额，纳税人采用销售额和应纳税额合并定价方法的，按照下列公式计算销售额：

不含税销售额 = 含税销售额 ÷（1 + 征收率）

纳税人适用简易计税方法计税的，因销售折让、中止或者退回而退还给购买方的销售额，应当从当期销售额中扣减。扣减当期销售额后仍有余额造成多缴的税款，可以从以后的应纳税额中扣减。

【例 2－41】 新客家酒楼为小规模纳税人，10 月 1 日收到餐费 10 300 元，其中信用卡刷卡收入 8 300 元，现金收入 2 000 元。餐费均开出增值税普通发票。

不含税销售额 = 10 300 ÷（1 + 3%）= 10 000（元）

应交增值税 = 10 000 × 3% = 300（元）

借：银行存款	8 300	
库存现金	2 000	
贷：主营业务收入		10 000
应交税费——应交增值税		300

（三）主管税务机关为小规模纳税人代开发票应纳税额的计算

小规模纳税人销售货物及提供应税劳务，可申请主管税务机关代开发票。主管税务机关为小规模纳税人代开专用发票，应在专用发票“单价”栏和“金额”栏分别填写不含增值税税额的单价和销售额，其应纳税额按销售额依照征收率计算。

代开专用发票后发生退票的，税务机关应按照增值税一般纳税人作废或开具负数专用发票的有关规定进行处理。对需要重新开票的，应同时进行新开票税额与原开票税额的清算，多退少补；对无须重新开票的，按有关规定退还增值税纳税人已缴的税款或抵顶下期正常申报税款。

（四）小规模纳税人购进税控收款机的进项税额抵扣

小规模纳税人购置税控收款机，经主管税务机关审核批准后，可凭购进税控收款机取得的增值税专用发票，按照发票上注明的增值税税额，抵免当期应纳增值税，如果取得的普通发票上注明的价款，依下列公式计算可抵免税额。

可抵免税额 = 价款 ÷（1 + 13%）× 13%

当期应纳税额不足抵免的，未抵免部分可在下期继续抵免。

（五）小规模纳税人销售使用过的固定资产

小规模纳税人（除其他个人外）销售使用过的固定资产，减按 2% 征收增值税。

销售额 = 含税销售额 ÷（1 + 3%）

应纳税额 = 销售额 × 2%

【例 2－42】 新客家酒楼为小规模纳税人，转让一台使用过的冰柜，原价 20 000 元，已提折旧 2 000 元，转让价为 12 360 元，收到款项。

不含税销售额 = 12 360 ÷（1 + 3%）= 12 000（元）

应纳税额 = 12 000 × 2% = 240（元）

借：累计折旧	2 000	
固定资产清理	18 000	
贷：固定资产		20 000

借：银行存款　　12 360
　　贷：固定资产清理　　12 120
　　　　应交税费——应交增值税　　240

（六）“营改增”试点小规模纳税人缴纳增值税相关政策

1. 试点纳税人中的小规模纳税人跨县（市）提供建筑服务，应以取得的全部价款和价外费用扣除支付的分包款后的余额为销售额，按照3%的征收率计算应纳税额。纳税人应按照上述计税方法在建筑服务发生地预缴税款后，向机构所在地主管税务机关进行纳税申报（差额计税）。

【例2-43】 安华建筑公司（小规模纳税人）为利华公司建造仓库，总价为800 000元，增值税为24 000元，分包给当地东林建筑安装公司（小规模纳税人）为装修工程200 000元。

安华建筑公司应纳增值税=(800 000-200 000)×3%=18 000（元）

全额开具3%的增值税专用发票［800 000×3%=24 000（元）］，申报时扣除差额［200 000×3%=6 000（元）］。

收款：

借：银行存款　　824 000
　　贷：主营业务收入　　800 000
　　　　应交税费——应交增值税　　24 000

支付承包费：

借：主营业务成本　　200 000
　　应交税费——应交增值税　　6 000［200 000×3%］
　　贷：银行存款　　206 000

2. 小规模纳税人销售其取得（不含自建）的不动产（不含个体工商户销售购买的住房和其他个人销售不动产），应以取得的全部价款和价外费用减去该项不动产购置原价或者取得不动产时的作价后的余额为销售额，按照5%的征收率计算应纳税额。纳税人应按照上述计税方法在不动产所在地预缴税款后，向机构所在地主管税务机关进行纳税申报（差额计税）。

【例2-44】 安立公司（小规模纳税人）出售办公室一套，原购入价100万元，售价为120万元（不含税）。

应纳增值税=1 200 000×5%=60 000（元）

纳税申报时扣除不动产原购入价100万元。

扣除增值税=1 000 000×5%=50 000（元）

实际应缴=60 000-50 000=10 000（元）

3. 小规模纳税人销售其自建的不动产，应以取得的全部价款和价外费用为销售额，按照5%的征收率计算应纳税额。纳税人应按照上述计税方法在不动产所在地预缴税款后，向机构所在地主管税务机关进行纳税申报。

【例2-45】 星悦科技信息公司（小规模纳税人）出售自建的仓库，价款300 000元。

应纳增值税=300 000×5%=15 000（元）

4. 房地产开发企业中的小规模纳税人，销售自行开发的房地产项目，按照5%的征收率计税。

【例2-46】 11月，某房地产开发企业（小规模纳税人）出售自行开发的房屋，价款1 500 000元，收款。

应纳增值税 =1 500 000 ×5% =75 000（元）

借：银行存款　　1 575 000
　　贷：主营业务收入　　1 500 000
　　　　应交税费——应交增值税　　75 000

5. 其他个人销售其取得（不含自建）的不动产（不含其购买的住房），应以取得的全部价款和价外费用减去该项不动产购置原价或者取得不动产时的作价后的余额为销售额，按照 5% 的征收率计算应纳税额。

6. 小规模纳税人出租其取得的不动产（不含个人出租住房），应按照 5% 的征收率计算应纳税额。纳税人出租与机构所在地不在同一县（市）的不动产，应按照上述计税方法在不动产所在地预缴税款后，向机构所在地主管税务机关进行纳税申报。

7. 其他个人出租其取得的不动产（不含住房），应按照 5% 的征收率计算应纳税额。

8. 个人出租住房，应按照 5% 的征收率，减按 1.5% 计算应纳税额。

（七）"营改增"后一般纳税人发生下列应税行为可以选择适用简易计税方法计税

1. 应税服务。

（1）公共交通运输服务。公共交通运输服务，包括轮客渡、公交客运、地铁、城市轻轨、出租车、长途客运、班车。

【例 2 －47】 白云出租汽车公司采用简易计税方法核算增值税，10 月份收入为 180 000 元。

不含税销售额 =180 000 ÷（1 +3%）=174 757.28（元）

应交增值税 =174 757.28 ×3% =5 242.72（元）

借：银行存款　　180 000
　　贷：主营业务收入　　174 757.28
　　　　应交税费——简易计税　　5 242.72

（2）经认定的动漫企业为开发动漫产品提供的动漫脚本编撰、形象设计、背景设计、动画设计、分镜、动画制作、摄制、描线、上色、画面合成、配音、配乐、音效合成、剪辑、字幕制作、压缩转码（面向网络动漫、手机动漫格式适配）服务，以及在境内转让动漫版权（包括动漫品牌、形象或者内容的授权及再授权）。

（3）电影放映服务、仓储服务、装卸搬运服务、收派服务和文化体育服务。

【例 2 －48】 麓湖羽毛球馆采用简易计税方法核算增值税，10 月份收入为 50 000 元。

不含税销售额 =50 000 ÷（1 +3%）=48 543.69（元）

应交增值税 =48 543.69 ×3% =1 456.31（元）

借：银行存款　　50 000
　　贷：主营业务收入　　48 543.69
　　　　应交税费——简易计税　　1 456.31

（4）以纳入"营改增"试点之日前取得的有形动产为标的物提供的经营租赁服务。

（5）在纳入"营改增"试点之日前签订的尚未执行完毕的有形动产租赁合同。

2. 建筑服务。建筑业的一般纳税人发生下列应税行为的可选择简易计税方法计税：

（1）一般纳税人以清包工方式提供的建筑服务，可以选择适用简易计税方法计税。

以清包工方式提供建筑服务，是指施工方不采购建筑工程所需的材料或只采购辅助材料，并收取人工费、管理费或者其他费用的建筑服务。

（2）一般纳税人为甲供工程提供的建筑服务，可以选择适用简易计税方法计税。

甲供工程（甲供材），是指全部或部分设备、材料、动力由工程发包方自行采购的建筑工程。

“甲供材”与“清包工”如何选择一般或简易计税方法？按以下标准确定：

建筑企业采购材料物资价税合计 =44.81%（税负临界点）×“甲供材”合同中约定的工程计税合计（Y）

知识拓展

税负临界点44.81%是如何计算出来的？

假设甲供材合同中约定的工程价税合计（不含甲方购买的材料和设备）为Y，则“甲供材”中建筑企业选择一般计税方法和简易计税方法下的增值税计算如下：

1. 一般计税方法下的应交增值税为：

应交增值税 =Y·10% ÷(1 +10%) –建筑企业采购材料物资进项税额

=9.09% ·Y –建筑企业采购材料物资进项税额

2. 简易计税方法下的应交增值税为：

应交增值税 =Y÷（1 +3%）×3% =2.91% ·Y

3. 两种方法下税负相同的临界点：

9.09% ·Y –建筑企业采购材料物资进项税额 =2.91% ·Y

推导出：建筑企业采购材料物资进项税额 =6.18% ·Y

4. 由于一般情况下，建筑企业采购材料物资的适用税率均是16%，所以，推导出临界点：

建筑企业采购材料物资进项税额 = 建筑企业采购材料物资价税合计 ×16% ÷（1 +16%）=6.18% ·Y

5. 由此计算出临界点：建筑企业采购材料物资价税合计 =44.81% ·Y

则：

①建筑企业采购材料物资价税合计 >44.81% ×“甲供材”合同中约定的工程计税合计（Y），选择一般计税方法有利。

②建筑企业采购材料物资价税合计 <44.81% ×“甲供材”合同中约定的工程计税合计（Y），选择简易计税方法有利。

（3）一般纳税人为建筑工程老项目提供的建筑服务，可以选择适用简易计税方法计税。

（4）一般纳税人跨县（市）提供建筑服务，选择适用简易计税方法计税的，应以取得的全部价款和价外费用扣除支付的分包款后的余额为销售额，按照3%的征收率计算应纳税额。纳税人应按照上述计税方法在建筑服务发生地预缴税款后，向机构所在地主管税务机关进行纳税申报。

【例2 –49】 华丰公司承建一主题乐园项目，工程总承包合同造价为1 000万元，材料部分600万元（其中含甲供材500万元）；安装部分400万元，华丰公司将其中100万元的机电安装工程分包给广州中燕建筑公司（假设购买材料均取得13%增值税专用发票）。

简易计税方法：

应交增值税 =（10 000 000 – 5 000 000 – 1 000 000）÷（1 + 3%）× 3% = 116 504.86（元）

一般计税方法：

应交增值税 =（10 000 000 – 5 000 000）÷（1 + 9%）× 9% – [（6 000 000 – 5 000 000）÷（1 + 9%）× 13% + 1 000 000 ÷（1 + 9%）× 9%]

= 412 844.04 –（119 266.05 + 82 568.81）

= 211 009.18（元）

上述情况下，两种方法计算比较的结果，应选择简易计税方法。

3. 销售不动产。

（1）一般纳税人销售其2016年4月30日前取得（不含自建）的不动产，可以选择适用简易计税方法，以取得的全部价款和价外费用减去该项不动产购置原价或者取得不动产时作价后的余额为销售额，按照5%的征收率计算应纳税额。纳税人应按照上述计税方法在不动产所在地预缴税款后，向机构所在地主管税务机关进行纳税申报。

【例2–50】 广州华润公司（一般纳税人）转让商铺收入400万元（含税），该商铺为2015年以200万元（含税）购入。该商铺现已提折旧80万元（选择简易计税方法，自行开具差额普通发票）。

- 开票时：

票面税额 =（4 000 000 – 2 000 000）÷（1 + 5%）× 5% = 95 238.10（元）

票面不含税金额 = 4 000 000 – 95 238.10 = 3 904 761.90（元）

- 申报时：

不含税销售额 = 4 000 000 ÷（1 + 5%）= 3 809 523.81（元）

应纳税额 = 4 000 000 ÷（1 + 5%）× 5% = 190 476.19（元）

差额扣除金额2 000 000元，扣除后销售额 = 4 000 000（收入）– 2 000 000（扣除额）= 2 000 000（元）

扣除后应纳税额 = 2 000 000 ÷（1 + 5%）× 5% = 95 238.10（元）

①借：固定资产清理	1 200 000	
累计折旧	800 000	
贷：固定资产		2 000 000
②借：银行存款	4 000 000	
固定资产清理	3 904 761.90	
贷：应交税费——简易计税	95 238.10	

（2）一般纳税人销售其2016年4月30日前自建的不动产，可以选择适用简易计税方法，以取得的全部价款和价外费用为销售额，按照5%的征收率计算应纳税额。纳税人应按照上述计税方法在不动产所在地预缴税款后，向机构所在地主管税务机关进行纳税申报。

（3）房地产开发企业中的一般纳税人，销售自行开发的房地产老项目，可以选择适用简易计税方法按照5%的征收率计税。

（4）房地产开发企业采取预收款方式销售所开发的房地产项目，在收到预收款时按照3%的预征率预缴增值税。

（5）个体工商户销售购买的住房，应按照《营业税改征增值税试点过渡政策的规定》第五条的规定免征增值税。纳税人应按照上述计税方法在不动产所在地预缴税款后，向机构所在地主管税务机关进行纳税申报。

4. 不动产经营租赁服务。

（1）一般纳税人出租其2016年4月30日前取得的不动产，可以选择适用简易计税方法，按照5%的征收率计算应纳税额。纳税人出租其2016年4月30日前取得的与机构所在地不在同一县（市）的不动产，应按照上述计税方法在不动产所在地预缴税款后，向机构所在地主管税务机关进行纳税申报。

【例2-51】 三鑫大厦出租写字楼（2016年4月30日前取得），选择适用简易计税方法，收入100万元，增值税5万元，开出增值税普通发票。

借：银行存款　　1 050 000

　　贷：主营业务收入（其他业务收入）　　1 000 000

　　　　应交税费——简易计税　　50 000

（2）公路经营企业中的一般纳税人收取试点前开工的高速公路的车辆通行费，可以选择适用简易计税方法，减按3%的征收率计算应纳税额。

试点前开工的高速公路，是指相关施工许可证明上注明的合同开工日期在2016年4月30日前的高速公路。

（3）一般纳税人出租其2016年5月1日后取得的、与机构所在地不在同一县（市）的不动产，应按照3%的预征率在不动产所在地预缴税款后，向机构所在地主管税务机关进行纳税申报。

试点纳税人中的一般纳税人提供的铁路旅客运输服务，不得选用简易计税方法计算缴纳增值税。

其他应税行为及规定

5. 纳税人销售旧货适用征收率的规定。自2014年7月1日起，纳税人销售旧货，按简易计税办法依照3%的征收率，减按2%计算缴纳增值税。

旧货，是指进入二次流通的具有部分使用价值的货物（含旧汽车、旧摩托车和旧游艇），但不包括自己使用过的物品。

$$销售额 = 含税销售额 \div (1+3\%)$$

$$应纳税额 = 销售额 \times 2\%$$

五、进口货物应纳税额的计算

企业进口货物时，应纳增值税的计算公式为：

$$应纳增值税额 = 组成计税价格 \times 税率$$

组成计税价格按以下两种情况确定：

1. 不属于应征消费税的进口货物。

$$组成计税价格 = 关税完税价格 + 关税税额$$

2. 属于应征消费税的进口货物。

$$组成计税价格 = 关税完税价格 + 关税税额 + 消费税税额$$

$$即：组成计税价格 = \frac{关税完税价格 + 关税税额}{1 - 消费税税率}$$

【例2-52】 广州友谊商场（一般纳税人）2018年8月份进口高档香水一批，关税及关税完税价格为425 000元，消费税税率为15%，消费税为75 000元，增值税税率为16%，则进口货物应纳的增值税计算如下：

组成计税价格＝425 000÷（1－15%）＝500 000（元）

应纳增值税额＝500 000×13%＝65 000（元）

应纳消费税额＝500 000×15%＝75 000（元）

借：库存商品　500 000

　应交税费——应交增值税（进项税额）　65 000

　贷：银行存款　565 000

六、出口货物或者劳务和服务增值税的退（免）税

我国《增值税暂行条例》第二条第三款规定：纳税人出口货物，税率为零。

（一）适用增值税退（免）税政策的出口货物劳务

对下列出口货物劳务，除适用增值税免税政策和征税政策的出口货物劳务规定的以外，实行免征和退还增值税【以下称增值税退（免）税】政策：

1. 出口企业出口货物。出口企业，是指依法办理工商登记、税务登记、对外贸易经营者备案登记，自营或委托出口货物的单位或个体工商户，以及依法办理工商登记、税务登记但未办理对外贸易经营者备案登记，委托出口货物的生产企业。

出口货物，是指向海关报关后实际离境并销售给境外单位或个人的货物，分为自营出口货物和委托出口货物两类。

生产企业，是指具有生产能力（包括加工修理修配能力）的单位或个体工商户。

2. 出口企业或其他单位视同出口货物。具体是指：

（1）出口企业对外援助、对外承包、境外投资的出口货物。

（2）出口企业经海关报关进入国家批准的出口加工区、保税物流园区、保税港区、综合保税区、珠澳跨境工业区（珠海园区）、中哈霍尔果斯国际边境合作中心（中方配套区域）、保税物流中心（B型）（以下统称特殊区域）并销售给特殊区域内单位或境外单位、个人的货物。

（3）免税品经营企业销售的货物［国家规定不允许经营和限制出口的货物（见“营业税改征增值税试点实施办法”）、卷烟和超出免税品经营企业《企业法人营业执照》规定经营范围的货物除外］。具体是指：

①中国免税品（集团）有限责任公司向海关报关运入海关监管仓库，专供其经国家批准设立的统一经营、统一组织进货、统一制定零售价格、统一管理的免税店销售的货物；

②国家批准的除中国免税品（集团）有限责任公司外的免税品经营企业，向海关报关运入海关监管仓库，专供其所属的首都机场口岸海关隔离区内的免税店销售的货物；

③国家批准的除中国免税品（集团）有限责任公司外的免税品经营企业所属的上海虹桥、浦东机场海关隔离区内的免税店销售的货物；

④出口企业或其他单位销售给用于国际金融组织或外国政府贷款国际招标建设项目的中标机电产品（以下称中标机电产品）。上述中标机电产品，包括外国企业中标再分包给出口企业或其他单位的机电产品。贷款机构和中标机电产品的具体范围见“营业税改征增值税试点有关事项的规定”。

⑤生产企业向海上石油天然气开采企业销售的自产的海洋工程结构物。海洋工程结构物和海上石油天然气开采企业的具体范围见“营业税改征增值税试点过渡政策的规定”。

⑥出口企业或其他单位销售给国际运输企业用于国际运输工具上的货物。上述规定暂仅适用于外轮供应公司、远洋运输供应公司销售给外轮、远洋国轮的货物，国内航空供应公司生产销售给国内和国外航空公司国际航班的航空食品。

⑦出口企业或其他单位销售给特殊区域内生产企业生产耗用且不向海关报关而输入特殊区域的水（包括蒸汽）、电力、燃气（以下称输入特殊区域的水电气）。

除本通知及财政部和国家税务总局另有规定外，视同出口货物适用出口货物的各项规定。

3. 出口企业对外提供加工修理修配劳务。对外提供加工修理修配劳务，是指对进境复出口货物或从事国际运输的运输工具进行的加工修理修配。

4. 一般纳税人提供适用增值税零税率应税服务退（免）税办法。

（1）增值税一般纳税人提供适用增值税零税率的应税服务，实行增值税退（免）税办法。该办法自2014年1月1日起施行。

（2）根据财税【2016】36号文件规定，自2016年5月1日起，跨境应税行为适用增值税零税率。跨境应税行为是指在中华人民共和国境内的单位和个人销售规定的服务和无形资产。

（3）增值税零税率的应税服务是指，提供适用增值税零税率的应税服务，且认定为增值税一般纳税人，实行增值税一般计税办法的境内单位和个人。属于汇总缴纳增值税的，为财政部、国家税务总局批准的汇总缴纳增值税的总机构。

增值税零税率应税服务的适用范围按财政部、国家税务总局的规定执行。

（4）起点或终点在境外的运单、提单或客票所对应的各航段或路段的运输服务，属于国际运输服务。

起点或终点在我国港澳台地区的运单、提单或客票所对应的各航段或路段的运输服务，属于港澳台运输服务。

从境内载运旅客或货物至国内海关特殊监管区域及场所、从国内海关特殊监管区域及场所载运旅客或货物至国内其他地区或者国内海关特殊监管区域及场所，以及向国内海关特殊监管区域及场所内单位提供的研发服务、设计服务，不属于增值税零税率应税服务适用范围。

（5）增值税零税率应税服务退（免）税办法包括免抵退税办法和免退税办法，具体办法及计算公式按有关出口货物劳务退（免）税的规定执行。

（6）实行免抵退税办法的增值税零税率应税服务提供者如果同时出口货物劳务且未分别核算的，应一并计算免抵退税。税务机关在审批时，应按照增值税零税率应税服务、出口货物劳务免抵退税额的比例划分其退税额和免抵税额。

（二）增值税退（免）税办法

适用增值税退（免）税政策的出口货物劳务，按照下列规定实行增值税免抵退税或免退税办法。

1. 免抵退税办法。生产企业出口自产货物和视同自产货物及对外提供加工修理修配劳务，以及列名生产企业出口非自产货物，免征增值税，相应的进项税额抵减应纳增值税额（不包括适用增值税即征即退、先征后退政策的应纳增值税额），未抵减完的部分予以退还。

2. 免退税办法。不具有生产能力的出口企业或其他单位出口货物劳务，免征增值税，相应的进项税额予以退还。

3. 境内的单位和个人提供适用增值税零税率的服务或者无形资产，如果属于适用简易计税方法的，实行免征增值税办法。如果属于适用增值税一般计税方法的，生产企业实行免抵退税办法，外贸企业外购服务或者无形资产出口实行免退税办法，外贸企业直接将服务或自行研发的无形资产出口，视同生产企业连同其出口货物统一实行免抵退税办法。

4. 境内的单位和个人销售适用增值税零税率的服务或无形资产的，可以放弃适用增值税零税率，选择免税或按规定缴纳增值税。放弃适用增值税零税率后，36 个月内不得再申请适用增值税零税率。

5. 境内的单位和个人销售适用增值税零税率的服务或无形资产，按月向主管退税的税务机关申报办理增值税退（免）税手续。具体管理办法由国家税务总局与财政部另行制定。

增值税出口退税知识拓展

第三节 增值税的会计处理

【学习目标】 主要掌握制造业、商品流通企业发生商品购销业务，固定资产增减业务、无形资产转让业务、接受服务等增值税的会计处理，掌握服务业增值税的会计处理，掌握建筑业增值税的会计处理，房地产企业增值税的会计处理。

一、制造业及商品流通企业增值税的会计处理

（一）制造业及商品流通企业国内采购货物的处理

企业国内采购的货物，按照增值税专用发票上注明的增值税税额和税法规定可计算抵扣的金额之和，借记“应交税费——应交增值税（进项税额）”账户；按照发票上记载的应计入采购成本的金额，借记“在途物资”“材料采购”“原材料”“库存商品”（商业企业）“制造费用”“管理费用”“销售费用”“其他业务成本”等账户；按照应付或实际支付的金额，贷记“应付账款”“应付票据”“银行存款”等账户。购入货物发生的退货，做相反的会计处理。

企业购进免税农业产品，按购入农业产品的买价和规定的扣除率计算的进项税额，借记“应交税费——应交增值税（进项税额）”账户；按买价扣除按规定计算的进项税额后的数额，借记“在途物资”“材料采购”“原材料”“库存商品”（商业企业）等账户；按应付或实际支付的价款，贷记“应付账款”“银行存款”等账户。

【例 2－53】 安娜家纺有限公司（一般纳税人），以生产床上用品为主。11 月份公司发生有关经济业务【业务 1～28】如下：

【业务 1】 2 日以银行存款支付电费：价款 4 000 元、增值税 520 元。账务处理如下：

借：应付账款——供电公司　　　　4 000

应交税费——应交增值税（进项税额）　　520
　　贷：银行存款　　4 520

【业务2】 3日，网上支付缝纫加工部机器设备的修理费，价款800元，增值税额104元。账务处理如下：

借：管理费用——修理费　　800
　　应交税费——应交增值税（进项税额）　　104
　　贷：银行存款　　904

【业务3】 4日，购入产品的包装物，价款15 000元，增值税1 950元；同时发生运费200元，增值税18元，均取得增值税专用发票并付款。账务处理如下：

借：周转材料——包装物　　15 200
　　应交税费——应交增值税（进项税额）　　1 968
　　贷：银行存款　　17 168

【业务4】 5日，购入布料，价款500 000元，取得的增值税专用发票注明增值税款为65 000元。取得增值税专用发票，另外对方代垫材料运杂费2 000元，增值税180元，取得增值税专用发票，材料已验收入库，通过网上银行支付货款。账务处理如下：

借：原材料——原料及主要材料（布料）　　502 000
　　应交税费——应交增值税（进项税额）　　65 180
　　贷：银行存款　　567 180

【业务5】 6日，公司发现上月所购的一批布料有质量问题，该布料价款100 000元，增值税13 000元。决定退货，材料商同意退货并退款，则公司在同时收到材料商开具的红字增值税专用发票的发票联和抵扣联后。账务处理如下：

借：银行存款　　113 000
　　应交税费——应交增值税（进项税额）　　13 000
　　贷：原材料——原料及主要材料　　100 000

（二）接受投资或捐赠货物的处理

企业接受投资转入的货物，按照增值税专用发票上注明的增值税额，借记“应交税费——应交增值税（进项税额）”账户；按照确认的投资货物价值（已扣除增值税，下同），借记“原材料”“库存商品”等账户；按照增值税额与货物价值的合计数，贷记“实收资本”等账户。

企业接受捐赠转入的货物，按照增值税专用发票上注明的增值税额，借记“应交税费——应交增值税（进项税额）”账户，按照确认的捐赠货物价值，借记“原材料”“库存商品”等账户，按照增值税额与货物价值的合计数，贷记“营业外收入”账户。

【业务6】 11月7日，安娜家纺有限公司收到投资人的布料一批作为追加投资，增值税专用发票上的注明价款400 000元，增值税52 000元，货物已验收入库。账务处理如下：

借：原材料——原料及主要材料（布料）　　400 000
　　应交税费——应交增值税（进项税额）　　52 000
　　贷：实收资本　　452 000

想一想：

接受捐赠货物没有取得增值税专用发票能否扣税？

（三）接受应税劳务及销售服务的处理

1. 加工应税劳务的处理。企业接受应税劳务，按照增值税专用发票上注明的增值税额，借记“应交税费——应交增值税（进项税额）”账户；按增值税专用发票上记载的应计入加工、修理修配等货物成本的金额，借记“其他业务成本”“制造费用”“委托加工物资”“销售费用”“管理费用”等账户；按应付或实际支付的金额，贷记“应付账款”“银行存款”等账户。

【业务7】 11月8日，安娜家纺有限公司委托水星家纺公司加工床单，发出布料100 000元，支付加工费6 000元及增值税款780元。账务处理如下：

发出材料时：

借：委托加工物资　　100 000
　　贷：原材料——原料及主要材料（布料）　　100 000

支付加工费、增值税时：

借：委托加工物资　　6 000
　　应交税费——应交增值税（进项税额）　　780
　　贷：银行存款　　6 780

收回加工床单时：

借：库存商品——床单　　106 000
　　贷：委托加工物资　　106 000

2. 接受销售服务。

（1）接受电信服务。

【业务8】 9日，支付本公司的电话费及网络费用（委托付款），取得两张增值税专用发票，基础电信费用为1 200元，增值税108元；增值电信服务费用为1 000元，增值税为60元。账务处理如下：

借：管理费用——办公费　　2 200
　　应交税费——应交增值税（进项税额）　　108
　　贷：银行存款　　2 308

（2）接受广告服务。

【业务9】 10日，委托风行广告公司制作广告，支付广告费300 000元，增值税18 000元，取得增值税专用发票，网上银行付款。账务处理如下：

借：销售费用——广告费　　300 000
　　应交税费——应交增值税（进项税额）　　18 000
　　贷：银行存款　　318 000

（3）接受鉴证服务。

【业务10】 11日，委托万隆会计师事务所进行清产核资，支付审计费用20 000元，增值税1 200元，取得增值税专用发票，网上银行付款。账务处理如下：

借：管理费用——审计费　20 000
　应交税费——应交增值税（进项税额）　1 200
　贷：银行存款　21 200

（4）接受酒店餐饮服务。

【业务11】 11月12日，公司总经理李华东出差归来报销差旅费3 000元（其中：住宿费1 000元，增值税60元；会议费800元，增值税48元，前两项取得增值税专用发票；其他费用992元），退回现金100元（原借款3 000元）。账务处理如下：

借：管理费用——差旅费　2 792
　应交税费——应交增值税（进项税额）　108
　库存现金　100
　贷：其他应收款——李华东　3 000

（5）无形资产核算。

【业务12】 11月13日，公司向雅兰家纺公司出售一项A商标所有权，该专利原价200 000元，累计摊销120 000元，售价180 000元，增值税10 800元，开出增值税专用发票，收款190 800元。账务处理如下：

借：银行存款　190 800
　累计摊销　120 000
　贷：无形资产　200 000
　　应交税费——应交增值税（销项税额）　10 800
　　营业外收入（或资产处置收益）　100 000

【业务13】 14日，公司向雅兰家纺公司转让一项C专利使用权，价款50 000元，增值税3 000元，开出增值税专用发票，收款53 000元。账务处理如下：

借：银行存款　53 000
　贷：其他业务收入　50 000
　　应交税费——应交增值税（销项税额）　3 000

【业务14】 11月15日，公司购入一项B专利，该专利价款100 000元，增值税6 000元，收到增值税专用发票，付款。账务处理如下：

借：无形资产　100 000
　应交税费——应交增值税（进项税额）　6 000
　贷：银行存款　106 000

（6）接受快递公司的派送服务。

【业务15】 11月16日，公司收到顺丰快递公司开来的增值税专用发票，派送服务费1 000元，增值税60元，已付款。账务处理如下：

借：管理费用　1 000
　应交税费——应交增值税（进项税额）　60
　贷：银行存款　1 060

（四）企业进口货物的处理

企业进口货物，按照海关提供的完税凭证上注明的增值税额，借记“应交税费——应交增值税（进项税额）”账户；按照进口货物应计入采购成本的金额，借记“材料采购”

“在途物资”“原材料”“库存商品”等账户；按应付或实际支付的价款，贷记“应付账款”“银行存款”等账户。

【业务16】 11月16日，安娜家纺有限公司从国外进口布料一批，关税及关税完税价格为400 000元，增值税52 000元，材料已验收入库。账务处理如下：

借：原材料——原料及主要材料（布料） 400 000
　　应交税费——应交增值税（进项税额） 52 000
　　贷：银行存款 452 000

（五）固定资产的增值税处理

一般纳税人购进固定资产，取得增值税专用发票，其进项税额可以从销项税额中抵扣，其余支出均计入固定资产的价值。

【业务17】 11月17日，安娜家纺有限公司购入不需安装生产设备2台，取得增值税发票，价款280 000元，增值税36 400元；另外销货方代垫运费1 500元，增值税135元，已取得增值税专用发票；设备直接交付使用，付款。账务处理如下：

借：固定资产 281 500
　　应交税费——应交增值税（进项税额） 36 535
　　贷：银行存款 318 035

【业务18】 11月18日，安娜家纺有限公司转让1台不需要的设备，该设备2015年购入，原价50 000元，现已提折旧20 000元，转让价为25 000元，增值税3 250元，开出增值税发票，收款。账务处理如下：

①借：固定资产清理 30 000
　　累计折旧 20 000
　　贷：固定资产 50 000
②借：银行存款 28 250
　　贷：应交税费——应交增值税（销项税额） 3 250
　　　　固定资产清理 25 000

【业务19】 11月19日，公司出租其2016年4月30日前购入的写字楼（公司采用适用简易计税方法），每月租金20 000元，增值税1 000元。开出增值税普通发票，收款。

应交税款 $=20\ 000\times5\%=1\ 000$（元）

借：银行存款 21 000
　　贷：其他业务收入 20 000
　　　　应交税费——简易计税 1 000

【业务20】 11月20日，公司为销售部门购进房屋两套，取得增值税专用发票，价款500万元，增值税45万元，开出支票付款。账务处理如下：

借：固定资产 5 000 000
　　应交税费——应交增值税（进项税额） 450 000
　　贷：银行存款 5 450 000

【业务21】 11月21日，公司出租其2016年5月1日后购入的房屋（公司采用一般计税方法计税）给本市亚兰家纺有限公司，每月租金15 000元，增值税1 350元。开出增值税专用发票，收款。

应缴税款 = 15 000 × 9% = 1 350（元）

借：银行存款　　16 350
　　贷：其他业务收入　　15 000
　　　　应交税费——应交增值税（销项税额）　　1 350

（六）销售货物或提供应税劳务的处理

企业销售货物或提供应税劳务，按照实现的销售收入规定计算的增值税额之和，借记“应收账款”“应收票据”“银行存款”等账户；按规定收取的增值税额，贷记“应交税费——应交增值税（销项税额）”账户；按实现的销售收入，贷记“主营业务收入”“其他业务收入”等账户。发生的销售退回，作相反的会计分录处理。

【业务 22】 11 月 22 日，安娜家纺有限公司，向万嘉百货公司销售四件套床上用品（两个枕头、一张床单、一个被套）一批，开出的增值税专用发票，价款 3 000 000 元，增值税 390 000 元；已发出货物，收到一张面额 2 000 000 元三个月期限的商业承兑汇票，其余货款未收。账务处理如下：

借：应收票据　　2 000 000
　　应收账款　　1 390 000
　　贷：主营业务收入　　3 000 000
　　　　应交税费——应交增值税（销项税额）　　390 000

（七）视同销售行为的处理

企业委托其他单位代销商品，应于收到受托人送交的代销清单的当天，即销售收入确认时开具增值税专用发票，借记“应收账款”或“银行存款”账户，贷记“应交税费——应交增值税（销项税额）”“主营业务收入”账户。委托单位支付的代销手续费，在收到受托单位转来的手续费发票后，借记“销售费用”，贷记“银行存款”“应收账款”等账户。

设有两个以上机构并实行统一核算的纳税人，将货物从一个机构移送到另一机构（相关机构不在同一县内）用于销售的，在货物移送时由发货方开具增值税专用发票计算销项税额，调入方计算进项税额。

【业务 23】 11 月 23 日，安娜家纺有限公司向摩登百货发出 1.8 米床上用品四件套 100 套，委托其代销，每套售价 1 800 元；30 日收到受托方摩登百货送来代销清单，开具增值税专用发票，销售额为 180 000 元，增值税 23 400 元，款项尚未收到；25 日发出 1.5 米床上用品四件套 100 套一批给南京独立核算的分支机构，成本为 100 000 元，售价为 150 000 元；27 日，将一批布料对外投资，成本 500 000 元，增值税 65 000 元。账务处理如下：

30 日，收到代销清单时：

借：应收账款——摩登百货　　203 400
　　贷：主营业务收入　　180 000
　　　　应交税费——应交增值税（销项税额）　　23 400

25 日，发货给南京分支机构时：

借：应收账款——南京分支机构　　169 500
　　贷：主营业务收入　　150 000
　　　　应交税费——应交增值税（销项税额）　　19 500

27 日，对外投资发出原材料时：

借：长期股权投资　　565 000
　贷：原材料　　500 000
　　应交税费——应交增值税（销项税额）　　65 000

【业务 24】 24 日，将自产的新产品 1.8 米安娜 A 四件套 200 套（每套成本 300 元）送给职工作为福利，无同类产品市场价，成本利润率 10%。账务处理如下：

①借：应付职工薪酬——非货币性福利　　74 580
　贷：应交税费——应交增值税（销项税额）
　　　8 580［200×300×（1+10%）×13%］
　　主营业务收入　　66 000

②借：主营业务成本　　60 000
　贷：库存商品　　60 000（200×300）

【业务 25】 24 日，将原购入的布料一批送给校企合作单位纺织学院，该布料成本为 40 000 元，原已扣税 5 200 元。账务处理如下：

借：营业外支出　　45 200
　贷：应交税费——应交增值税（销项税额）　　5 200
　　原材料　　40 000

（八）包装物业务的处理

随同产品出售但单独计价的包装物，按规定应缴纳的增值税，借记“应收账款”等账户，贷记“应交税费——应交增值税（销项税额）”账户。企业逾期未退还和不需退回的包装物押金，按规定应缴纳的增值税，借记“其他应付款——包装物押金”等账户，贷记“应交税费——应交增值税（销项税额）”账户。

【业务 26】 11 月 25 日，安娜家纺有限公司向春之花商店销售 1.8 米安娜六件套床上用品 500 套，每套 2 000 元，开出增值税专用发票，价款 1 000 000 元，增值税 130 000 元；另配套的精美包装袋单独计价，包装袋每个售价 125 元，共 25 000 元，增值税款 3 250 元，均开出增值税专用发票。账务处理如下：

借：应收账款——春之花商店　　1 158 250
　贷：主营业务收入　　1 000 000
　　其他业务收入——包装物收入　　25 000
　　应交税费——应交增值税（销项税额）　　133 250

> 思考：上例公司的精美包装袋若免费送给顾客，是否需计算销项税额？

（九）进项税额转出的处理

企业购进的货物，在产品、库存商品发生非正常损失，以及购进货物改变用途等原因，其进项税额应相应转入有关账户，借记“待处理财产损溢”“在建工程”“应付职工薪酬”等账户，贷记“应交税费——应交增值税（进项税额转出）”账户。属于转作待处理财产损失的部分，应与遭受非正常损失的购进货物、在产品、库存商品的成本一并处理。

【业务 27】 11 月 26 日，安娜家纺有限公司因管理不善，发生火灾烧毁仓库，损失布料一批，成本100 000元，其进项税额13 000元；烧毁床品1.5米四件套100套（每套成本300元，每套含原材料成本200元，则每套床品的原材料已扣税26元）。账务处理如下：

借：待处理财产损溢——待处理流动资产损溢　　145 600
　　贷：原材料——原料及主要材料（布料）　　100 000
　　　　库存商品　　30 000
　　　　应交税费——应交增值税（进项税额转出）　　15 600（13 000＋26×100）

思考：若公司的原材料、库存商品发生了正常损失，需要计算进项税额转出吗？
解答：不需要，正常损失与非常损失不需要转税。

（十）一般纳税人缴纳增值税的处理

月份终了，如企业“应交税费——应交增值税”为借方余额，表示本月尚未抵扣完的进项税额，当月可不用缴纳增值税，其借方余额可不转出；对于当月多交的增值税，若要转出。则：

借：应交税费——未交增值税
　　贷：应交税费——应交增值税（转出多交增值税）

如企业“应交税费——应交增值税”为贷方余额，表示当月应交未交的增值税，则：

借：应交税费——应交增值税（转出未交增值税）
　　贷：应交税费——未交增值税

若企业缴纳当月应交的增值税，则：

借：应交税费——预交增值税
　　贷：银行存款

【业务28】汇总公司11月1日到30日有关经济业务涉及的增值税，计算出该公司应交增值税额（见表2－5）。

表2－5　应交增值税额计算表　单位：元

业务号	业务摘要	借方		贷方			余额
		进项税额	已交税金	销项税额	进项税额转出	出口退税	
1	支付电费	520					
2	支付修理费	104					
3	购买包装物	1 968					
4	购买材料	65 180					
5	材料退货	13 000红字					
6	接受材料投资	52 000					
7	支付加工费	780					
8	支付通讯费	180					

续表

业务号	业务摘要	借方		贷方			余额
		进项税额	已交税金	销项税额	进项税额转出	出口退税	
9	广告费	18 000					
10	审计费	1 200					
11	出差服务费	108					
12	出售A商标			10 800			
13	转让C专利			3 000			
14	购入B专利	6 000					
15	快递派送服务	60					
16	进口材料	52 000					
17	购设备	36 535					
18	转让设备			3 250			
20	购房	450 000					
21	出租房屋			1 350			
22	销售产品给万嘉			390 000			
23	视同销售			107 900			
24	产品做福利			8 580			
25	布料送学校			5 200			
26	销售产品的包装物			133 250			
26	烧毁存货				15 600		
小计		671 635		663 330	15 600		
合计		671 635		678 930			7 295

依据以上业务计算应缴纳增值税，月终进行结转时，账务处理为：

借：应交税费——应交纳增值税（转出未交增值税）　　7 295

　　应交税费——简易计税　　1 000

　　贷：应交税费——未交增值税　　8 295

思考：若公司12月缴纳11月份增值税时，应如何进行会计处理？

借：应交税费——未交增值税　　8 295

　　贷：银行存款　　8 295

同学们根据以上资料填制“增值税纳税申报表”（见表2－6至表2－8）

表 2－6

增值税纳税申报表

（一般纳税人适用）

根据国家税收法律法规及增值税相关规定制定本表。纳税人不论有无销售额，均应按税务机关核定的纳税期限填写本表，并向当地税务机关申报。

税款所属时间：自　　年　月　日至　　年　月　日　填表日期：　　年　　月　　日　金额单位：元至角分

纳税人识别号		所属行业：

纳税人名称	（公章）	法定代表人姓名		注册地址		生产经营地址	
开户银行及账号		登记注册类型		电话号码			

项目		栏次	一般项目		即征即退项目	
			本月数	本年累计	本月数	本年累计
销售额	（一）按适用税率计税销售额	1				
	其中：应税货物销售额	2				
	应税劳务销售额	3				
	纳税检查调整的销售额	4				
	（二）按简易办法计税销售额	5				
	其中：纳税检查调整的销售额	6				
	（三）免、抵、退办法出口销售额	7			—	—
	（四）免税销售额	8			—	—
	其中：免税货物销售额	9			—	—
	免税劳务销售额	10			—	—
税款计算	销项税额	11				
	进项税额	12				
	上期留抵税额	13				—
	进项税额转出	14				
	免、抵、退应退税额	15			—	—
	按适用税率计算的纳税检查应补缴税额	16			—	—

续表

项目		栏次	一般项目		即征即退项目	
			本月数	本年累计	本月数	本年累计
税款计算	应抵扣税额合计	17 = 12 + 13 − 14 − 15 + 16		—		—
	实际抵扣税额	18（如17 <11，则为17，否则为11）				
	应纳税额	19 = 11 − 18				
	期末留抵税额	20 = 17 − 18				—
	简易计税办法计算的应纳税额	21				
	按简易计税办法计算的纳税检查应补缴税额	22			—	—
	应纳税额减征额	23				
	应纳税额合计	24 = 19 + 21 − 23				
税款缴纳	期初未缴税额（多缴为负数）	25				
	实收出口开具专用缴款书退税额	26			—	—
	本期已缴税额	27 = 28 + 29 + 30 + 31				
	①分次预缴税额	28		—		—
	②出口开具专用缴款书预缴税额	29		—	—	—
	③本期缴纳上期应纳税额	30				
	④本期缴纳欠缴税额	31				
	期末未缴税额（多缴为负数）	32 = 24 + 25 + 26 − 27				
	其中：欠缴税额（≥0）	33 = 25 + 26 − 27		—		—
	本期应补（退）税额	34 = 24 − 28 − 29		—		—
	即征即退实际退税额	35	—	—		
	期初未缴查补税额	36			—	—
	本期入库查补税额	37			—	—
	期末未缴查补税额	38 = 16 + 22 + 36 − 37			—	—

授权声明	如果你已委托代理人申报，请填写下列资料： 为代理一切税务事宜，现授权 （地址）　　　　为本纳税人的代理申报人，任何与本申报表有关的往来文件，都可寄予此人。 授权人签字：	申报人声明	本纳税申报表是根据国家税收法律法规及相关规定填报的，我确定它是真实的、可靠的、完整的。 声明人签字：

主管税务机关：　　　　　　接收人：　　　　　　接收日期：

表2－7

增值税纳税申报表附列资料(一)

(本期销售情况明细)

税款所属时间： 年 月 日至 年 月 日

纳税人名称：(公章)　　　　金额单位：元至角分

项目及栏次				开具增值税专用发票		开具其他发票		未开具发票		纳税检查调整		合计			服务、不动产和无形资产扣除项目本期实际扣除金额	扣除后	
				销售额	销项(应纳)税额	销售额	销项(应纳)税额	销售额	销项(应纳)税额	销售额	销项(应纳)税额	销售额	销项(应纳)税额	价税合计		含税(免税)销售额	销项(应纳)税额
				1	2	3	4	5	6	7	8	9＝1＋3＋5＋7	10＝2＋4＋6＋8	11＝9＋10	12	13＝11－12	14＝13÷(100%＋税率或征收率)×税率或征收率
一、一般计税方法计税	全部征税项目	16%税率的货物及加工修理修配劳务	1											—	—	—	—
		16%税率的服务、不动产和无形资产	2														
		13%税率	3											—	—	—	—
		10%税率	4														
		6%税率	5														
	其中：即征即退项目	即征即退货物及加工修理修配劳务	6	—	—	—	—	—	—	—	—			—	—	—	—
		即征即退服务、不动产和无形资产	7	—	—	—	—	—	—	—	—						
二、简易计税方法计税	全部征税项目	6%征收率	8							—	—			—	—	—	—
		5%征收率的货物及加工修理修配劳务	9a							—	—			—	—	—	—
		5%征收率的服务、不动产和无形资产	9b							—	—						
		4%征收率	10							—	—			—	—	—	—
		3%征收率的货物及加工修理修配劳务	11							—	—			—	—	—	—
		3%征收率的服务、不动产和无形资产	12							—	—						
		预征率 %	13a							—	—						
		预征率 %	13b							—	—						
		预征率 %	13c							—	—						
	其中：即征即退项目	即征即退货物及加工修理修配劳务	14	—	—	—	—	—	—	—	—			—	—	—	—
		即征即退服务、不动产和无形资产	15	—	—	—	—	—	—	—	—						
三、免抵退税		货物及加工修理修配劳务	16	—	—		—		—	—	—		—	—	—	—	—
		服务、不动产和无形资产	17	—	—		—		—	—	—		—				—
四、免税		货物及加工修理修配劳务	18				—		—	—	—		—	—	—	—	—
		服务、不动产和无形资产	19	—	—		—		—	—	—		—				—

表 2－8　　增值税纳税申报表附列资料（二）

（本期进项税额明细）

税款所属时间：　　年　月　日至　　年　月　日

纳税人名称：（公章）　　　　金额单位：元至角分

一、申报抵扣的进项税额				
项　　目	栏次	份数	金额	税额
（一）认证相符的增值税专用发票	1＝2＋3			
其中：本期认证相符且本期申报抵扣	2			
前期认证相符且本期申报抵扣	3			
（二）其他扣税凭证	4＝5＋6＋7＋8			
其中：海关进口增值税专用缴款书	5			
农产品收购发票或者销售发票	6			
代扣代缴税收缴款凭证	7		——	
其他	8			
（三）本期用于购建不动产的扣税凭证	9			
（四）本期不动产允许抵扣进项税额	10	——	——	
（五）外贸企业进项税额抵扣证明	11	——	——	
当期申报抵扣进项税额合计	12＝1＋4－9＋10＋11			

二、进项税额转出额		
项　　目	栏次	税额
本期进项税额转出额	13＝14至23之和	
其中：免税项目用	14	
集体福利、个人消费	15	
非正常损失	16	
简易计税方法征税项目用	17	
免抵退税办法不得抵扣的进项税额	18	
纳税检查调减进项税额	19	
红字专用发票信息表注明的进项税额	20	
上期留抵税额抵减欠税	21	
上期留抵税额退税	22	
其他应作进项税额转出的情形	23	

三、待抵扣进项税额				
项　　目	栏次	份数	金额	税额
（一）认证相符的增值税专用发票	24	——	——	——
期初已认证相符但未申报抵扣	25			
本期认证相符且本期未申报抵扣	26			
期末已认证相符但未申报抵扣	27			
其中：按照税法规定不允许抵扣	28			

续表

项　　目	栏次	份数	金额	税额
(二)其他扣税凭证	29 = 30 至 33 之和			
其中:海关进口增值税专用缴款书	30			
农产品收购发票或者销售发票	31			
代扣代缴税收缴款凭证	32		——	
其他	33			
	34			
四、其他				
项　　目	栏次	份数	金额	税额
本期认证相符的增值税专用发票	35			
代扣代缴税额	36	——	——	

二、制造业商品流通企业小规模纳税人的账务处理

小规模纳税人的账务处理相对于一般纳税人而言比较简单。在销售货物或提供应税劳务时,按实现的销售收入和按规定收取的增值税额,借记"应收账款""应收票据""银行存款"账户;按规定收取的增值税额,贷记"应交税费——应交增值税"账户;按实现的销售收入,贷记"主营业务收入""其他业务收入"等账户。上缴增值税时,借记"应交税费——应交增值税",贷记"银行存款。"

【例 2-54】 某市东山玩具厂属小规模纳税人,11 月 5 日购进原材料一批,货款 20 000 元,增值税 3 200 元,取得普通发票,款项通过网上银行支付。其会计分录为:

借:原材料——原料及主要材料　　23 200

　　贷:银行存款　　23 200

【例 2-55】 11 月 15 日,东山玩具厂与百嘉超市结算本月销售玩具货款共计 30 900 元,收到百嘉超市通过网上银行支付的货款。其会计分录为:

应交增值税销售额 = 30 900 ÷ (1 + 3%) = 30 000 (元)

应交增值税额 = 30 000 × 3% = 900 (元)

借:银行存款　　30 900

　　贷:主营业务收入　　30 000

　　　　应交税费——应交增值税　　900

【例 2-56】 华丰超市属于小规模纳税人,11 月份购进商品共 20 000 元,增值税 3 200 元,取得普通发票;当月销售商品 40 000 元,开出普通发票。

- 购进商品:

借:库存商品　　23 200

　　贷:银行存款　　23 200

- 销售商品:

借：银行存款 40 000
　　贷：主营业务收入 38 834.95
　　　　应交税费——应交增值税 1 165.05

三、服务业增值税的核算

（一）现代服务业

现代服务业包括研发和技术、信息技术、文化创意、物流辅助、租赁、鉴证咨询、广播影视、商务辅助、其他等。

【例2－57】 万隆税务师事务所（一般纳税人）5月份审计收入为300 000元，开出增值税专用发票，增值税为18 000元。均收到业务款。

借：银行存款 318 000
　　贷：主营业务收入 300 000
　　　　应交税费——应交增值税（销项税额） 18 000

【例2－58】 10月份某文化创意公司（一般纳税人）设计费收入为300 000元，开出增值税专用发票，增值税为18 000元。均收到业务款。

借：银行存款 318 000
　　贷：主营业务收入 300 000
　　　　应交税费——应交增值税（销项税额） 18 000

【例2－59】 10月，广州电信局营业厅（一般纳税人）增值电信服务收入为80 000元，增值税为4 800元，基础电信服务收入200 000元，增值税18 000元，均收到业务款。

借：银行存款 302 800
　　贷：主营业务收入 280 000
　　　　应交税费——应交增值税（销项税额） 22 800

知识拓展

差额征税的会计处理：

1. 一般纳税人：

企业接受应税服务时，按规定允许扣减销售额而减少的销项税额，借记“应交税费——应交增值税（销项税额抵减）”账户，按实际支付或应付的金额与上述增值税额的差额，借记“主营业务成本”等账户，按实际支付或应付的金额，贷记“银行存款”“应付账款”等账户。

对于期末一次性进行账务处理的企业，期末，按规定当期允许扣减销售额而减少的销项税额，借记“应交税费——应交增值税（销项税额抵减）”账户，贷记“主营业务成本”等账户差额征税的会计处理。

2. 小规模纳税人：

企业接受应税服务时，按规定允许扣减销售额而减少的应交增值税，借记“应交税费——应交增值税”账户，按实际支付或应付的金额与上述增值税额的差额，借记“主营业务成本”等账户，按实际支付或应付的金额，贷记“银行存款”、“应付账款”等账户。

对于期末一次性进行账务处理的企业，期末，按规定当期允许扣减销售额而减少的应交增值税，借记“应交税费——应交增值税”账户，贷记“主营业务成本”等账户。

【例2-60】 某舒达运输公司（一般纳税人）提供客运场站服务，10月份取得含税收入106万元，当月支付承运方运费21.2万元，取得发票。

提示：一般纳税人提供客运场站服务，以其取得的全部价款和价外费用，扣除支付给承运方运费后的余额为销售额。

（1）舒达运输公司提供应税服务：

借：银行存款　　1 060 000

　　贷：主营业务收入　　1 000 000【1 060 000÷(1+6%)】

　　　　应交税费——应交增值税（销项税额）　　60 000【1 000 000×6%】

（2）舒达运输司支付承运方运费：

借：主营业务成本　　200 000【212 000÷(1+6%)】

　　应交税费——应交增值税（销项税额抵减）　　12 000【200 000×6%】

　　贷：银行存款　　212 000

（3）月末，公司结转应交未交增值税：

应交未交增值税=60 000-12 000=48 000（元）

借：应交税费——应交增值税（转出未交增值税）　　48 000

　　贷：应交税费——未交增值税　　48 000

【例2-61】 顺发运输公司（小规模纳税人）提供客运场站服务，9月份取得含税收入20 600元，当月支付承运方运费12 360元。

（1）顺发运输公司提供应税服务：

借：银行存款　　20 600

　　贷：主营业务收入　　20 000【20 600÷(1+3%)】

　　　　应交税费——应交增值税　　600【20 000×3%】

（2）顺发运输公司支付承运方运费：

借：主营业务成本　　12 000【12 360÷(1+3%)】

　　应交税费——应交增值税　　360【12 000×3%】

　　贷：银行存款　　12 360

（3）按季申报缴纳增值税时：

借：应交税费——应交增值税

　　贷：银行存款

同学们根据以上资料填制“增值税纳税申报表（小规模纳税人适用）”，如表2-9、表2-10所示。

表 2－9

增值税纳税申报表

（小规模纳税人适用）

纳税人识别号：□□□□□□□□□□□□□□□□□□□□

纳税人名称：（公章）　　　　　　　　　　　　　　　　　　　　　金额单位：元至角分

税款所属期：　　年　月　日至　　年　月　日　　　　　　　　　填表日期：　　年　月　日

	项目	栏次	本期数		本年累计	
			货物及劳务	服务、不动产和无形资产	货物及劳务	服务、不动产和无形资产
一、计税依据	（一）应征增值税不含税销售额（3%征收率）	1				
	税务机关代开的增值税专用发票不含税销售额	2				
	税控器具开具的普通发票不含税销售额	3				
	（二）应征增值税不含税销售额（5%征收率）	4	——		——	
	税务机关代开的增值税专用发票不含税销售额	5	——		——	
	税控器具开具的普通发票不含税销售额	6	——		——	
	（三）销售使用过的固定资产不含税销售额	7（7≥8）		——		——
	其中：税控器具开具的普通发票不含税销售额	8		——		——
	（四）免税销售额	9＝10＋11＋12				
	其中：小微企业免税销售额	10				
	未达起征点销售额	11				
	其他免税销售额	12				
	（五）出口免税销售额	13（13≥14）				
	其中：税控器具开具的普通发票销售额	14				
二、税款计算	本期应纳税额	15				
	本期应纳税额减征额	16				
	本期免税额	17				
	其中：小微企业免税额	18				
	未达起征点免税额	19				
	应纳税额合计	20＝15－16				
	本期预缴税额	21			——	——
	本期应补（退）税额	22＝20－21			——	——

纳税人或代理人声明：	如纳税人填报，由纳税人填写以下各栏：
本纳税申报表是根据国家税收法律法规及相关规定填报的，我确定它是真实的、可靠的、完整的。	办税人员：　　　　财务负责人： 法定代表人：　　　　联系电话：
	如委托代理人填报，由代理人填写以下各栏：
	代理人名称（公章）：　　　　经办人： 联系电话：

主管税务机关：　　　　　　　　　　接收人：　　　　　　　　　　接收日期：

表 2－10　　增值税纳税申报表（小规模纳税人适用）附列资料

（小规模纳税人适用）

税款所属期：　　年　月　日至　　年　月　日　　　　填表日期：　　年　月　日

纳税人名称（公章）：　　　　　　　　　　　　　　　　金额单位：元至角分

应税行为（3%征收率）扣除额计算			
期初余额	本期发生额	本期扣除额	期末余额
1	2	3（3≤1＋2之和，且3≤5）	4＝1＋2－3
应税行为（3%征收率）计税销售额计算			
全部含税收入（适用3%征收率）	本期扣除额	含税销售额	不含税销售额
5	6＝3	7＝5－6	8＝7÷1.03
应税行为（5%征收率）扣除额计算			
期初余额	本期发生额	本期扣除额	期末余额
9	10	11（11≤9＋10之和，且11≤13）	12＝9＋10－11
应税行为（5%征收率）计税销售额计算			
全部含税收入（适用5%征收率）	本期扣除额	含税销售额	不含税销售额
13	14＝11	15＝13－14	16＝15÷1.05

（二）生活服务业

生活服务业包括文化体育、教育医疗、旅游娱乐、餐饮住宿、居民日常服务货物、其他等。

【例2－62】 11月份，南湖旅游公司（一般纳税人）有关业务如下：

【业务1】 收到客户的旅游费用2 000 000元，支付交通、住宿、门票、餐饮及当地旅游公司接团的旅游费用共1 200 000元。

- 收款时：

借：银行存款　　2 000 000

　　贷：预收账款　　2 000 000

- 确认收入：

借：预收账款　　2 000 000

　　贷：主营业务收入　　18 867 92.45 {2 000 000÷(1＋6%)}

　　　　应交税费——应交增值税（销项税额）

　　　　　　113 207.55 {2 000 000÷(1＋6%)×6%}

- 确认营业成本：

借：主营业务成本　　1 132 075.47

　　应交税费——应交增值税（销项税额抵减）

　　　　67 924.53 {1 200 000÷(1＋6%)×6%}

贷：银行存款　　1 200 000

【业务2】 11月份，南湖旅游公司向正佳大厦支付办公室租金，取得增值税普通发票，租金100 000元，增值税5 000元（该大厦房产为2016年4月30日前取得，公司采用简易计税方法核算）。

借：管理费用——租赁费　　105 000

　　贷：银行存款　　105 000

【业务3】 月末，南湖旅游公司结转应交未交增值税。

应交未交增值税 = 113 207.55 - 67 924.53 = 45 283.02（元）

借：应交税费——应交增值税（转出未交增值税）　　45 283.02

　　贷：应交税费——未交增值税　　45 283.02

【例2-63】 10月1日，广州酒家（一般纳税人）餐饮收入为200 000元，增值税为12 000元，收款。

借：银行存款　　212 000

　　贷：主营业务收入　　200 000

　　　　应交税费——应交增值税（销项税额）　　12 000

【例2-64】 10月3日，广州酒家（一般纳税人）转让餐饮配方（专利技术），收入为100 000元，增值税为6 000元，收款。

借：银行存款　　106 000

　　贷：其他业务收入　　100 000

　　　　应交税费——应交增值税（销项税额）　　6 000

【例2-65】 10月3日，广州酒家（一般纳税人）向中粮集团公司购入大米、面粉、米粉、食用油一批，价款500 000元，增值税65 000元。付款。

借：原材料　　500 000

　　应交税费——应交增值税（进项税额）　　65 000

　　贷：银行存款　　565 000

【例2-66】 小芳旅馆（住宿业小规模纳税人）8月份旅馆收入50 000元（其中30 000元开出增值税专用发票，增值税为900元；20 000元开出增值税普通发票，增值税为600元）。收款。

借：银行存款　　51 500

　　贷：主营业务收入　　50 000

　　　　应交税费——应交增值税　　1 500

四、转让不动产增值税征收管理

根据《纳税人转让不动产增值税征收管理暂行办法》的公告（国家税务总局公告2016年第14号）纳税人转让其取得的不动产税收征管按以下规定执行。

（一）适用范围

纳税人转让其取得的不动产，适用以下规定。

不动产，包括以直接购买、接受捐赠、接受投资入股、自建以及抵债等各种形式取得的不动产。

注意：房地产开发企业销售自行开发的房地产项目不适用以下规定。

（二）计税方法及应纳税额计算

1. 一般纳税人转让其取得的不动产，按照以下规定缴纳增值税：

（1）一般纳税人转让其2016年4月30日前取得（不含自建）的不动产，可以选择适用简易计税方法计税，以取得的全部价款和价外费用扣除不动产购置原价或者取得不动产时的作价后的余额为销售额，按照5%的征收率计算应纳税额。纳税人应按照上述计税方法向不动产所在地主管地税机关预缴税款，向机构所在地主管国税机关申报纳税。

【例2-67】 某公司（一般纳税人）2022年1月转让商铺收入300万元，该商铺为2014年以180万元购入，选择简易计税方法，自行开具差额发票。

- 开票时：

票面税额 = (3 000 000 - 1 800 000) ÷ (1 + 5%) × 5% = 57 142.86（元）

票面不含税金额 = 3 000 000 - 57 142.86 = 2 942 857.14（元）

- 申报时：

不含税销售额 = 3 000 000 ÷ (1 + 5%) = 2 857 142.86（元）

销项（应纳）税额 = 2 857 142.86 × 5% = 142 857.15（元）

差额扣除金额含税 = 3 000 000 - 1 800 000 = 1 200 000（元）

扣除后销项（应纳）税额 = 1 800 000 ÷ （1 + 5%） × 5% = 85 714.29（元）

（2）一般纳税人转让其2016年4月30日前自建的不动产，可以选择适用简易计税方法计税，以取得的全部价款和价外费用为销售额，按照5%的征收率计算应纳税额。纳税人应按照上述计税方法向不动产所在地主管地税机关预缴税款，向机构所在地主管国税机关申报纳税。

【例2-68】 某公司（一般纳税人）出售仓库1间，不含税价格100万元（仓库为2016年4月30日前自建，原建造价为60万元），采用简易计税办法计税。

应交增值税 = 1 000 000 × 5% = 50 000（元）

（3）一般纳税人转让其2016年4月30日前取得（不含自建）的不动产，选择适用一般计税方法计税的，以取得的全部价款和价外费用为销售额计算应纳税额。纳税人应以取得的全部价款和价外费用扣除不动产购置原价或者取得不动产时的作价后的余额，按照5%的预征率向不动产所在地主管地税机关预缴税款，向机构所在地主管国税机关申报纳税。

（4）一般纳税人转让其2016年4月30日前自建的不动产，选择适用一般计税方法计税的，以取得的全部价款和价外费用为销售额计算应纳税额。纳税人应以取得的全部价款和价外费用，按照5%的预征率向不动产所在地主管地税机关预缴税款，向机构所在地主管国税机关申报纳税。

（5）一般纳税人转让其2016年5月1日后取得（不含自建）的不动产，适用一般计税方法，以取得的全部价款和价外费用为销售额计算应纳税额（税率10%）。纳税人应以取得的全部价款和价外费用扣除不动产购置原价或者取得不动产时的作价后的余额，按照5%的预征率向不动产所在地主管地税机关预缴税款，向机构所在地主管国税机关申报纳税。

【例2-69】 广立公司出售房屋一套，该办公楼为2016年5月1日后购入，原价600万元，增值税54万元，现已提折旧10万元；售价800万元，增值税72万元，开出增值税专用发票。

借：固定资产清理　　5 900 000
　　累计折旧　　100 000
　　贷：固定资产　　6 000 000
借：银行存款　　8 720 000
　　贷：固定资产清理　　8 000 000
　　　　应交税费——应交增值税（销项税额）　　720 000

预缴税额 =（800 - 600）×5% =10（万元）

借：应交税费——预交增值税　　100 000
　　贷：银行存款　　100 000

（6）一般纳税人转让其2016年5月1日后自建的不动产，适用一般计税方法（税率10%），以取得的全部价款和价外费用为销售额计算应纳税额。纳税人应以取得的全部价款和价外费用，按照5%的预征率向不动产所在地主管地税机关预缴税款，向机构所在地主管国税机关申报纳税。

2. 小规模纳税人转让其取得的不动产，除个人转让其购买的住房外，按照以下规定缴纳增值税：

（1）小规模纳税人转让其取得（不含自建）的不动产，以取得的全部价款和价外费用扣除不动产购置原价或者取得不动产时的作价后的余额为销售额，按照5%的征收率计算应纳税额。

【例2-70】 某小规模纳税人转让其房屋，原购入成本为200万元，现卖出298万元，收款。

应纳增值税 =（2 980 000 - 2 000 000）×5% =49 000（元）

（2）小规模纳税人转让其自建的不动产，以取得的全部价款和价外费用为销售额，按照5%的征收率计算应纳税额。

除其他个人之外的小规模纳税人，应按照本条规定的计税方法向不动产所在地主管地税机关预缴税款，向机构所在地主管国税机关申报纳税；其他个人按照本条规定的计税方法向不动产所在地主管地税机关申报纳税。

【例2-71】 某小规模纳税人转让其自建房屋，原建造成本为300万元，现卖出400万元，收款。

应纳增值税 =4 000 000×5% =200 000（元）

3. 个人转让其购买的住房，按照以下规定缴纳增值税：

（1）个人转让其购买的住房，按照有关规定全额缴纳增值税的，以取得的全部价款和价外费用为销售额，按照5%的征收率计算应纳税额。

（2）个人转让其购买的住房，按照有关规定差额缴纳增值税的，以取得的全部价款和价外费用扣除购买住房价款后的余额为销售额，按照5%的征收率计算应纳税额。

个体工商户应按照本条规定的计税方法向住房所在地主管地税机关预缴税款，向机构所在地主管国税机关申报纳税；其他个人应按照本条规定的计税方法向住房所在地主管地税机关申报纳税。

4. 其他个人以外的纳税人转让其取得的不动产，区分以下情形计算应向不动产所在地主管地税机关预缴的税款。

（1）以转让不动产取得的全部价款和价外费用作为预缴税款计算依据的，计算公式为：

应预缴税款＝全部价款和价外费用÷（1+5%）×5%

（2）以转让不动产取得的全部价款和价外费用扣除不动产购置原价或者取得不动产时的作价后的余额作为预缴税款计算依据的，计算公式为：

应预缴税款＝（全部价款和价外费用－不动产购置原价或者取得不动产时的作价）÷（1+5%）×5%

其他个人转让其取得的不动产，按照以上计算方法计算应纳税额并向不动产所在地主管地税机关申报纳税。

（三）扣税凭证要求

纳税人按规定从取得的全部价款和价外费用中扣除不动产购置原价或者取得不动产时作价的，应当取得符合法律、行政法规和国家税务总局规定的合法有效凭证。否则，不得扣除。

上述“有效凭证”是指：

（1）税务部门监制的发票。

（2）法院判决书、裁定书、调解书以及仲裁裁决书、公证债权文书。

（3）国家税务总局规定的其他凭证。

（四）发票的开具

1. 小规模纳税人转让其取得的不动产，不能自行开具增值税发票的，可向不动产所在地主管地税机关申请代开。

2. 纳税人向其他个人转让其取得的不动产，不得开具或申请代开增值税专用发票。

（五）其他规定

纳税人转让其取得的不动产，向不动产所在地主管地税机关预缴的增值税税款，可以在当期增值税应纳税额中抵减，抵减不完的，结转下期继续抵减。

纳税人以预缴税款抵减应纳税额，应以完税凭证作为合法有效凭证。

纳税人转让不动产，按照本办法规定应向不动产所在地主管地税机关预缴税款而自应当预缴之月起超过6个月没有预缴税款的，由机构所在地主管国税机关按照《中华人民共和国税收征收管理法》及相关规定进行处理。

纳税人转让不动产，未按以上规定缴纳税款的，由主管税务机关按照《中华人民共和国税收征收管理法》及相关规定进行处理。

五、提供不动产租赁服务增值税征收管理

根据《财政部　国家税务总局关于全面推开营业税改征增值税试点的通知》（财税〔2016〕36号）及现行增值税有关规定，国家税务总局发布了《纳税人提供不动产经营租赁服务增值税征收管理暂行办法》（国家税务总局公告2016年第16号），自2016年5月1日，纳税人提供不动产经营租赁服务增值税按以下征收管理暂行办法执行。

（一）适用范围

适用于纳税人以经营租赁方式出租其取得的不动产（以下简称“出租不动产”）。

取得的不动产，包括以直接购买、接受捐赠、接受投资入股、自建以及抵债等各种形式取得的不动产。

纳税人提供道路通行服务不在适用范围。

（二）计税方法及应纳税额计算

1. 一般纳税人出租不动产。

（1）一般纳税人出租其 2016 年 4 月 30 日前取得的不动产，可以选择适用简易计税方法，按照 5% 的征收率计算应纳税额。

不动产所在地与机构所在地不在同一县（市、区）的，纳税人应按照上述计税方法向不动产所在地主管国税机关预缴税款，向机构所在地主管国税机关申报纳税。

不动产所在地与机构所在地在同一县（市、区）的，纳税人向机构所在地主管国税机关申报纳税。

【例 2－72】 某企业（一般纳税人）出租其 2016 年 4 月 30 日前购入的写字楼（选择适用简易计税方法），每月租金 10 000 元，增值税 500 元。开出增值税普通发票，收款。

应缴税款＝10 000×5%＝500（元）

借：银行存款　　10 500

　　贷：其他业务收入　　10 000

　　　　应交税费——简易计税　　500

（2）一般纳税人出租其 2016 年 5 月 1 日后取得的不动产，适用一般计税方法计税。

不动产所在地与机构所在地不在同一县（市、区）的，纳税人应按照 3% 的预征率向不动产所在地主管国税机关预缴税款，向机构所在地主管国税机关申报纳税。

不动产所在地与机构所在地在同一县（市、区）的，纳税人应向机构所在地主管国税机关申报纳税。

一般纳税人出租其 2016 年 4 月 30 日前取得的不动产适用一般计税方法计税的，按照上述规定执行。

【例 2－73】 某企业（一般纳税人）出租其 2016 年 5 月 1 日后购入的写字楼（一般计税方法计税）给本市协和科技公司，每月租金 10 000 元，增值税 900 元。开出增值税专用发票，收款。

应缴税款＝10 000×10%＝1 000（元）

借：银行存款　　10 900

　　贷：其他业务收入　　10 000

　　　　应交税费——应交增值税（销项税额）　　900

2. 小规模纳税人出租不动产。

（1）单位和个体工商户出租不动产（不含个体工商户出租住房），按照 5% 的征收率计算应纳税额。个体工商户出租住房，按照 5% 的征收率减按 1.5% 计算应纳税额。

不动产所在地与机构所在地不在同一县（市、区）的，纳税人应按照上述计税方法向不动产所在地主管国税机关预缴税款，向机构所在地主管国税机关申报纳税。

不动产所在地与机构所在地在同一县（市、区）的，纳税人应向机构所在地主管国税机关申报纳税。

（2）其他个人出租不动产（不含住房），按照 5% 的征收率计算应纳税额，向不动产所在地主管地税机关申报纳税。其他个人出租住房，按照 5% 的征收率减按 1.5% 计算应纳税额，向不动产所在地主管地税机关申报纳税。

（三）预缴与申报

1. 纳税人出租的不动产所在地与其机构所在地在同一直辖市或计划单列市但不在同一县（市、区）的，由直辖市或计划单列市国家税务局决定是否在不动产所在地预缴税款。

2. 纳税人出租不动产，按照上述规定需要预缴税款的，应在取得租金的次月纳税申报期或不动产所在地主管国税机关核定的纳税期限预缴税款。

3. 预缴税款的计算。

（1）纳税人出租不动产适用一般计税方法计税的，按照以下公式计算应预缴税款：

$$应预缴税款 = 含税销售额 \div (1 + 10\%) \times 3\%$$

（2）纳税人出租不动产适用简易计税方法计税的，除个人出租住房外，按照以下公式计算应预缴税款：

$$应预缴税款 = 含税销售额 \div (1 + 5\%) \times 5\%$$

（3）个体工商户出租住房，按照以下公式计算应预缴税款：

$$应预缴税款 = 含税销售额 \div (1 + 5\%) \times 1.5\%$$

（4）其他个人出租不动产，按照以下公式计算应纳税款：

- 出租住房：

$$应纳税款 = 含税销售额 \div (1 + 5\%) \times 1.5\%$$

- 出租非住房：

$$应纳税款 = 含税销售额 \div (1 + 5\%) \times 5\%$$

单位和个体工商户出租不动产，按照本办法规定向不动产所在地主管国税机关预缴税款时，应填写“增值税预缴税款表”。

单位和个体工商户出租不动产，向不动产所在地主管国税机关预缴的增值税款，可以在当期增值税应纳税额中抵减，抵减不完的，结转下期继续抵减。

纳税人以预缴税款抵减应纳税额，应以完税凭证作为合法有效凭证。

（四）发票的开具

小规模纳税人中的单位和个体工商户出租不动产，不能自行开具增值税发票的，可向不动产所在地主管国税机关申请代开增值税发票。

其他个人出租不动产，可向不动产所在地主管地税机关申请代开增值税发票。

纳税人向其他个人出租不动产，不得开具或申请代开增值税专用发票。

（五）其他问题

纳税人出租不动产，按照本办法规定应向不动产所在地主管国税机关预缴税款而自应当预缴之月起超过6个月没有预缴税款的，由机构所在地主管国税机关按照《中华人民共和国税收征收管理法》及相关规定进行处理。

纳税人出租不动产，未按照本办法规定缴纳税款的，由主管税务机关按照《中华人民共和国税收征收管理法》及相关规定进行处理。

六、跨县（市、区）提供建筑服务增值税征收管理

根据《跨县（市、区）提供建筑服务增值税征收管理暂行办法》（国家税务总局公告2016年第17号）及现行增值税有关规定，自2016年5月1日起，纳税人跨县（市、区）提供建筑服务增值税征收管理实行以下规定。

（一）适用范围

跨县（市、区）提供建筑服务，是指单位和个体工商户（以下简称纳税人）在其机构所在地以外的县（市、区）提供建筑服务。

纳税人在同一直辖市、计划单列市范围内跨县（市、区）提供建筑服务的，由直辖市、计划单列市国家税务局决定是否适用本办法。

其他个人跨县（市、区）提供建筑服务，不适用本办法。

纳税人跨县（市、区）提供建筑服务，应按照财税〔2016〕36号文件规定的纳税义务发生时间和计税方法，向建筑服务发生地主管国税机关预缴税款，向机构所在地主管国税机关申报纳税。

（二）预缴税款

1. 一般纳税人跨县（市、区）提供建筑服务。

（1）一般纳税人跨县（市、区）提供建筑服务，适用一般计税方法计税的，以取得的全部价款和价外费用扣除支付的分包款后的余额，按照2%的预征率计算应预缴税款。

应预缴税款 =（全部价款和价外费用 − 支付的分包款）÷（1 + 9%）× 2%

【例2－74】 广州第一建筑公司为深圳赛格公司建造厂房，工程总价款为3 270万元（含税），其中218万元（含税）的装修工程分包给深圳恒丰建筑安装公司。

不含税销售额 = 3 270 ÷（1 + 9%）= 3 000（万元）

应交增值税 = 3 000 × 9% = 270（万元）

可全额按9%开具增值税专用发票。

预缴增值税 =（3 000 − 200）× 2% = 56（万元）

借：银行存款　3 270

　贷：主营业务收入　2 800

　　应付账款——深圳恒丰建筑安装公司　200

　　应交税费——应交增值税（销项税额）　270

预缴增值税：

借：应交税费——预交增值税　560 000

　贷：银行存款　560 000

（2）一般纳税人跨县（市、区）提供建筑服务，选择适用简易计税方法计税的，以取得的全部价款和价外费用扣除支付的分包款后的余额，按照3%的征收率计算应预缴税款。

应预缴税款 =（全部价款和价外费用 − 支付的分包款）÷（1 + 3%）× 3%

纳税人应按照工程项目分别计算应预缴税款，分别预缴。

2. 小规模纳税人跨县（市、区）提供建筑服务。小规模纳税人跨县（市、区）提供建筑服务，以取得的全部价款和价外费用扣除支付的分包款后的余额，按照3%的征收率计算应预缴税款。

应预缴税款 =（全部价款和价外费用 − 支付的分包款）÷（1 + 3%）× 3%

纳税人取得的全部价款和价外费用扣除支付的分包款后的余额为负数的，可结转下次预缴税款时继续扣除。

【例2－75】 广州华信建筑公司（小规模纳税人）为中山市夏晖公司建造仓库，总价为800 000元，增值税为24 000元，分包装修工程200 000元给当地鑫华建筑安装公司（小规模纳税人）。

华信建筑公司应纳增值税 =（800 000 − 200 000）×3% = 18 000（元）

全额开具3%的增值税专用发票（800 000 ×3% = 24 000 元），申报时扣除差额（200 000 × 3% = 6 000 元）。

收款：

借：银行存款　　824 000
　　贷：主营业务收入　　800 000
　　　　应交税费——应交增值税　　24 000

支付承包费：

借：主营业务成本　　200 000
　　应交税费——应交增值税　　6 000【200 000 ×3%】
　　贷：银行存款　　206 000

（三）扣税凭证

纳税人按照上述规定从取得的全部价款和价外费用中扣除支付的分包款，应当取得符合法律、行政法规和国家税务总局规定的合法有效凭证，否则不得扣除。

七、房地产开发企业销售自行开发的房地产项目增值税征收管理

根据《房地产开发企业销售自行开发的房地产项目增值税征收管理暂行办法》（国家税务总局〔2016〕18 号）及现行增值税有关规定，自 2016 年 5 月 1 日起，房地产开发企业销售自行开发的房地产项目增值税征收管理执行以下规定。

跨县（市、区）提供建筑服务增值税征收管理的其他规定

（一）适用范围

房地产开发企业销售自行开发的房地产项目，适用以下规定。

自行开发，是指在依法取得土地使用权的土地上进行基础设施和房屋建设。

房地产开发企业以接盘等形式购入未完工的房地产项目继续开发后，以自己的名义立项销售的，属于本办法规定的销售自行开发的房地产项目。

（二）一般纳税人征收管理

1. 销售额。房地产开发企业中的一般纳税人（以下简称一般纳税人）销售自行开发的房地产项目，适用一般计税方法计税，按照取得的全部价款和价外费用，扣除当期销售房地产项目对应的土地价款后的余额计算销售额。销售额的计算公式如下：

销售额 =（全部价款和价外费用 − 当期允许扣除的土地价款）÷（1 + 9%）

当期允许扣除的土地价款按照以下公式计算：

当期允许扣除的土地价款 =（当期销售房地产项目建筑面积 ÷ 房地产项目可供销售建筑面积）× 支付的土地价款当期销售房地产项目建筑面积（是指当期进行纳税申报的增值税销售额对应的建筑面积）

一般纳税人销售自行开发的房地产老项目，可以选择适用简易计税方法按照 5% 的征收率计税。一经选择简易计税方法计税的，36 个月内不得变更为一般计税方法计税。

一般纳税人销售自行开发的房地产老项目适用简易计税方法计税的，以取得的全部价款

和价外费用为销售额，不得扣除对应的土地价款。

2. 预缴税款。一般纳税人采取预收款方式销售自行开发的房地产项目，应在收到预收款时按照3%的预征率预缴增值税。

应预缴税款按照以下公式计算：

应预缴税款 = 预收款 ÷ (1 + 适用税率或征收率) × 3%

适用一般计税方法计税的，按照9%的适用税率计算；适用简易计税方法计税的，按照5%的征收率计算。

一般纳税人应在取得预收款的次月纳税申报期向主管国税机关预缴税款。

3. 进项税额。一般纳税人销售自行开发的房地产项目，兼有一般计税方法计税、简易计税方法计税、免征增值税的房地产项目而无法划分不得抵扣的进项税额的，应以《建筑工程施工许可证》注明的“建设规模”为依据进行划分。

不得抵扣的进项税额 = 当期无法划分的全部进项税额 × (简易计税、免税房地产项目建设规模 ÷ 房地产项目总建设规模)

【例2－76】 东林房地产开发企业（一般纳税人）有一试点后开工的A房地产项目，2022年1月发生下列预收款业务：

【业务1】 预收款阶段：

A项目销售房屋10套，当月预收款763万元，其中218万元开出增值税专用发票，545万元开具普通发票，A项目约定交付时间为12月份。

A项目（一般计税方法）

不含税销售额 = 763 ÷ (1 + 9%) = 700（万元）

应交增值税 = 700 × 9% = 63（万元）

预征税额 = 700 × 3% = 21（万元）

会计处理（万元）：

借：银行存款 763

　　贷：主营业务收入 700

　　　　应交税费——应交增值税（销项税额） 63

按3%预缴增值税：

借：应交税费——预交增值税 21

　　贷：银行存款 21

【业务2】 交付阶段：

2022年1月，A项目已销售并交付的10套房屋建筑面积为2 000平方米，可供出售的建筑面积为5 000平方米，支付土地总价为400万元。

A项目（一般计税方法）当期允许扣除的土地价款按照以下公式计算：

当期允许扣除的土地价款 = (2 000 ÷ 5 000) × 400 = 160（万元）

应纳税额 = (763 − 160) ÷ (1 + 9%) × 9% = 49.7890（万元）

扣减预征税额21万元，实际缴纳49.7890 − 21 = 28.7890（万元）

土地出让金（当月）抵减的销项税额 = 160 ÷ (1 + 9%) × 9% = 13.211（万元）

会计处理（万元）：

借：应交税费——应交增值税（销项税额抵减）　13.211
　　贷：主营业务成本（扣减销售额而抵减的销项税额）　13.211
借：应交税费——应交增值税（转出未交增值税）　49.789
　　贷：应交税费——未交增值税　49.789

银行转账缴纳税款 40.1442 万元：

借：应交税费——未交增值税　49.789
　　贷：应交税费——预交增值税　21
　　　　银行存款　28.789

4. 纳税申报。一般纳税人销售自行开发的房地产项目适用一般计税方法计税的，应按照《营业税改征增值税试点实施办法》（财税〔2016〕36 号文件印发，以下简称《试点实施办法》）第四十五条规定的纳税义务发生时间，以当期销售额和10%的适用税率计算当期应纳税额，抵减已预缴税款后，向主管国税机关申报纳税。未抵减完的预缴税款可以结转下期继续抵减。

一般纳税人销售自行开发的房地产项目适用简易计税方法计税的，应按照《试点实施办法》第四十五条规定的纳税义务发生时间，以当期销售额和5%的征收率计算当期应纳税额，抵减已预缴税款后，向主管国税机关申报纳税。未抵减完的预缴税款可以结转下期继续抵减。

5. 发票开具。一般纳税人销售自行开发的房地产项目，自行开具增值税发票。

一般纳税人向其他个人销售自行开发的房地产项目，不得开具增值税专用发票。

（三）小规模纳税人征收管理

1. 预缴税款。房地产开发企业中的小规模纳税人（以下简称小规模纳税人）采取预收款方式销售自行开发的房地产项目，应在收到预收款时按照3%的预征率预缴增值税。

应预缴税款按照以下公式计算：

$$应预缴税款 = 预收款 \div (1+5\%) \times 3\%$$

小规模纳税人应在取得预收款的次月纳税申报期或主管国税机关核定的纳税期限向主管国税机关预缴税款。

2. 纳税申报。小规模纳税人销售自行开发的房地产项目，应按照《试点实施办法》第四十五条规定的纳税义务发生时间，以当期销售额和5%的征收率计算当期应纳税额，抵减已预缴税款后，向主管国税机关申报纳税。未抵减完的预缴税款可以结转下期继续抵减。

3. 发票开具。小规模纳税人销售自行开发的房地产项目，自行开具增值税普通发票。购买方需要增值税专用发票的，小规模纳税人向主管国税机关申请代开。

小规模纳税人销售自行开发的房地产项目，其2016年4月30日前收取并已向主管地税机关申报缴纳营业税的预收款，未开具营业税发票的，可以开具增值税普通发票，不得申请代开增值税专用发票。

小规模纳税人向其他个人销售自行开发的房地产项目，不得申请代开增值税专用发票。

4. 其他事项。房地产开发企业销售自行开发的房地产项目，按照本办法规定预缴税款时，应填报“增值税预缴税款表”。

房地产开发企业以预缴税款抵减应纳税额，应以完税凭证作为合法有效凭证。

房地产开发企业销售自行开发的房地产项目，未按本办法规定预缴或缴纳税款的，由主管国税机关按照《中华人民共和国税收征收管理法》办理。

八、增值税税控系统专用设备和技术维护费用抵减增值税额的会计处理

（一）一般纳税人

企业购入增值税税控系统专用设备，按实际支付或应付的金额，借记“固定资产”账户，贷记“银行存款”“应付账款”等账户。按规定抵减的增值税应纳税额，借记“应交税费——应交增值税（减免税款）”账户，贷记“递延收益”账户。按期计提折旧，借记“管理费用”等账户，贷记“累计折旧”账户；同时，借记“递延收益”账户，贷记“管理费用”等账户。

企业发生技术维护费，按实际支付或应付的金额，借记“管理费用”等账户，贷记“银行存款”等账户。按规定抵减的增值税应纳税额，借记“应交税费——应交增值税（减免税款）”账户，贷记“管理费用”等账户。

【例2-77】 润清信息科技公司首次购入增值税税控系统设备，支付价款490元，同时支付当年增值税税控系统专用设备技术维护费330元。当月两项合计抵减当月增值税应纳税额820元。

（1）首次购入增值税税控系统专用设备：

借：固定资产——税控设备　490

　　贷：银行存款　490

（2）发生防伪税控系统专用设备技术维护费：

借：管理费用　330

　　贷：银行存款　330

（3）抵减当月增值税应纳税额：

借：应交税费——应交增值税（减免税款）　820

　　贷：管理费用　330

　　　　递延收益　490

（4）以后每月计提折旧时（假设按3年计提折旧，残值10%）：

借：管理费用　12.25【490×(1-10%)÷3÷12】

　　贷：累计折旧　12.25

借：递延收益　12.25

　　贷：管理费用　12.25

（二）小规模纳税人

直接冲减“应交税费——应交增值税”账户。

企业购入增值税税控系统专用设备，按实际支付或应付的金额，借记“固定资产”账户，贷记“银行存款”“应付账款”等账户。按规定抵减的增值税应纳税额，借记“应交税费——应交增值税”账户，贷记“递延收益”账户。按期计提折旧，借记“管理费用”等账户，贷记“累计折旧”账户；同时，借记“递延收益”账户，贷记“管理费用”等账户。

企业发生技术维护费，按实际支付或应付的金额，借记“管理费用”等账户，贷记“银行存款”等账户。按规定抵减的增值税应纳税额，借记“应交税费——应交增值税”账户，贷记“管理费用”等账户。

第四节 增值税的申报与缴纳

【学习目标】 了解增值税纳税义务、扣缴义务发生时间、增值税纳税地点、纳税期限，掌握增值税的申报及缴纳。

一、增值税纳税义务、扣缴义务发生时间

《增值税暂行条例》明确了增值税纳税义务发生时间（见表2－11）：销售货物或者应税劳务，为收讫销售款项或者取得索取销售款项凭据的当天；先开具发票的，为开具发票的当天。进口货物，为报关进口的当天。增值税扣缴义务发生时间为纳税人增值税纳税义务发生的当天（见表2－11）。

表2－11　　增值税纳税义务发生时间及扣缴义务时间

服务类型	纳税义务发生时间	扣缴义务时间
销售货物或提供应税劳务	1. 采取直接收款方式销售货物，不论货物是否发出，均为收到销售款或者取得索取销售款凭据的当天	纳税人增值税纳税义务发生的当天
	2. 采取托收承付和委托银行收款方式销售货物，为发出货物并办妥托收手续的当天	
	3. 采取赊销和分期收款方式销售货物，为书面合同约定的收款日期的当天，无书面合同的或者书面合同没有约定收款日期的，为货物发出的当天	
	4. 采取预收货款方式销售货物，为货物发出的当天，但生产销售生产工期超过12个月的大型机械设备、船舶、飞机等货物，为收到预收款或者书面合同约定的收款日期的当天	
	5. 委托其他纳税人代销货物，为收到代销单位的代销清单或者收到全部或者部分货款的当天。未收到代销清单及货款的，为发出代销货物满180天的当天	
	6. 销售应税劳务，为提供劳务同时收讫销售款或者取得索取销售款的凭据的当天	
	7. 纳税人发生视同销售货物行为，为货物移送的当天	
进口货物	为报关进口的当天	
应税服务、无形资产或不动产行为	1. 纳税人发生应税行为并收讫销售款项或者取得索取销售款项凭据的当天；先开具发票的，为开具发票的当天 收讫销售款项，是指纳税人销售服务、无形资产、不动产过程中或者完成后收到款项 取得索取销售款项凭据的当天，是指书面合同确定的付款日期；未签订书面合同或者书面合同未确定付款日期的，为服务、无形资产转让完成的当天或者不动产权属变更的当天	纳税人增值税纳税义务发生的当天
	2. 纳税人提供建筑服务、租赁服务采取预收款方式的，其纳税义务发生时间为收到预收款的当天	
	3. 纳税人从事金融商品转让的，为金融商品所有权转移的当天	
	4. 纳税人发生本视同销售情形的，其纳税义务发生时间为服务、无形资产转让完成的当天或者不动产权属变更的当天	

二、增值税纳税地点

1. 固定业户纳税地点。

（1）固定业户应当向其机构所在地的主管税务机关申报纳税。总机构和分支机构不在同一县（市）的，应当分别向各自所在地的主管税务机关申报纳税；经国务院财政、税务主管部门或者其授权的财政、税务机关批准，可以由总机构汇总向总机构所在地的主管税务机关申报纳税。

（2）固定业户到外县（市）销售货物或者应税劳务，应当向其机构所在地的主管税务机关申请开具外出经营活动税收管理证明，并向其机构所在地的主管税务机关申报纳税；未开具证明的，应当向销售地或者劳务发生地的主管税务机关申报纳税；未向销售地或者劳务发生地的主管税务机关申报纳税的，由其机构所在地的主管税务机关补征税款。

（3）固定业户（指一般纳税人）临时到外省、市销售的，必须向经营地税务机关出示“外出经营活动税收管理证明”回原地纳税，需要向购货方开具专用发票的，亦回原地补开。

2. 非固定业户增值税纳税地点。非固定业户销售货物或者应税劳务和应税行为，应当向销售地或者劳务和应税行为发生地的主管税务机关申报纳税；未向销售地或者劳务和应税行为发生地的主管税务机关申报纳税的，由其机构所在地或者居住地的主管税务机关补征税款。

3. 其他个人提供建筑服务，销售或者租赁不动产，转让自然资源使用权，应向建筑服务发生地、不动产所在地、自然资源所在地主管税务机关申报纳税。

4. 纳税人跨县（市）提供建筑服务，在建筑服务发生地预缴税款后，向机构所在地主管税务机关进行纳税申报。

5. 纳税人销售不动产，在不动产所在地预缴税款后，向机构所在地主管税务机关进行纳税申报。

6. 纳税人租赁不动产，在不动产所在地预缴税款后，向机构所在地主管税务机关进行纳税申报。

一般纳税人跨省（自治区、直辖市或者计划单列市）提供建筑服务或者销售、出租取得的与机构所在地不在同一省（自治区、直辖市或者计划单列市）的不动产，在机构所在地申报纳税时，计算的应纳税额小于已预缴税额，且差额较大的，由国家税务总局通知建筑服务发生地或者不动产所在地省级税务机关，在一定时期内暂停预缴增值税。

7. 进口货物增值税纳税地点。进口货物，应当由进口人或其代理人向报关地海关申报纳税。

扣缴义务人应当向其机构所在地或者居住地的主管税务机关申报缴纳其扣缴的税款。

三、增值税的纳税期限

（一）增值税纳税期限的规定

增值税的纳税期限为 1 日、3 日、5 日、10 日、15 日、1 个月或者 1 个季度。纳税人的具体纳税期限，由主管税务机关根据纳税人应纳税额的大小分别核定。以 1 个季度为纳税期限的规定适用于小规模纳税人、银行、财务公司、信托投资公司、信用社，以及财政部和国家税务总局规定的其他纳税人。不能按照固定期限纳税的，可以按次纳税。

其他行业增值税纳税地点

(二) 增值税报缴税款期限的规定

(1) 纳税人以1个月或者1个季度为1个纳税期的，自期满之日起15日内申报纳税；以1日、3日、5日、10日或者15日为1个纳税期的，自期满之日起5日内预缴税款，于次月1日起15日内申报纳税并结清上月应纳税款。

扣缴义务人解缴税款的期限，按照前两款规定执行。

(2) 纳税人进口货物，应当自海关填发海关进口增值税专用缴款书之日起15日内缴纳税款。

四、营业税改征增值税试点后增值税纳税申报

增值税纳税申报有关事项规定如下：

1. 适用范围。中华人民共和国境内增值税纳税人均应按照本公告的规定进行增值税纳税申报。

2. 纳税申报资料。纳税申报资料包括纳税申报表及其附列资料和纳税申报其他资料。

(1) 纳税申报表及其附列资料。

①增值税一般纳税人（以下简称一般纳税人）纳税申报表及其附列资料包括：

a. “增值税纳税申报表（一般纳税人适用）”。

b. “增值税纳税申报表附列资料（一）”（本期销售情况明细）。

c. “增值税纳税申报表附列资料（二）”（本期进项税额明细）。

d. “增值税纳税申报表附列资料（三）”（服务、不动产和无形资产扣除项目明细）。

一般纳税人销售服务、不动产和无形资产，在确定服务、不动产和无形资产销售额时，按照有关规定可以从取得的全部价款和价外费用中扣除价款的，需填报“增值税纳税申报表附列资料（三）”。其他情况不填写该附列资料。

e. “增值税纳税申报表附列资料（四）”（税额抵减情况表）。

f. “增值税纳税申报表附列资料（五）”（不动产分期抵扣计算表）。

g. “固定资产（不含不动产）进项税额抵扣情况表”。

h. “本期抵扣进项税额结构明细表”。

i. “增值税减免税申报明细表”。

②增值税小规模纳税人（以下简称小规模纳税人）纳税申报表及其附列资料包括：

a. “增值税纳税申报表（小规模纳税人适用）”。

b. “增值税纳税申报表（小规模纳税人适用）附列资料”。

小规模纳税人销售服务，在确定服务销售额时，按照有关规定可以从取得的全部价款和价外费用中扣除价款的，需填报《增值税纳税申报表（小规模纳税人适用）附列资料》。其他情况不填写该附列资料。

c. “增值税减免税申报明细表”。

(2) 纳税申报其他资料。

①已开具的税控机动车销售统一发票和普通发票的存根联。

②符合抵扣条件且在本期申报抵扣的增值税专用发票（含税控机动车销售统一发票）的抵扣联。

③符合抵扣条件且在本期申报抵扣的海关进口增值税专用缴款书、购进农产品取得的普通发票的复印件。

④符合抵扣条件且在本期申报抵扣的税收完税凭证及其清单、书面合同、付款证明和境外单位的对账单或者发票。

⑤已开具的农产品收购凭证的存根联或报查联。

⑥纳税人销售服务、不动产和无形资产，在确定服务、不动产和无形资产销售额时，按照有关规定从取得的全部价款和价外费用中扣除价款的合法凭证及其清单。

⑦主管税务机关规定的其他资料。

（3）相关要求。纳税申报表及其附列资料为必报资料。纳税申报其他资料的报备要求由各省、自治区、直辖市和计划单列市国家税务局确定。

3. 纳税人跨县（市）提供建筑服务、房地产开发企业预售自行开发的房地产项目、纳税人出租与机构所在地不在同一县（市）的不动产，按规定需要在项目所在地或不动产所在地主管国税机关预缴税款的，需填写“增值税预缴税款表”。

五、征收管理机关

国内增值税由国家税务局负责征收。营业税改征的增值税，由国家税务局负责征收。纳税人销售取得的不动产和其他个人出租不动产的增值税，国家税务局暂委托地方税务局代为征收。进口环节增值税由海关代征。

第五节　增值税专用发票的使用和管理

【学习目标】 了解增值税专用发票的内容、增值税专用发票的使用及管理。

一、增值税专用发票概述

增值税专用发票是增值税一般纳税人销售货物或者提供应税劳务开具的发票，是购买方支付增值税额并可按照增值税有关规定据以抵扣增值税进项税额的凭证。一般纳税人应通过增值税防伪税控系统（以下简称防伪税控系统）使用专用发票。使用，包括领购、开具、缴销、认证纸质专用发票及其相应的数据电文。防伪税控系统，是指经国务院同意推行的，使用专用设备和通用设备、运用数字密码和电子存储技术管理专用发票的计算机管理系统。专用设备，是指金税卡、IC 卡、读卡器和其他设备。通用设备，是指计算机、打印机、扫描器具和其他设备。

（一）专用发票的构成与限额管理

1. 专用发票的构成。专用发票由基本联次或者基本联次附加其他联次构成，基本联次为三联：发票联、抵扣联和记账联。发票联，作为购买方核算采购成本和增值税进项税额的记账凭证；抵扣联，作为购买方报送主管税务机关认证和留存备查的凭证；记账联，作为销售方核算销售收入和增值税销项税额的记账凭证。其他联次用途，由一般纳税人自行确定。

2. 专用发票限额管理。专用发票实行最高开票限额管理。最高开票限额，是指单份专用发票开具的销售额合计数不得达到的上限额度。

最高开票限额由一般纳税人申请，税务机关依法审批。一般纳税人申请最高开票限额时，需填报“增值税专用发票最高开票限额申请单”。主管税务机关受理纳税人申请后，根据需要进行实地查验，实地查验的范围和方法由各省国税机关确定。

自 2014 年 5 月 1 日起，一般纳税人申请领用专用发票，最高开票限额为十万元的，主管税务机关不需要进行实地查验。各省国税机关可在此基础上扩大不需要进行实地查验，实地查验的范围和方法由各省国税机关确定。

税务机关应根据纳税人实际生产经营和销售情况进行审批，保证纳税人生产经营的正常需要。

此外，防伪税控系统的具体发行工作由区县级税务机关负责。

（二）专用发票的初始发行

一般纳税人领购专用设备后，凭“最高开票限额申请表”、《发票领购簿》到主管税务机关办理初始发行。

初始发行，是指主管税务机关将一般纳税人的下列信息载入空白金税卡和 IC 卡的行为：

1. 企业名称；
2. 税务登记代码；
3. 开票限额；
4. 购票限量；
5. 购票人员姓名、密码；
6. 开票机数量；
7. 国家税务总局规定的其他信息。

一般纳税人发生上列第 1、3、4、5、6、7 项信息变化，应向主管税务机关申请变更发行；发生第 2 项信息变化，应向主管税务机关申请注销发行。

（三）专用发票的领购范围

按照规定，增值税专用发票只限于增值税一般纳税人领购使用。一般纳税人有下列情形之一的，不得领购开具专用发票：

1. 会计核算不健全，不能向税务机关准确提供增值税销项税额、进项税额、应纳税额数据及其他有关增值税税务资料的。上列其他有关增值税税务资料的内容，由省、自治区、直辖市和计划单列市国家税务局确定。

2. 有《税收征管法》规定的税收违法行为，拒不接受税务机关处理的。

3. 有下列行为之一，经税务机关责令限期改正而仍未改正的：

（1）虚开增值税专用发票；

（2）私自印制专用发票；

（3）向税务机关以外的单位和个人买取专用发票；

（4）借用他人专用发票；

（5）未按规定开具专用发票；

（6）未按规定保管专用发票和专用设备；

（7）未按规定申请办理防伪税控系统变更发行；

（8）未按规定接受税务机关检查。

有上列情形的，如已领购专用发票，主管税务机关应暂扣其结存的专用发票和IC卡。

未按规定保管专用发票和专用设备是指：未设专人保管专用发票和专用设备；未按税务机关要求存放专用发票和专用设备；未将认证相符的专用发票抵扣联、《认证结果通知书》和《认证结果清单》装订成册；未经税务机关查验，擅自销毁专用发票基本联次。

（四）关于全面推行增值税发票系统升级版的规定

为适应税收现代化建设需要，满足增值税一体化管理要求，国家税务总局发布了《关于全面推行增值税发票系统升级版的规定》（国家税务总局公告2015年第19号）自2015年4月1日起在全国范围分步全面推行增值税发票系统升级版。

1. 推行范围。目前尚未使用增值税发票系统升级版的增值税纳税人。推行工作按照先一般纳税人和起征点以上小规模纳税人，后起征点以下小规模纳税人和使用税控收款机纳税人的顺序进行，具体推行方案由各省国税局根据本地区的实际情况制定。

2. 发票使用。

（1）一般纳税人销售货物、提供应税劳务和应税服务开具增值税专用发票、货物运输业增值税专用发票和增值税普通发票。

（2）小规模纳税人销售货物、提供应税劳务和应税服务开具增值税普通发票。

（3）一般纳税人和小规模纳税人从事机动车（旧机动车除外）零售业务开具机动车销售统一发票。

（4）通用定额发票、客运发票和二手车销售统一发票继续使用。

（5）纳税人使用增值税普通发票开具收购发票，系统在发票左上角自动打印“收购”字样。

3. 系统使用。增值税发票系统升级版是对增值税防伪税控系统、货物运输业增值税专用发票税控系统、稽核系统以及税务数字证书系统等进行整合升级完善。实现纳税人经过税务数字证书安全认证、加密开具的发票数据，通过互联网实时上传税务机关，生成增值税发票电子底账，作为纳税申报、发票数据查验以及税源管理、数据分析利用的依据。

（1）增值税发票系统升级版纳税人端税控设备包括金税盘和税控盘（以下统称“专用设备”）。专用设备均可开具增值税专用发票、货物运输业增值税专用发票、增值税普通发票和机动车销售统一发票。

除《国家税务总局关于在全国开展营业税改征增值税试点有关征收管理问题的公告》（国家税务总局公告2013年第39号）第二条第四项规定的发票，一般纳税人和小规模纳税人发生增值税业务对外开具发票应当使用专用设备开具。

（2）纳税人应在互联网连接状态下在线使用增值税发票系统升级版开具发票。增值税发票系统升级版可自动上传已开具的发票明细数据。

（3）纳税人因网络故障等原因无法在线开票的，在税务机关设定的离线开票时限和离线开具发票总金额范围内仍可开票，超限将无法开具发票。纳税人开具发票次月仍未连通网络上传已开具发票明细数据的，也将无法开具发票。纳税人需连通网络上传发票数据后方可开票，若仍无法连通网络的需携带专用设备到税务机关进行征期报税或非征期报税后方可开票。

纳税人已开具未上传的增值税发票为离线发票。离线开票时限是指自第一份离线发票开具时间起开始计算可离线开具的最长时限。离线开票总金额是指可开具离线发票的累计不含税总金额，离线开票总金额按不同票种分别计算。

纳税人离线开票时限和离线开票总金额的设定标准及方法由各省、自治区、直辖市和计划单列市国家税务局确定。

(4)按照有关规定不使用网络办税或不具备网络条件的特定纳税人,以离线方式开具发票,不受离线开票时限和离线开具发票总金额限制。特定纳税人的相关信息由主管税务机关在综合征管系统中设定,并同步至增值税发票系统升级版。

(5)纳税人应在纳税申报期内将上月开具发票汇总情况通过增值税发票系统升级版进行网络报税。

特定纳税人不使用网络报税,需携带专用设备和相关资料到税务机关进行报税。

除特定纳税人外,使用增值税发票系统升级版的纳税人,不再需要到税务机关进行报税,原使用的网上报税方式停止使用。

(6)一般纳税人发票认证、稽核比对、纳税申报等涉税事项仍按照现行规定执行。

(7)一般纳税人和小规模纳税人自愿选择使用增值税税控主机共享服务系统开具增值税发票,任何税务机关和税务人员不得强制纳税人使用。

4. 纳税人置换专用设备。纳税人原使用的增值税税控系统金税盘(卡)、税控盘,需置换为增值税发票系统升级版专用设备。增值税发票系统升级版服务单位按照优惠价格(报税盘价格)对原金税盘(卡)、税控盘进行置换。

5. 红字发票的开具。

(1)一般纳税人开具增值税专用发票或货物运输业增值税专用发票(以下统称“专用发票”)后,发生销货退回、开票有误、应税服务中止以及发票抵扣联、发票联均无法认证等情形但不符合作废条件,或者因销货部分退回及发生销售折让,需要开具红字专用发票的,暂按以下方法处理:

①专用发票已交付购买方的,购买方可在增值税发票系统升级版中填开并上传“开具红字增值税专用发票信息表”或“开具红字货物运输业增值税专用发票信息表”(以下统称“信息表”)。“信息表”所对应的蓝字专用发票应经税务机关认证(所购货物或服务不属于增值税扣税项目范围的除外)。经认证结果为“认证相符”并且已经抵扣增值税进项税额的,购买方在填开“信息表”时不填写相对应的蓝字专用发票信息,应暂依“信息表”所列增值税税额从当期进项税额中转出,未抵扣增值税进项税额的可列入当期进项税额,待取得销售方开具的红字专用发票后,与“信息表”一并作为记账凭证;经认证结果为“无法认证”“纳税人识别号认证不符”“专用发票代码、号码认证不符”,以及所购货物或服务不属于增值税扣税项目范围的,购买方不列入进项税额,不作进项税额转出,填开“信息表”时应填写相对应的蓝字专用发票信息。

专用发票尚未交付购买方或者购买方拒收的,销售方应于专用发票认证期限内在增值税发票系统升级版中填开并上传“信息表”。

②主管税务机关通过网络接收纳税人上传的“信息表”,系统自动校验通过后,生成带有“红字发票信息表编号”的“信息表”,并将信息同步至纳税人端系统中。

③销售方凭税务机关系统校验通过的“信息表”开具红字专用发票,在增值税发票系统升级版中以销项负数开具。红字专用发票应与“信息表”一一对应。

④纳税人也可凭“信息表”电子信息或纸质资料到税务机关对“信息表”内容进行系统校验。

⑤已使用增值税税控系统的一般纳税人，在纳入升级版之前暂可继续使用“开具红字增值税专用发票申请单”。

（2）税务机关为小规模纳税人代开专用发票需要开具红字专用发票的，按照一般纳税人开具红字专用发票的方法处理。

（3）纳税人需要开具红字增值税普通发票的，可以在所对应的蓝字发票金额范围内开具多份红字发票。红字机动车销售统一发票需与原蓝字机动车销售统一发票一一对应。

二、专用发票的开具

（一）开具范围

1. 一般纳税人销售货物或者提供应税劳务，应向购买方开具专用发票。

“营改增”纳税人发生应税劳务，应当向索取增值税专用发票的购买方开具增值税专用发票，并在发票上注明销售额和销项税额。

小规模纳税人需要开具专用发票的，可向主管税务机关申请代开。

2. 一般纳税人有下列行为的，不得开具专用发票：

（1）商业企业一般纳税人零售的烟、酒、食品、服装、鞋帽（不包括劳保专用部分）、化妆品等消费品不得开具专用发票。

（2）销售免税货物不得开具专用发票，法律、法规及国家税务总局另有规定的除外。

（3）销售报关出口的货物、在境外销售应税劳务。

（4）将货物用于集体福利或个人消费。

（5）将货物无偿赠送他人（若受赠人为一般纳税人，可根据受赠人的要求开具增值税专用发票）。

（6）提供非应税劳务（不包括上述应当征收增值税的应税劳务）。

（7）向小规模纳税人销售服务、转让无形资产或不动产。

（8）向消费者个人销售服务、转让无形资产或不动产。

（9）适用免征增值税规定的应税行为。

知识拓展

特殊应税服务不得开具增值税专用发票：

1. 金融商品转让，不得开具增值税专用发票。

2. 经纪代理服务，以取得的全部价款和价外费用，扣除向委托方收取并代为支付的政府性基金或者行政事业性收费后的余额为销售额。向委托方收取的政府性基金或者行政事业性收费，不得开具增值税专用发票。

3. 试点纳税人根据2016年4月30日前签订的有形动产融资性售后回租合同，在合同到期前提供的有形动产融资性售后回租服务，选择继续按照有形动产融资租赁服务缴纳增值税的，经中国人民银行、银监会或者商务部批准从事融资租赁业务的试点纳税人，可以选择以向承租方收取的全部价款和价外费用，扣除向承租方收取的价款本金，以及对外支付的借款利息（包括外汇借款和人民币借款利息）、发行债券利息后的余额为销售额。向承租方收取的有形动产价款本金，不得开具增值税专用发票，可以开具普通发票。

4. 试点纳税人提供旅游服务，可以选择以取得的全部价款和价外费用，扣除向旅游服务购买方收取并支付给其他单位或者个人的住宿费、餐饮费、交通费、签证费、门票费和支付给其他接团旅游企业的旅游费用后的余额为销售额。选择上述办法计算销售额的试点纳税人，向旅游服务购买方收取并支付的上述费用，不得开具增值税专用发票，可以开具普通发票。

5. 提供劳务派遣服务选择差额纳税的纳税人，向用工单位收取用于支付给劳务派遣员工工资、福利和为其办理社会保险及住房公积金的费用，不得开具增值税专用发票，可以开具普通发票。

6. 纳税人提供人力资源外包服务，向委托方收取并代为发放的工资和代理缴纳的社会保险、住房公积金，不得开具增值税专用发票，可以开具普通发票。

（二）开具要求

1. 项目齐全，与实际交易相符；

2. 字迹清楚，不得压线、错格；

3. 发票联和抵扣联加盖财务专用章或者发票专用章；

4. 按照增值税纳税义务的发生时间开具。

对不符合上列要求的专用发票，购买方有权拒收。

一般纳税人销售货物或者提供应税劳务可汇总开具专用发票。汇总开具专用发票的，同时使用防伪税控系统开具《销售货物或者提供应税劳务清单》，并加盖财务专用章或者发票专用章。

三、专用发票的作废处理

专用发票的作废有即时作废和符合条件作废两种。符合条件作废是指一般纳税人在开具专用发票当月，发生销货退回、开票有误等情形，收到退回的发票联、抵扣联符合作废条件的，按作废处理；开具时发现有误的，可即时作废。

增值税差额征税发票的开具

符合作废条件具有下列情形的：

1. 收到退回的发票联、抵扣联时间未超过销售方开票当月；

2. 销售方未抄税并且未记账；

3. 购买方未认证或者认证结果为“纳税人识别号认证不符”、“专用发票代码、号码认证不符”。

作废专用发票须在防伪税控系统中将相应的数据电文按“作废”处理，在纸质专用发票（含未打印的专用发票）各联次上注明“作废”字样，全联次留存。

四、抄税、报税及认证

1. 抄税，是报税前用 IC 卡或者 IC 卡和软盘抄取开票数据电文。

一般纳税人开具专用发票应在增值税纳税申报期内向主管税务机关报税，在申报所属月份内可分次向主管税务机关报税。

2. 报税，是纳税人持 IC 卡或者 IC 卡和软盘向税务机关报送开票数据电文。

因 IC 卡、软盘质量等问题无法报税的，应更换 IC 卡、软盘。

因硬盘损坏、更换金税卡等原因不能正常报税的，应提供已开具未向税务机关报税的专用发票记账联原件或者复印件，由主管税务机关补开票数据。

一般纳税人注销税务登记或者转为小规模纳税人，应将专用设备和结存未用的纸质专用发票送交主管税务机关。

主管税务机关应缴销其专用发票，并按有关安全管理的要求处理专用设备。

专用发票的缴销，是指主管税务机关在纸质专用发票监制章处按“V”字剪角作废，同时作废相应的专用发票数据电文。

被缴销的纸质专用发票应退还纳税人。

3. 认证。用于抵扣增值税进项税额的专用发票应经税务机关认证相符（国家税务总局另有规定的除外）。认证相符的专用发票应作为购买方的记账凭证，不得退还销售方。

认证，是税务机关通过防伪税控系统对专用发票所列数据的识别、确认。

认证相符，是指纳税人识别号无误，专用发票所列密文解译后与明文一致。

专用发票抵扣联无法认证的，可使用专用发票发票联到主管税务机关认证。专用发票发票联复印件留存备查。

经认证，有下列情形之一的，不得作为增值税进项税额的抵扣凭证，税务机关退还原件，购买方可要求销售方重新开具专用发票。

（1） 无法认证，是指专用发票所列密文或者明文不能辨认，无法产生认证结果。

（2） 纳税人识别号认证不符，是指专用发票所列购买方纳税人识别号有误。

（3） 专用发票代码、号码认证不符，是指专用发票所列密文解译后与明文的代码或者号码不一致。

经认证，有下列情形之一的，暂不得作为增值税进项税额的抵扣凭证，税务机关扣留原件，查明原因，分别情况进行处理：

（1） 重复认证，是指已经认证相符的同一张专用发票再次认证。

（2） 密文有误，是指专用发票所列密文无法解译。

（3） 认证不符，是指纳税人识别号有误，或者专用发票所列密文解译后与明文不一致。

（4） 列为失控专用发票，是指认证时的专用发票已被登记为失控专用发票。

五、发票丢失的处理

一般纳税人丢失已开具专用发票的发票联和抵扣联，如果丢失前已认证相符的，购买方凭销售方提供的相应专用发票记账联复印件及销售方所在地主管税务机关出具的《丢失增值税专用发票已报税证明单》，经购买方主管税务机关审核同意后，可作为增值税进项税额的抵扣凭证；如果丢失前未认证的，购买方凭销售方提供的相应专用发票记账联复印件到主管税务机关进行认证，认证相符的凭该专用发票记账联复印件及销售方所在地主管税务机关出具的《丢失增值税专用发票已报税证明单》，经购买方主管税务机关审核同意后，可作为增值税进项税额的抵扣凭证。

一般纳税人丢失已开具专用发票的抵扣联，如果丢失前已认证相符的，可使用专用发票发票联复印件留存备查；如果丢失前未认证的，可使用专用发票发票联到主管税务机关认证，专用发票发票联复印件留存备查。

一般纳税人丢失已开具专用发票的发票联，可将专用发票抵扣联作为记账凭证，专用发票抵扣联复印件留存备查。

六、红字增值税发票的处理

为进一步规范纳税人开具增值税发票管理，国家税务总局发布了【2016 年第 47 号】公告，对红字发票开具有关问题进行了规定，新规定自 2016 年 8 月 1 日起施行。

1. 增值税一般纳税人开具增值税专用发票后，发生销货退回、开票有误、应税服务中止等情形但不符合发票作废条件，或者因销货部分退回及发生销售折让，需要开具红字专用发票的，按以下方法处理：

（1）购买方取得专用发票已用于申报抵扣的，购买方可在增值税发票管理新系统（以下简称“新系统”）中填开并上传“开具红字增值税专用发票信息表”（以下简称“信息表”，详见表 2－12），在填开“信息表”时不填写相对应的蓝字专用发票信息，应暂依“信息表”所列增值税税额从当期进项税额中转出，待取得销售方开具的红字专用发票后，与“信息表”一并作为记账凭证。

表 2－12　　开具红字增值税专用发票信息表

填开日期：　年　月　日

销售方	名　称		购买方	名　称		
	纳税人识别号			纳税人识别号		
开具红字专用发票内容	货物（劳务服务）名称	数量	单价	金额	税率	税额
	合计	—	—		—	
说明	一、购买方□ 对应蓝字专用发票抵扣增值税销项税额情况： 1. 已抵扣□ 2. 未抵扣□ 对应蓝字专用发票的代码：__________ 号码：__________ 二、销售方□ 对应蓝字专用发票的代码：__________ 号码：__________					
红字专用发票信息表编号						

购买方取得专用发票未用于申报抵扣、但发票联或抵扣联无法退回的，购买方填开“信息表”时应填写相对应的蓝字专用发票信息。

销售方开具专用发票尚未交付购买方，以及购买方未用于申报抵扣并将发票联及抵扣联退回的，销售方可在新系统中填开并上传“信息表”。销售方填开“信息表”时应填写相对应的蓝字专用发票信息。

（2）主管税务机关通过网络接收纳税人上传的“信息表”，系统自动校验通过后，生成带有“红字发票信息表编号”的“信息表”，并将信息同步至纳税人端系统中。

（3）销售方凭税务机关系统校验通过的“信息表”开具红字专用发票，在新系统中以销项负数开具。红字专用发票应与“信息表”一一对应。

（4）纳税人也可凭“信息表”电子信息或纸质资料到税务机关对“信息表”内容进行系统校验。

2. 税务机关为小规模纳税人代开专用发票，需要开具红字专用发票的，按照一般纳税人开具红字专用发票的方法处理。

3. 纳税人需要开具红字增值税普通发票的，可以在所对应的蓝字发票金额范围内开具多份红字发票。红字机动车销售统一发票需与原蓝字机动车销售统一发票一一对应。

4. 按照《国家税务总局关于纳税人认定或登记为一般纳税人前进项税额抵扣问题的公告》（国家税务总局公告2015年第59号）的规定，需要开具红字专用发票的，按照规定执行。

七、虚开增值税专用发票的处罚

虚开增值税专用发票：让他人、为自己开具与实际经营业务情况不符的增值税专用发票；介绍他人开具与实际经营业务情况不符的增值税专用发票。

根据《刑法》第二百零五条的规定，只要纳税人实施了上述虚开增值税专用发票的行为，并且虚开税款数额在1万元以上，或者虚开增值税专用发票致使国家税款被骗取5 000元以上者，构成虚开增值税专用发票罪。

对于本罪的处罚，根据行为性质，虚开的税款大小或者情节轻重，规定了三档处罚：

（1）虚开税款数额1万元以上，或者虚开增值税专用发票致使国家税款被骗取5 000元以上的，处3年以下有期徒刑或拘役，并处以2万元以上20万元以下罚金。

（2）虚开税款数额10万元以上，或者因虚开增值税专用发票致使国家税款被骗取5万元以上的；具有其他严重情节的，处3年以上10年以下有期徒刑，并处以5万元以上50万元以下罚金。

（3）虚开税款数额50万元以上，或者因虚开增值税专用发票致使国家税款被骗取30万元以上的；虚开的税款数额接近巨大并有其他严重情节的；具有其他特别严重情节的，处10年以上有期徒刑或无期徒刑，并处以5万元以上50万元以下罚金或者没收财产。

虚开的税款，是指没有商品交易，无中生有开出的税款，或者虽有商品交易但以少开多而多出来的那部分税款。

对单位犯上述之罪的，采取双罚制原则，即对单位判处罚金，并对其直接负责的主管人员和其他直接责任人员，处以拘役或有期徒刑或无期徒刑。

思考与练习

一、单项选择题

1.（　　）全面推开“营改增”试点，将建筑业、房地产业、金融业、生活服务业纳入试点范围。

A. 2013 年 8 月 1 日起　　B. 2014 年 1 月 1 日起
C. 2014 年 6 月 1 日起　　D. 2016 年 5 月 1 日起

2. 年应税销售额超过规定标准的其他个人不属于一般纳税人，按（　　）纳税。

A. 一般纳税人　　B. 小规模纳税人
C. 扣缴义务人　　D. 责任人

3. 销售服务不包括（　　）。

A. 金融服务　　B. 现代服务
C. 生活服务　　D. 加工服务

4. 增值税法定免税项目不包括（　　）。

A. 学生勤工俭学提供的服务　　B. 博物馆的第一道门票收入
C. 音乐厅门票收入　　D. 个人转让著作权

5.（　　）专栏核算原用于免税、简易计税、集体福利的按照规定不得抵扣且未抵扣进项税额的固定资产、无形资产、不动产，发生用途改变，用于允许抵扣进项税额的应税项目，可在用途改变的次月计算可以抵扣的进项税额。

A. 进项税额转入　　B.“营改增”抵减的销项税额
C. 进项税额转出　　D. 转出多交增值税

6. 一般纳税人跨县（市）提供建筑服务，适用（　　）的，应以取得的全部价款和价外费用为销售额计算应纳税额。

A. 简易计税　　B. 差额计税
C. 扣缴计税方法　　D. 一般计税方法

7. 一般纳税人的（跨县市）建筑服务，采用一般计税方法的，以取得的全部价款和价外费用扣除支付的分包款后的余额，按照（　　）的预征率预缴。

A. 3%　　B. 5%
C. 2%　　D. 10%

8. 一般及小规模纳税人的建筑服务（跨县市及老项目选择），采用简易计税方法的，以取得的全部价款和价外费用扣除支付的分包款后的余额为销售额，按（　　）征收率。

A. 3%　　B. 5%
C. 2%　　D. 6%

9. 一般纳税人销售 2016 年 4 月 30 日前取得的不动产（不含自建），采用一般计税方法的，以全部收入减去该项不动产购置原价或者取得不动产时的作价后的余额，按照（　　）的预征率预征。

A. 3%　　B. 5%

C. 2%　　D. 6%

10. 一般纳税人销售2016年5月1日后取得的不动产（不含自建），采用一般计税的，以全部收入减去该项不动产购置原价或者取得不动产时的作价后的余额，按照（　　）的预征率预征。

A. 3%　　B. 5%

C. 2%　　D. 9%

11. 小规模纳税人销售取得的不动产（不含个体及个人的），以全部收入减去该项不动产购置原价或者取得不动产时的作价后的余额，按照（　　）的征收率计税。

A. 3%　　B. 5%

C. 2%　　D. 6%

12. 委托其他纳税人代销货物，为收到代销单位的代销清单或者收到全部或者部分货款的当天。未收到代销清单及货款的，为发出代销货物满（　　）天的当天。

A. 30　　B. 90

C. 60　　D. 180

13. 纳税人以一个月或者一个季度为一个纳税期的，自期满之日起（　　）日内申报纳税。

A. 15　　B. 5

C. 30　　D. 10

14. 一般纳税人除下列（　　）行为的，不得开具专用发票。

A. 提供非应税劳务（不包括上述应当征收增值税的应税劳务）

B. 向小规模纳税人销售服务、转让无形资产或不动产

C. 向消费者个人销售服务、转让无形资产或不动产

D. 向一般纳税人销售服务、转让无形资产或不动产

二、多项选择题

1. 流转税包括（　　）。

A. 增值税　　B. 消费税

C. 关税　　D. 所得税

2. 对报关进口的货物，以（　　）为增值税纳税人。

A. 进口货物的收货人　　B. 办理报关手续的单位和个人

C. 海关开具的完税凭证上的纳税人　　D. 委托人

3. 销售服务包括（　　）。

A. 交通运输服务　　B. 邮政服务

C. 电信服务　　D. 建筑服务

4. 视同销售货物及提供应税服务行为，主要包括（　　）。

A. 将货物交付他人代销

B. 销售代销货物

C. 将自产、委托加工或购买的货物无偿赠送其他单位或他人

D. 将自产、委托加工或购买的货物用于集体福利或个人消费

5. 下列不征增值税的项目有（　　）。

A. 供应或开采未经加工的天然水　　B. 对体育彩票的发行收入

C. 对增值税纳税人收取的会员费收入　　D. 存款利息

6. 增值税法定免税项目有（　　）。

A. 农产品　　B. 避孕药品和用具

C. 古旧图书　　D. 销售的自己使用过的物品

7.《营业税改征增值税试点过渡政策的规定》，免征增值税的有（　　）。

A. 托儿所、幼儿园提供的保育和教育服务

B. 养老机构提供的养老服务

C. 残疾人福利机构提供的育养服务

D. 婚姻介绍服务

8. 增值税税率有（　　）。

A. 13%　　B. 0%

C. 9%　　D. 6%

9. 增值税的计税方法，包括（　　）。

A. 一般计税方法　　B. 简易计税方法

C. 扣缴计税方法　　D. 全额计税方法

10. 视同销售行为销售额的确定（　　）。

A. 按企业当月同类货物的平均成本确定

B. 按企业最近时期同类货物的平均销售价格确定

C. 按组成计税价格确定

D. 按企业当月同类货物的平均销售价格确定

11. 直接收费金融服务，以提供直接收费金融服务收取（　　）等各类费用为销售额。

A. 手续费　　B. 佣金

C. 管理费　　D. 结算费

12. 航空运输企业的销售额，不包括（　　）。

A. 代收的机场建设费

B. 代售其他航空运输企业客票而代收转付的价款

C. 手续费

D. 管理费

13. 旅游服务（一般/小规模纳税人），以取得的全部价款和价外费用，扣除向旅游服务购买方收取并支付给其他单位或者个人的（　　）、门票费和支付给其他接团旅游企业的旅游费用后的余额为销售额。

A. 住宿费　　B. 餐饮费

C. 交通费　　D. 签证费

14. 建筑业的一般纳税人发生下列（　　）应税行为的可选择简易计税方法计税。

A. 一般纳税人以清包工方式提供的建筑服务

B. 一般纳税人为甲供工程提供的建筑服务

C. 一般纳税人为建筑工程老项目提供的建筑服务

D. 一般纳税人在本地提供建筑服务

15. 增值税的纳税期限为（　　）。

A. 1 日　　B. 5 日

C. 15 日　　D. 1 个月

16. 一般纳税人有下列（　　）行为的，不得开具专用发票。

A. 商业企业一般纳税人零售的烟、酒、食品、服装、鞋帽（不包括劳保专用部分）、化妆品等消费品不得开具专用发票

B. 销售免税货物不得开具专用发票，法律、法规及国家税务总局另有规定的除外

C. 销售报关出口的货物、在境外销售应税劳务

D. 将货物用于集体福利或个人消费

三、判断题

1. 增值税是以单位和个人在生产经营过程中取得的全部收入为课税对象的一种税。（　　）

2. 凡在我国境内和境外销售货物或者提供加工、修理修配劳务，销售服务，无形资产或不动产，以及进口货物的单位和个人，为增值税纳税人。（　　）

3. 境外单位或者个人在境内发生应税行为，在境内未设有经营机构的，以销售方为增值税扣缴义务人。（　　）

4. 年应税销售额未超过规定标准的纳税人，会计核算健全，能够提供准确税务资料的，可以向主管税务机关办理一般纳税人资格登记，成为一般纳税人。（　　）

5. 小规模纳税人实行简易办法征收增值税，一般不得使用增值税专用发票。（　　）

6. 2021 年 4 月 1 日前，对月销售额 15 万元（含本数）的增值税小规模纳税人，免征收增值税。（　　）

7. 增值税小规模纳税人缴纳增值税、消费税、文化事业建设费，以及随增值税、消费税附征的城市维护建设税、教育费附加等税费，原则上实行按月申报。（　　）

8. 非常损失，是指因管理不善造成货物被盗、丢失、霉烂变质，以及因违反法律法规造成货物或者不动产被依法没收、销毁、拆除的情形。（　　）

9. 纳税人接受贷款服务向贷款方支付的与该笔贷款直接相关的投融资顾问费、手续费、咨询费等费用，其进项税额不得从销项税额中抵扣。（　　）

10. 房地产开发企业中的一般纳税人销售其开发的房地产项目（选择简易计税方法的房地产老项目除外），以取得的全部价款和价外费用作为销售额。（　　）

11. 一般纳税人应建立台账登记土地价款的扣除情况，扣除的土地价款不得超过纳税人实际支付的土地价款。（　　）

12. 客运场站服务，以取得的全部价款和价外费用，扣除支付给承运方手续费后的余额为销售额。（　　）

13. 防伪税控专用发票进项税额抵扣的时限为开具增值税专用发票之日起 180 天内认证抵扣。（　　）

14. 根据《增值税暂行条例》和“营改增”的规定，小规模纳税人销售货物或提供应

税劳务和服务按一般计税方法计税。（ ）

15. 试点纳税人中的一般纳税人提供的铁路旅客运输服务，不得选用简易计税方法计算缴纳增值税。（ ）

16. 采取直接收款方式销售货物，纳税义务发生时间为货物发出的当天。（ ）

17. 纳税人提供建筑服务、租赁服务采取预收款方式的，其纳税义务发生时间为收到预收款的当天。（ ）

18. 固定业户到外县（市）销售货物或者应税劳务，应当向其机构所在地的主管税务机关申请开具外出经营活动税收管理证明，并向其机构所在地的主管税务机关申报纳税；未开具证明的，应当向销售地或者劳务发生地的主管税务机关申报纳税；未向销售地或者劳务发生地的主管税务机关申报纳税的，由其机构所在地的主管税务机关补征税款。（ ）

19. 固定业户销售货物或者应税劳务和应税行为，应当向销售地或者劳务和应税行为发生地的主管税务机关申报纳税。（ ）

20. 专用发票实行最低开票限额管理。（ ）

四、实务题

1. 根据以下经济业务计算增值税并做出相应会计分录：

（1）格里家用电器公司用自产的产品（产品成本400 000元，价款500 000元，增值税65 000元），换取同等价值的原材料一批，各自开出增值税专用发票，发票价款500 000元，增值税65 000元。该换货的账务处理是什么？

（2）格里家用电器公司（一般纳税人）没收逾期未还包装物的押金4 520元。

（3）格里家用电器公司将一批新生产的暖风机送给某福利院使用，该批暖风机共20台，每台成本200元，暂无市场价，成本利润率为10%。

（4）某化妆品公司将新研发的高档化妆品在市区商业街派发样品，该化妆品成本20 000元，成本利润率5%，消费税税率15%。暂无同类货物的平均销售价格。

（5）天河客运公司（一般纳税人）提供客运场站服务，10月份取得含税收入63 600元，当月支付承运方运费21 200元。

（6）南湖旅游公司收到旅游费用2 000 000元，其中国内游代旅客支付住宿费、餐饮费、交通费、门票费共800 000元，支付国内接团旅游公司的旅游费用为200 000元，支付国外接团旅游公司的旅游费用为150 000元。做预收款、确认收入、成本的分录。

（7）广州光弘集团公司出售办公楼一套（该办公楼为2020年6月5日购入，原价6 000 000元，增值税600 000元，现已提折旧7.5万元）。售价900万元，增值税90万元，开出增值税专用发票。做购入、售出及售出预缴税款的分录。

（8）富丽房地产开发公司（一般纳税人）2021年10月销售其2016年6月自建的房屋，价款2 000万元，增值税180万元（税率9%）。做收入及预缴税款（5%）分录。

（9）广大集团公司出租其在珠海的办公楼一栋（该办公楼为2018年6月1日购入）租金为327万元（含税）。

（10）某公司（一般纳税人）2021年11月销售房屋一套（该房屋为2018年购买，原购入价为400万元，现已提折旧60万元），现售价700万元，增值税63万元。采用一般计税方法，全额为9%的专用发票，做售出及预缴税款分录。

（11）某食品公司向农民收购苹果，收购价为80万元，开出收购发票，向各农户支付现金。

（12）2021年10月，广州红岭公司（一般纳税人）购进办公楼1栋，取得增值税专用发票，价款2 000万元，增值税180万元，付款。

（13）11月，广州平帆科技公司（增值税一般纳税人）从圆山科技公司购进一项专利技术，渠道增值税专用发票：价款300 000元，增值税18 000元，通过网上银行付款。

（14）11月，燕塘奶业公司正在生产的食品（在产品）因原材料有质量问题，被依法销毁。该批产品成本300 000元，原耗用的材料已扣税26 000元。销毁产成品500 000元（原耗用的材料已扣税39 000元）。

（15）11月，燕塘奶业公司因工人操作生产设备严重失误，使设备毁损，该设备原价30 000元，经计算需转出已经扣税4 000元，已提折旧2 000元。

2. 根据雅兰公司（一般纳税人）10月的业务做出相应会计处理，月末结转增值税。

（1）3日，网上支付缝纫加工部机器设备的修理费，价款1 000元，增值税额130元。

（2）5日，购入布料，价款400 000元，取得的增值税专用发票注明增值税款为52 000元。取得增值税专用发票，另外对方代垫材料运杂费1 000元，增值税90元，取得增值税专用发票，材料已验收入库，通过网上银行支付货款。

（3）6日，公司发现上月所购的一批布料有质量问题，该布料价款200 000元，增值税26 000元。公司决定退货，材料商同意退货并退款，则公司在同时收到材料商开具的红字增值税专用发票的发票联和抵扣联后应做何账务处理？

（4）7日，公司收到投资人的布料一批作为追加投资，增值税专用发票上的注明价款500 000元，增值税65 000元，货物已验收入库。

（5）9日，支付本公司的通信费用（委托付款），取得增值税专用发票，基础电信费用为1 500元，增值税90元。

（6）10日，委托利智广告公司制作广告，支付广告费200 000元，增值税12 000元，取得增值税专用发票，网上银行付款。

（7）13日，公司向好家风家纺公司出售一项A专利所有权，该专利原价100 000元，累计摊销50 000元，售价200 000元，增值税12 000元，开出增值税专用发票，收款212 000元。

（8）16日，公司收到申通快递公司开来的增值税专用发票，派送服务费8 000元，增值税480元，已付款。

（9）17日，公司购入不需安装生产设备1台，取得增值税发票，价款150 000元，增值税19 500元；另外销货方代垫运费1 000元，增值税90元，已取得增值税专用发票；设备直接交付使用，付款。

（10）18日，公司转让1台不需要的设备，该设备2018年购入，原价40 000元，现已提折旧8 000元，转让价为20 000元，增值税2 600元，开出增值税发票，收款。

（11）20日，公司为销售部门购进房屋一套，取得增值税专用发票，价款400万元，增值税36万元，开出支票付款。

（12）21日，公司出租其2018年5月10日后购入的房屋（公司采用一般计税方法计税）给本市亚兰家纺有限公司，每月租金10 000元，增值税900元。开出增值税专用发票，收款。

(13) 22 日，公司向百胜百货公司销售床上用品一批，开出的增值税专用发票，价款 2 500 000 元，增值税 325 000 元；已发出货物，收到一张面额 2 000 000 元三个月期限的商业承兑汇票。

(14) 27 日，公司将一批布料对外投资，成本 600 000 元，增值税 78 000 元。

(15) 将自产的新产品四件套 100 套（每套成本 300 元）送给职工作为福利，无同类产品市场价，成本利润率 10%。

(16) 24 日，将原购入的布料一批送给福利院，该布料成本为 20 000 元，原已扣税 2 600 元。

(17) 26 日，公司因管理不善，发生火灾烧毁仓库，损失布料一批，成本 200 000 元，其进项税额 26 000 元。

(18) 月末结转应交未交增值税。

第三章
消费税及其会计核算

【知识导入】 云南省是我国消费税的缴纳大户，在西部地区排名第一，全国排名第三。每年消费税增收近10亿元，增长2%左右。为什么消费税收入总量在云南这么多呢？主要因为烟草行业是云南省的重点支柱产业和重点税源，云南省受益于卷烟批发环节消费税政策调整，批发环节消费税增长较快，商业卷烟批发入库消费税近40亿元，增幅比例较大，每年消费税的增长拉动全省税收增长2%以上。

第一节 消费税概述

【学习目标】 掌握消费税的概念及特点。

一、消费税的概念

消费税是对在我国境内生产、委托加工和进口的应税消费品征收的一种税。消费税的立法宗旨是调节我国消费结构，正确引导消费方向，抑制超前消费，确保国家的财政收入。

二、消费税的特点

消费税是对特定消费品的消费行为征收的一个税种，它具有以下基本特点：

1. 国家选择一部分消费品征税。从图3－1可以看出，增值税的征税范围比消费税大，增值税征税范围中的一部分产品在生产销售时征收消费税，也就是说，征收消费税的产品，在生产销售、进口的同时还要征收增值税。

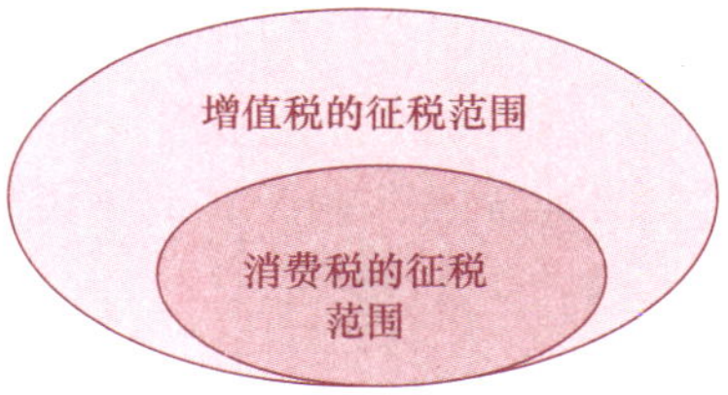

图3－1

2. 消费税只是在消费品的生产销售环节和进口环节征收，而不是在所有环节征收。

3. 消费税实行差别较大的比例税率或定额税率。

4. 消费税税源具有转嫁性。消费品中所含的消费税额最终要转嫁到消费者身上，由消费者负担。

《消费税暂行条例》

《消费税暂行条例实施细则》

第二节　消费税的征收制度

【学习目标】 了解消费税的纳税人、税目及税率、纳税环节，消费税纳税义务的发生时间，消费税应纳税额的计算，消费税的纳税地点，消费税的纳税期限，消费税的减免。

一、消费税的纳税人

按照税法规定，凡在我国境内生产、委托加工和进口应税消费品的单位和个人为消费税的纳税义务人。具体为：生产应税消费品的，生产单位或个人为纳税义务人；委托加工应税消费品的，委托方为纳税义务人（但受托方为扣缴义务人履行代扣代缴义务）；进口应税消费品的，进口单位或个人为纳税义务人（由海关代征消费税）。

金银首饰、钻石及钻石饰品，由生产、进口环节纳税，改为在零售环节纳税，因此，零售商为销售金银首饰、钻石及钻石饰品的纳税人。

名词解释

扣缴义务人：是指税法规定的，在其经营活动中负有代扣税款并向国库缴纳义务的单位。扣缴义务人只是代扣纳税人的税款，然后向国库缴纳税款，真正的纳税主体还是纳税人。

二、消费税的税目及税率

消费税的征税范围主要有 15 个大类，并按照应税消费品的特点采取比例税率和定额征收两种方式，在计算消费税时要注意区别计算。现行消费税税目税率（税额）如表 3－1 所示。

表 3-1　　现行消费税税目和税率表

<table>
<tr><th>税目</th><th colspan="2">子目</th><th>税率</th></tr>
<tr><td rowspan="5">一、烟</td><td rowspan="3">1. 卷烟</td><td>（1）每标准条（200 支）调拨价 70 元以上的（含 70 元，不含增值税）</td><td>比率税率：56%
定额税率：150 元/标准箱（50 000 支）0.003 元/支</td></tr>
<tr><td>（2）每标准条（200 支）调拨价 70 元以下的（不含增值税）</td><td>比率税率：36%
定额税率：150 元/标准箱（50 000 支）0.003 元/支</td></tr>
<tr><td>批发</td><td>比率税率 11%
定额税率 0.005 元/支加征从量税</td></tr>
<tr><td colspan="2">2. 雪茄烟</td><td>36%</td></tr>
<tr><td colspan="2">3. 烟丝</td><td>30%</td></tr>
<tr><td rowspan="6">二、酒</td><td rowspan="3">1. 啤酒</td><td>（1）每吨出厂价格（含包装物及包装物押金，不含增值税）3 000 元（含）以上的</td><td>250 元/吨</td></tr>
<tr><td>（2）每吨出厂价格（含包装物及包装物押金，不含增值税）3 000 元以下的</td><td>220 元/吨</td></tr>
<tr><td>（3）娱乐业和饮食业自制的</td><td>250 元/吨</td></tr>
<tr><td colspan="2">2. 粮食白酒、薯类白酒</td><td>比率税率：20%
定额税率：0.5 元/斤（500 克）或 0.5 元/500 毫升</td></tr>
<tr><td colspan="2">3. 黄酒</td><td>240 元/吨</td></tr>
<tr><td colspan="2">4. 其他酒</td><td>10%</td></tr>
<tr><td rowspan="7">三、成品油</td><td colspan="2">1. 汽油</td><td>1.52 元/升</td></tr>
<tr><td colspan="2">2. 柴油</td><td>1.2 元/升</td></tr>
<tr><td colspan="2">3. 石脑油</td><td>1.52 元/升</td></tr>
<tr><td colspan="2">4. 溶剂油</td><td>1.52 元/升</td></tr>
<tr><td colspan="2">5. 润滑油</td><td>1.52 元/升</td></tr>
<tr><td colspan="2">6. 燃料油</td><td>1.2 元/升</td></tr>
<tr><td colspan="2">7. 航空煤油</td><td>1.2 元/升（暂缓征收）</td></tr>
<tr><td>四、鞭炮、焰火</td><td colspan="2">—</td><td>15%</td></tr>
<tr><td rowspan="2">五、贵重首饰及珠宝玉石</td><td colspan="2">1. 除镀金（银）、包金（银）首饰以及镀金（银）、包金（银）的镶嵌首饰以外的金银首饰；铂金首饰；钻石及钻石饰品</td><td>5%零售环节征收</td></tr>
<tr><td colspan="2">2. 其他金银珠宝首饰；珠宝玉石</td><td>10%生产环节征收</td></tr>
<tr><td>六、高尔夫球及球具</td><td colspan="2">—</td><td>10%</td></tr>
</table>

续表

税目	子目	税率
七、高档手表［销售价格（不含增值税）每只在10 000（含）元以上的各类手表］	—	20%
八、游艇	—	10%
九、木制一次性筷子	—	5%
十、实木地板	—	5%
十一、小汽车	1. 乘用车	
	（1）汽缸容量（排气量，下同）在1.0升（含）以下	1%
	（1）汽缸容量（排气量，下同）在1.5升（含）以下	3%
	（2）汽缸容量在1.5升至2.0升（含）	5%
	（3）汽缸容量在2.0升至2.5升（含）	9%
	（4）汽缸容量在2.5升至3.0升（含）	12%
	（5）汽缸容量在3.0升至4.0升（含）	25%
	（6）汽缸容量在4.0升以上	40%
	2. 中轻型商用客车	5%
	3. 超豪华小汽车（130万元以上）	10%（除按子税目规定征收外，零售环节另加征10%）
十二、摩托车	1. 汽缸容量250毫升	3%
	2. 汽缸容量250毫升以上	10%
十三、高档化妆品	—	15%
十四、电池		4%
十五、涂料	—	4%

《关于明确电池、涂料消费税征收管理有关事项的公告》

名词解释

税目：即征税对象的具体内容，是在税法中对征税对象分类规定的具体的征税品种和项目。

高档美容、修饰类化妆品和高档护肤类化妆品是指生产（进口）环节销售（完税）价格（不含增值税）在10元/毫升（克）或15元/片（张）及以上的美容、修饰类化妆品和护肤类化妆品。

《财政部、国家税务总局关于调整化妆品消费税政策的通知》

三、纳税环节

纳税人生产的应税消费品，于纳税人销售时纳税。纳税人自产自用的应税消费品，用于连续生产应税消费品的，不纳税；用于其他方面的，于移送使用时纳税。

委托加工的应税消费品，除受托方为个人外，由受托方在向委托方交货时代收代缴税款。委托加工的应税消费品，委托方用于连续生产应税消费品的，所纳税款准予按规定抵扣。所称委托加工的应税消费品，是指由委托方提供原料和主要材料，受托方只收取加工费和代垫部分辅助材料加工的应税消费品。

委托个人加工的应税消费品，由委托方收回后缴纳消费税。

进口的应税消费品，于报关进口时纳税；金银首饰在零售环节征税。

卷烟批发环节，加征5%的消费税。

想一想：

酒厂将自酿的啤酒对外销售，消费税的纳税人是酒厂，而啤酒批发商（或零售商）购入啤酒再对外销售时，啤酒商需要再缴纳消费税吗？

四、消费税纳税义务的发生时间

根据《消费税暂行条例实施细则》的规定，其纳税义务的发生时间按如下标准确定：

1. 纳税人销售应税消费品的，按不同的销售结算方式分别为：①采取赊销和分期收款结算方式的，为书面合同约定的收款日期的当天，书面合同没有约定收款日期或者无书面合同的，为发出应税消费品的当天；②采取预收货款结算方式的，为发出应税消费品的当天；③采取托收承付和委托银行收款方式的，为发出应税消费品并办妥托收手续的当天；④采取其他结算方式的，为收讫销售款或者取得索取销售款凭据的当天。

2. 纳税人自产自用应税消费品的，为移送使用的当天。

3. 纳税人委托加工应税消费品的，为纳税人提货的当天。

4. 纳税人进口应税消费品的，为报关进口的当天。

五、消费税应纳税额的计算及会计处理

（一）消费税会计账户的设置

凡缴纳消费税的企业，应在“应交税费”账户下设置“应交消费税”明细账户进行会计核算（见图3－2）。

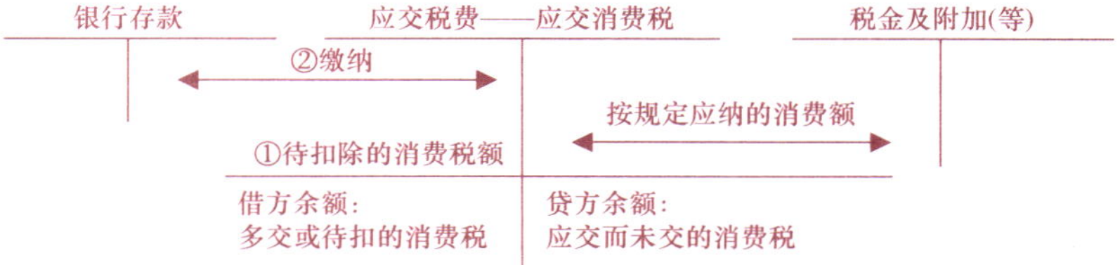

图3－2

（二）消费税应纳税额及消费税计算的一般规定

消费税实行从价定率、从量定额，或者从价定率和从量定额复合计税（以下简称“复合计税”）的办法计算应纳税额。

1. 实行从价定率办法计算（即按销售额计算应纳消费税）。计算公式为：

应纳税额 = 销售额 × 比例税率

【例3－1】 9月1日，蓝天汽车股份有限公司销售汽缸容量为3.0升的乘用车共10辆，出厂价格为20万元/辆（不含增值税），开出增值税专用发票，价款200万元，增值税税率为13%，消费税税率为12%（假设国家税务局规定的计税价格为19万元/辆），收到两个月期限的银行承兑汇票一张，则该公司应纳税额是多少？

解：应纳消费税 = 10 × 190 000 × 12% = 228 000（元）

应纳增值税 = 10 × 200 000 × 13% = 260 000（元）

借：应收票据	2 260 000	
贷：主营业务收入		2 000 000
应交税费——应交增值税（销项税额）		260 000

提示：消费税的纳税人同时也是增值税的纳税人，应纳消费税的产品肯定也要缴纳增值税。

借：税金及附加	228 000	
贷：应交税费——应交消费税		228 000

2. 实行从量定额办法计算（即按销售数量计算应纳税额）。计算公式为：

应纳税额 = 销售数量 × 定额税率

销售数量是指应税消费品的数量。具体为：①销售应税消费品的，为应税消费品的销售数量；②自产自用应税消费品的，为应税消费品的移送使用数量；③委托加工应税消费品的，为纳税人收回的应税消费品数量；④进口应税消费品的，为海关核定的应税消费品进口征税数量。

实行从量定额办法计算应纳税额的应税消费品，计量单位的换算标准如下：

黄酒 1 吨 = 962 升	石脑油 1 吨 = 1 385 升
啤酒 1 吨 = 988 升	溶剂油 1 吨 = 1 282 升
汽油 1 吨 = 1 388 升	润滑油 1 吨 = 1 126 升
柴油 1 吨 = 1 176 升	燃料油 1 吨 = 1 015 升
航空煤油 1 吨 = 1 246 升	

【例3－2】 9月2日，某市中石化股份有限公司销售汽油40吨给白云加油站，每吨4 000元（汽油1吨 = 1 388升），增值税税率为13%，消费税每升1.52元。则该公司的应纳消费税额是多少？

解：应纳消费税 = 40 × 1 388 × 1.52 = 84 390.4（元）

应纳增值税 = 40 × 4 000 × 13% = 20 800（元）

借：银行存款	180 800	
贷：主营业务收入		160 000
应交税费——应交增值税（销项税额）		20 800
借：税金及附加	84 390.4	
贷：应交税费——应交消费税		84 390.4

提问：白云加油站销售汽油是否也要缴纳消费税？

3. 实行复合计税办法计算（既按销售额计算应纳消费税，又按销售数量计算应纳税额）。其计算公式为：

应纳税额 = 销售额 × 比例税率 + 销售数量 × 定额税率

【例 3 -3】 石湾酒业集团 10 月份销售米酒（白酒）25 吨，取得销售收入 30 万元（不含增值税，假设国家规定的消费税计税价格为 40 万元），计算酒厂当月应纳消费税额。

解：1 吨 = 1 000 千克，白酒的消费税为 20% 再加 0.5 元/500 克，则：

应纳消费税 = 25 × 1 000 × 1 + 400 000 × 20% = 105 000（元）

应纳增值税 = 300 000 × 13% = 39 000（元）

借：银行存款	339 000	
贷：主营业务收入		300 000
应交税费——应交增值税（销项税额）		39 000
借：税金及附加	105 000	
贷：应交税费——应交消费税		105 000

（三）销售额及消费税的具体计算方法

1. 纳税人销售自产应税消费品的销售额及消费税的计算。

（1）纳税人销售自己生产的应税消费品，其销售额的确定与计征增值税的销售额相同，即销售额包括应向购买方收取的全部价款和价外费用，但不包括应向购买方收取的增值税额。

国家税务总局关于白酒消费税最低计税价格核定问题的公告

如果纳税人应税消费品的销售额中未扣除增值税税款或者因不得开具增值税专用发票而发生价款和增值税税款合并收取的，在计算消费税时，应当换算为不含增值税税款的销售额。其换算公式为：

应税消费品的销售额 = 含增值税的销售额 ÷（1 + 增值税税率或者征收率）

应税消费品连同包装物销售的，无论包装物是否单独计价以及在会计上如何核算，均应并入应税消费品的销售额中缴纳消费税。

【例 3 -4】 某鞭炮厂是小规模纳税人，12 月份销售自产鞭炮取得价款 30 900 元（含增值税），请计算当月应纳的增值税额、消费税额（鞭炮消费税税率为 15%）。

解：应纳增值税 = [30 900/(1 + 3%)] × 3% = 900（元）

应纳消费税 = [30 900/(1 + 3%)] × 15% = 4 500（元）

借：银行存款	30 900	
贷：主营业务收入		30 000
应交税费——应交增值税		900
借：税金及附加	4 500	
贷：应交税费——应交消费税		4 500

（2）为了避免重复征税，纳税人用以下外购和委托加工的已税消费品生产应税消费品的，规定可从其应纳消费税额中扣除当期生产领用的外购已税消费品的已纳消费税税款：①已税烟丝为原料生产的卷烟；②已税化妆品为原料生产的化妆品；③已税珠宝玉石为原料生产的贵重首饰及珠宝玉石（不含在零售环节征税的金银镶嵌首饰）；④已税鞭炮焰火为原料生产的鞭炮焰火；⑤已税摩托车为原料生产的摩托车；⑥已税杆头、杆身和握把为原料生产的高尔夫球杆；⑦已税木制一次性筷子为原料生产的木制一次性筷子；⑧已税实木地板为原料生产的实木地板；⑨已税石脑油为原料生产的应税消费品；⑩已税润滑油为原料生产的

润滑油。

提示：用外购和委托加工的酒及酒精、汽油、柴油、小汽车用于连续生产的不能扣税。

扣除外购已税消费品的已纳税款的计算公式为：

$$应税消费品应纳税额 = 销售额 \times 消费税率 - 当期生产领用的消费品已纳消费税$$

$$\frac{当期生产领用的外购}{消费品已纳消费税} = \frac{当期生产领用的外购}{应税消费品的买价} \times \frac{消费}{税率} = \left[\frac{期初}{库存} + \frac{本期}{购入} - \frac{期末}{库存}\right] \times \frac{消费}{税率}$$

【例 3-5】 观澜高尔夫球具用品有限公司生产的球具中杆头全部为外购，11 月初库存杆头 10 万元，当月购进杆头取得的增值税专用发票注明价款 80 万元，增值税 10.4 万元；期末库存杆头 12 万元，当月销售不含税销售额 140 万元，消费税率为 10%，计算当月可以抵扣的消费税及应纳消费税。

解：当月生产领用杆头买价 = 100 000 + 800 000 − 120 000 = 780 000（元）

准予扣除的消费税 = 780 000 × 10% = 78 000（元）

应纳消费税 = 1 400 000 × 10% − 78 000 = 62 000（元）

借：原材料——杆头	800 000	
应交税费——应交增值税（进项税额）	104 000	
贷：银行存款		904 000
借：银行存款	1 582 000	
贷：主营业务收入		1 400 000
应交税费——应交增值税（销项税额）		182 000
借：税金及附加	62 000	
贷：应交税费——应交消费税		62 000

知识拓展

对于外购或委托加工收回应税消费品连续生产应税消费品的，已纳消费税税款抵扣凭证和抵扣时间，税法作了如下规定：

外购应税消费品准予抵扣的凭证为增值税专用发票，委托加工收回应税消费品准予抵扣税款凭证为代收代缴税款凭证，进口应税消费品的抵扣凭证为海关进口消费税专用缴款书。税款抵扣方式为按照当期生产领用数量计算当期准予扣除的已纳税款。

（3）纳税人销售的应税消费品，以外汇结算销售额的，其销售额的人民币折合率可以选择结算的当天或者当月 1 日的国家外汇牌价（原则上为中间价）。纳税人应在事先确定采取何种折合率，确定后一年内不得变更。

提问：啤酒、黄酒的逾期包装物押金还计算缴纳消费税吗？

解答：啤酒、黄酒为从量计征消费税，也就是说啤酒、黄酒计征消费税和销售额没有关系，所以其逾期包装物押金只计算缴纳增值税，不计算缴纳消费税。

2. 纳税人自产应税消费品消费税的计算。

（1）纳税人用于换取生产资料和消费资料，投资入股和抵偿债务等方面的应税消费品，应当按纳税人同类应税消费品的最高销售价格作为计税依据计算消费税。

【例3-6】 天星表业有限公司以自产的高级镶钻纪念手表100只换取等值的手表零件一批，该手表的最高销售价格为1万元/只（适用消费税税率为20%）。手表成本6 000元/只，计算该批手表的应税销售额及消费税（上述价格均不含增值税）。

解：应纳消费税销售额 = 100×10 000 = 1 000 000（元）

应纳消费税 = 1 000 000×20% = 200 000（元）

应纳增值税 = 1 000 000×13% = 130 000（元）

借：原材料——手表零件	1 000 000	
应交税费——应交增值税（进项税额）	130 000	
贷：主营业务收入		1 000 000
应交税费——应交增值税（销项税额）		130 000

提示：根据增值税的有关规定，企业以库存商品换入其他资产，视同销售行为发生，应计算销项税额；企业以其他资产换入原材料，视同购买行为发生，应计算进项税额。

借：主营业务成本	600 000	
贷：库存商品		600 000
借：税金及附加	200 000	
贷：应交税费——应交消费税		200 000

（2）纳税人自产自用视同销售的应税消费品，用于连续生产的不纳消费税。用于生产非应税消费品、在建工程等其他方面视同销售的，其销售额按以下顺序确定：纳税人自产自用的应税消费品，按照纳税人生产的同类消费品的销售价格计算纳税；没有同类消费品销售价格的，按照组成计税价格计算纳税。

同类消费品的销售价格，是指纳税人或者代收代缴义务人当月销售的同类消费品的销售价格，如果当月同类消费品各期销售价格高低不同，应按销售数量加权平均计算。但销售的应税消费品有下列情况之一的，不得列入加权平均计算：①销售价格明显偏低并无正当理由的；②无销售价格的。

如果当月无销售或者当月未完结，应按照同类消费品上月或者最近月份的销售价格计算纳税。

实行从价定率办法计算纳税的组成计税价格计算公式：

组成计税价格 =（成本 + 利润）÷（1 - 比例税率）

实行复合计税办法计算纳税的组成计税价格计算公式：

组成计税价格 =（成本 + 利润 + 自产自用数量 × 定额税率）÷（1 - 比例税率）

提示：公式中的成本是指应税消费品的产品生产成本；利润是指根据应税消费品的全国平均成本利润率计算的利润。应税消费品的全国平均成本利润率表是由国家税务总局确定的，见表3-2。

【例3-7】 倩碧化妆品公司将一批自产的高档化妆品发放给职工作为福利，该批化妆品的成本为3万元，暂无同类消费品销售价格，成本利润率为5%（见表3-2），消费税适用税率为15%，则其组成计税价格及应纳消费税的计算为：

表 3-2

应税项目	成本利润率	应税项目	成本利润率
甲类卷烟	10%	贵重首饰及珠宝玉石	6%
乙类卷烟	5%	汽车轮胎	5%
雪茄烟	5%	摩托车	6%
烟丝	5%	高尔夫球及球具	10%
粮食白酒	10%	高档手表	20%
薯类白酒	5%	游艇	10%
其他酒	5%	木制一次性筷子	5%
酒精	5%	实木地板	5%
化妆品	5%	乘用车	8%
鞭炮、焰火	5%	中轻型商用客车	5%

组成计税价格 = [30 000 + (30 000 ×5%)] ÷ (1 - 15%) = 37 058.83 (元)

应纳消费税 = 37 058.83 ×15% = 5 558.83 (元)

应纳增值税 = 37 058.83 ×13% = 4 817.65 (元)

借：应付职工薪酬——非货币性福利　　41 876.48

　　贷：主营业务收入　　37 058.83

　　　　应交税费——应交增值税（销项税额）　　4 817.65

借：税金及附加　　5 558.83

　　贷：应交税费——应交消费税　　5 558.83

3. 委托加工的应税消费品的计税。委托加工的应税消费品按照受托方的同类消费品的销售价格计算纳税；没有同类消费品销售价格的，按照组成计税价格计算纳税。

实行从价定率办法计算纳税的组成计税价格计算公式：

$$组成计税价格 = (材料成本 + 加工费) \div (1 - 比例税率)$$

实行复合计税办法计算纳税的组成计税价格计算公式：

$$组成计税价格 = \frac{材料成本 + 加工费 + 委托加工数量 \times 定额税率}{1 - 比例税率}$$

委托加工应税消费品的纳税人，必须在委托加工合同上如实注明（或以其他方式提供）材料成本，凡未提供材料成本的，受托方所在地主管税务机关有权核定其材料成本。

材料成本是指委托方所提供加工材料的实际成本。

加工费是指受托方加工应税消费品向委托方所收取的全部费用（包括代垫辅助材料的实际成本）。

【例 3-8】 利群公司委托某建材公司加工实木地板一批，发出木材 30 万元，支付不含税加工费 5 万元（消费税税率为 5%，成本利润率为 5%），则该批实木地板的组成计税价格及应纳消费税是多少？

解： 组成计税价格 =（300 000 + 50 000）÷（1 − 5%）= 368 421.05（元）

应纳消费税 = 368 421.05 × 5% = 18 421.05（元）

应纳增值税 = 50 000 × 13% = 6 500（元）

【例 3 − 9】 金象珠宝公司委托某首饰公司加工玉石一批，原料价值 20 万元，支付不含税加工费 3 万元（消费税税率为 10%），则该批玉石的组成计税价格及应纳消费税分别是多少？

解： 组成计税价格 =（200 000 + 30 000）÷（1 − 10%）≈ 255 555.56（元）

应纳消费税 = 255 555.56 × 10% = 25 555.56（元）

应纳增值税 = 30 000 × 13% = 3 900（元）

提示： 消费税为单环节征收，委托方加工的应税消费品由受托方代扣代缴消费税。因此，委托方将加工的应税消费品收回后直接出售的，不再征收消费税；收回后用于连续生产应税消费品的，可以比照外购应税消费品的处理从应纳消费税总额中按当期投入生产的比例抵扣已纳代扣代缴的消费税款，但委托加工的已税酒和酒精生产的酒不能抵扣。

【例 3 − 10】 11 月 20 日，倩碧化妆品公司委托茉莉日用化工公司加工香水，发出原材料，其成本为 15 万元，不含税加工费为 5 万元（开具增值税专用发票，税额为 8 500 元），同类消费品的市场销售价格为 20 万元；倩碧化妆品公司将加工收回的香水全部自制成瓶装高级香水，并在当月全部出售，售价为 40 万元（不含增值税）。倩碧化妆品公司期初库存委托加工的香水已纳税款 6 000 元，期末库存委托加工的香水已纳税款 1 万元，11 月份倩碧化妆品公司、茉莉日用化工公司各自在该项业务中应如何计税？

解：（1）计算受托方代茉莉日用化工公司应交税费：

代收代缴的消费税 = 200 000 × 15% = 30 000（元）

应交增值税 = 50 000 × 13% = 6 500（元）

（2）计算委托方倩碧化妆品公司应交税费：

准予抵扣的已纳税款 = 6 000 + 30 000 − 10 000 = 26 000（元）

用于销售的应纳消费税 = 400 000 × 15% = 60 000（元）

本次业务实际应纳消费税 = 60 000 − 26 000 = 34 000（元）

本次业务增值税销项税额 = 400 000 × 13% = 52 000（元）

本次业务增值税进项税额 = 6 500（元）

> **提问：** 在委托加工应税消费品时增值税和消费税的计税依据为什么是不同的？
>
> **解答：** 不能说委托加工应税消费品时增值税和消费税的计税依据不同，因为在委托加工时增值税和消费税不是同一纳税义务人。委托方根据自己委托加工的货物的成本来计算消费税，而受托方是根据自己提供的加工劳务收取的加工费计算增值税。

4. 进出口业务的应税消费品的计税。

（1）进口应税消费品的处理。进口的应税消费品，按照组成计税价格计算纳税。

实行从价定率办法计算纳税的组成计税价格计算公式：

组成计税价格 =（关税完税价格 + 关税）÷（1 − 消费税比例税率）

实行复合计税办法计算纳税的组成计税价格计算公式：

$$组成计税价格=\frac{关税完税价格+关税+进口数量\times消费税定额税率}{1-消费税比例税率}$$

进口的应税消费品于报关进口时缴纳消费税，并由海关代征。

【例3-11】 10月，某外贸公司从国外进口一批汽缸容量300毫升的摩托车30辆，关税完税价和关税合计45万元，当月全部售出，取得含增值税的销售收入90.4万元，消费税税率为10%，请分别计算进口和销售环节的增值税、消费税。

解：组成计税价格＝450 000÷(1－10%)＝500 000（元）

进口环节应交增值税＝500 000×13%＝65 000（元）

进口环节应交消费税＝500 000×10%＝50 000（元）

增值税销项税额＝[904 000÷(1＋13%)]×13%＝104 000（元）

实际应交增值税＝104 000－65 000＝39 000（元）

借：库存商品　　500 000（450 000＋50 000）

　　应交税费——应交增值税（进项税额）　　65 000

　　贷：银行存款　　565 000

借：银行存款　　904 000

　　贷：主营业务收入　　800 000

　　　　应交税费——应交增值税（销项税额）　　104 000

借：主营业务成本　　500 000

　　贷：库存商品　　500 000

（2）出口应税消费品的处理。纳税人出口应税消费品免征消费税，国务院另有规定的除外。出口应税消费品的免税办法，由国务院财政、税务主管部门规定。

六、消费税的纳税地点

消费税属于国家税务局征收范围内的税种。

纳税人销售的应税消费品，以及自产自用的应税消费品，除国务院财政、税务主管部门另有规定外，应当向纳税人机构所在地或者居住地的主管税务机关申报纳税。

委托加工的应税消费品，除受托方为个人外，由受托方向机构所在地或者居住地的主管税务机关解缴消费税税款。

纳税人到外县（市）销售或者委托外县（市）代销自产应税消费品的，于应税消费品销售后，向机构所在地或者居住地主管税务机关申报纳税。

纳税人的总机构与分支机构不在同一县（市）的，应当分别向各自机构所在地的主管税务机关申报纳税；经财政部、国家税务总局或者其授权的财政、税务机关批准，可以由总机构汇总向总机构所在地的主管税务机关申报纳税。

委托个人加工的应税消费品，由委托方向其机构所在地或者居住地主管税务机关申报纳税。

进口的应税消费品，由进口人或者其代理人向报关地海关申报纳税。

七、消费税的纳税期限

消费税的纳税期限分别为1日、3日、5日、10日、15日、1个月或者1个季度。纳税人的具体纳税期限，由主管税务机关根据纳税人应纳税额的大小分别核定；不能按照固定期限纳税的，可以按次纳税。

纳税人以 1 个月或者 1 个季度为一个纳税期的，自期满之日起 15 日内申报纳税；以 1 日、3 日、5 日、10 日或者 15 日为一个纳税期的，自期满之日起 5 日内预缴税款，于次月 1 日起 15 日内申报纳税并结清上月应纳税款。

纳税人进口应税消费品，应当自海关填发海关进口消费税专用缴款书之日起 15 日内缴纳税款。

第三节　消费税的会计核算方法及申报与缴纳

【学习目标】 掌握消费税的会计处理方法及消费税的申报与缴纳。

一、消费税的具体会计处理方法

企业发生销售行为时，要注意区分不同的情况进行处理。

（一）直接销售的处理

企业将生产的应税消费品直接对外销售时，应按照应纳消费税额借记“税金及附加”账户，贷记“应交税费——应交消费税”账户。

【例 3 - 12】 观澜高尔夫球具用品有限公司生产销售一批高尔夫球及球具，售价为 56.5 万元（含增值税款），已收款。其增值税适用税率 16%，消费税适用税率 10%，高尔夫球及球具成本 30 万元。计算应交税金并作相应的账务处理。

解：不含增值税销售收入 = 565 000 ÷ (1 + 13%) = 500 000（元）

应交增值税 = 500 000 × 13% = 65 000（元）

应交消费税 = 500 000 × 10% = 50 000（元）

借：银行存款	565 000	
贷：主营业务收入		500 000
应交税费——应交增值税（销项税额）		65 000
借：税金及附加	50 000	
贷：应交税费——应交消费税		50 000
借：主营业务成本	300 000	
贷：库存商品		300 000

（二）销售退回的处理

企业已销售出去的应税消费品发生销售退回和退税时，其会计处理与直接销售时的做法方向相反，也可以用红字冲减。

(三) 视同销售行为的会计处理

【例3-13】 12月，金象珠宝公司将本公司加工的黄金手链20条用于广告赠送活动。黄金手链每条成本2 000元，消费税税率为5%，成本利润率为6%。

解：组成计税价格 =[2 000×20×(1+6%)] ÷(1-5%) =44 631.58(元)

应交消费税 =44 631.58×5% =2 231.58 (元)

应交增值税 =44 631.58×13% =5 802.11 (元)

借：销售费用　48 033.69

　贷：库存商品　40 000

　　应交税费——应交消费税　2 231.58

　　　——应交增值税（销项税额）　5 802.11

提示：上例若不通过“主营业务收入”核算，期末计算所得税时要进行纳税调整。

(四) 委托加工应税消费品的会计处理

根据会计准则的有关规定，需要缴纳消费税的委托加工应税消费品，于委托方提货时，由受托方代扣代缴消费税，受托方按应扣税款金额借记“应收账款”“银行存款”等账户，贷记“应交税费——应交消费税”账户。委托加工应税消费品收回后，直接用于对外销售的，委托方应将代扣代缴的消费税计入应税消费品的成本，借记“委托加工物资”“生产成本”“自制半成品”等账户，贷记“应付账款”“银行存款”账户；如收回后用于连续生产应税消费品，且按规定允许予以抵扣的，委托方应按代扣代缴的消费税款，借记“应交税费——应交消费税”账户，贷记“应付账款”“银行存款”等账户。

【例3-14】 卷烟厂将购入的烟叶委托外厂加工成烟丝，烟叶的成本为20万元，加工费用3万元（取得增值税专用发票，增值税为3 900元），同类产品售价为25万元，消费税税率30%，加工收回后直接对外销售。相关账务处理如下：

- 发出烟叶：

借：委托加工物资　200 000

　贷：原材料——原料及主要材料（烟叶）　200 000

- 结算加工费：

消费税 =250 000×30% =75 000 (元)

说明：在有同类产品售价的情况下，应以该同类产品的售价作为计算消费税的依据。

借：委托加工物资　105 000 (30 000+75 000)

　应交税费——应交增值税（进项税额）　3 900

　贷：应付账款——外厂　108 900

提示：加工应税消费品收回后直接用于对外销售的，委托方应将受托方代扣代缴的消费税计入成本。

- 烟丝入库：

借：原材料——烟丝　305 000

　贷：委托加工物资　305 000

【例3-15】 红叶卷烟厂将购入的烟叶委托东山卷烟厂加工成烟丝，烟叶的成本为30万元，加工费用为3.5万元（取得增值税专用发票，增值税为4 550元），同类产品售价为40万元；加工收回后用于本厂生产卷烟（乙级），发生加工费用3万元，加工成产成品后准备对外销售。委托方红叶卷烟厂的账务处理为：

- 发出烟叶：

借：委托加工物资　　300 000
　　贷：原材料——原料及主要材料（烟叶）　　300 000

- 结算加工费：消费税 = 400 000 × 30% = 120 000（元）

借：委托加工物资　　35 000
　　应交税费——应交增值税（进项税额）　　4 550
　　　　——应交消费税　　120 000（400 000 × 30%）
　　贷：应付账款——东山卷烟厂　　159 550

- 烟丝入库：

借：原材料——原料及主要材料（烟丝）　　335 000
　　贷：委托加工物资　　335 000

- 生产领用烟丝：

借：生产成本——基本生产成本　　335 000
　　贷：原材料——原料及主要材料（烟丝）　　335 000

- 发生加工费：

借：生产成本——基本生产成本　　30 000
　　贷：应付职工薪酬等　　30 000

- 产品完工入库：

借：库存商品——卷烟　　365 000（335 000 + 30 000）
　　贷：生产成本——基本生产成本　　365 000

产品出售后再将计提消费税记入“税金及附加”及“应交税费——应交消费税”账户。

二、消费税的申报

消费税在按税法规定进行纳税申报时，其报缴税款的办法，由主管税务机关视不同情况，在下列办法中核定一种：

1. 纳税人按期向税务机关填报纳税申报表，并填开纳税缴款书，向所在地代理的银行缴纳税款。

2. 纳税人按期向税务机关填报纳税申报表，由税务机关审核后填发缴款书，按期缴纳。

3. 对会计核算不健全的小型业户，税务机关可根据其产销情况，按季或按年核定其应纳税额，分月缴纳。

三、消费税的缴纳

1. 填写消费税纳税申报表。消费税纳税申报表包括几种，如成品油消费税纳税申报表、烟类应税消费品消费税纳税申报表、小汽车消费税纳税申报表、酒及酒精消费税纳税申报表以及其他应税消费品消费税纳税申报表（见表 3 - 3）。

表 3－3　　　　其他应税消费品消费税纳税申报表

税款所属期：　　年　月　日至　　年　月　日

纳税人名称（公章）：　　　　纳税人识别号：□□□□□□□□□□□□□□□□□□□□

填表日期：　　年　　月　　日　　　　　　金额单位：元（列至角分）

项目 应税 消费品名称	适用税率	销售数量	销售额	应纳税额
合计	—	—	—	

	声　明
本期准予抵减税额：	**此纳税申报表是根据国家税收法律的规定填报的，我确定它是真实的、可靠的、完整的。**
本期减（免）税额：	经办人（签章）： 财务负责人（签章）： 联系电话：
期初未缴税额：	
本期缴纳前期应纳税额：	（如果你已委托代理人申报，请填写） **授权声明**
本期预缴税额：	为代理一切税务事宜，现授权＿＿＿＿＿＿
本期应补（退）税额：	＿＿＿＿＿＿＿＿（地址）＿＿＿＿＿＿为本纳税人的代理申报人，任何与本申报表有关的往来文件，都可寄予此人。
期末未缴税额：	授权人签章：

以下由税务机关填写

受理人（签章）：　　　受理日期：　　年　月　日　　　受理税务机关（章）：

2. 缴纳消费税的账务处理如下：

借：应交税费——应交消费税

　　贷：银行存款

思考与练习

一、单项选择题

1. 下列不属于消费税税目的是（　　）。

A. 烟　　B. 高档化妆品

C. 贵重首饰及珠宝玉石　　D. 汽车轮胎

2. 下列不属于复合计税的是（　　）。

A. 成品油　　B. 卷烟

C. 粮食白酒　　D. 薯类白酒

3. 纳税人用于换取生产资料和消费资料，投资入股和抵偿债务等方面的应税消费品，应当按纳税人同类应税消费品的（　　）作为计税依据计算消费税。

A. 最低销售价格　　B. 最高销售价格

C. 平均销售价格　　D. 组成价格

4. 委托加工的应税消费品，按照受托方的同类消费品的销售价格计算纳税；没有同类消费品销售价格的，按照（　　）计算纳税。

A. 成本价　　B. 公允价值

C. 评估价　　D. 组成计税价格

5. 下列不属于消费税的纳税期限的是（　　）。

A. 1 日　　B. 5 日

C. 20 日　　D. 15 日

6. 纳税人以 1 个月或者 1 个季度为 1 个纳税期的，自期满之日起（　　）内申报纳税。

A. 3 日　　B. 5 日

C. 15 日　　D. 1 个月

7. 高档手表消费税税率为（　　）。

A. 20%　　B. 10%

C. 5%　　D. 25%

二、多项选择题

1. 消费税是对在我国境内（　　）的应税消费品征收的一种税。

A. 生产　　B. 委托加工

C. 进口　　D. 出口

2. 消费税是对特定消费品的消费行为征收的一个税种，它的基本特点有（　　）。

A. 国家选择一部分消费品征税

B. 消费税只是在消费品的生产销售环节和进口环节征税

C. 消费税实行差别较大的比例税率或定额税率

D. 消费税税源具有转嫁性

3. 消费税采用（　　）形式计算。

A. 比例税率　　B. 定额税率

C. 复合税率　　D. 超额累进税率

4. 下列属于消费税税目的有（　　）。

A. 鞭炮、焰火　　B. 成品油

C. 小汽车　　D 高档手表

5.（　　）适用定额税率。

A. 卷烟　　B. 黄酒

C. 啤酒　　D. 成品油

6. 纳税人销售应税消费品的，按不同的销售结算方式分别为（　　）。

A. 采取赊销和分期收款结算方式的，为书面合同约定的收款日期的当天

B. 采取预收货款结算方式的，为预收货款的当天

C. 采取托收承付和委托银行收款方式的，为发出应税消费品并办妥托收手续的当天

D. 采取其他结算方式的，为收讫销售款或者取得索取销售款凭据的当天

7. 为了避免重复征税，纳税人用（　　）外购和委托加工的已税消费品生产应税消费品的，规定可从其应纳消费税额中扣除当期生产领用的外购已税消费品的已纳消费税税款。

A. 已税烟丝为原料生产的卷烟

B. 已税化妆品为原料生产的化妆品

C. 已税鞭炮焰火为原料生产的鞭炮焰火

D. 已税摩托车为原料生产的摩托车

8. 从价计税的项目有（　　）。

A. 成品油　　B. 游艇

C. 木制一次性筷子　　D. 实木地板

三、判断题

1. 消费税是指对所有商品按消费流转额征收的一种商品税。（　　）

2. 金银首饰、钻石及钻石饰品，由生产、进口环节纳税，改为在零售环节纳税。（　　）

3. 纳税人自产自用的应税消费品，用于连续生产应税消费品的，不纳税。（　　）

4. 委托加工的应税消费品，除受托方为个人外，由委托方在向委托方交货时代收代缴税款。（　　）

5. 实行复合计税办法计算纳税的组成计税价格计算公式：组成计税价格 =（关税完税价格 + 关税）÷（1 − 消费税比例税率）。（　　）

6. 消费税是属于地方税务局征收范围内的税种。（　　）

7. 纳税人到外县（市）销售或者委托外县（市）代销自产应税消费品的，于应税消费品销售后，向机构所在地或者居住地主管税务机关申报纳税。（　　）

8. 进口的应税消费品，以进口的单位和个人为纳税人，由海关代为征收。（　　）

9. 委托个人加工的应税消费品，由受托方收回后缴纳消费税。（　　）

四、业务题

1. 丽人化妆品厂将一批自产的高档化妆品发放给职工作为福利，该批化妆品的成本为2万元，暂无同类消费品销售价格。做相应的账务处理。

2. 友谊商店销售金银首饰收入共计22.6万元（含增值税），该批金银首饰的成本为16万元。做相应的账务处理。

3. 金丽日用化工厂是小规模纳税人，10月份销售自产高档化妆品取得价款45 200元（含增值税），请计算当月应纳的增值税、消费税额，并进行相应的账务处理。

4. 昌汇外贸有限公司从国外进口一批摩托车，关税完税价和关税合计30万元，当月全部售出，取得含增值税的销售收入56.5万元。请分别计算进口的增值税、消费税（消费税税率为3%）和销售增值税，并进行相应的账务处理。

5. 广大百货公司从国外进口50只高级手表，关税完税价和关税合计40万元，当月全部售出，取得含增值税的销售收入70万元，做进口及销售的相应账务处理。

6. 六福珠宝有限公司，将本公司加工的黄金手链30条用于广告赠送活动。黄金手链每条成本2 000元，消费税税率为5%，成本利润率6%。做相应的账务处理。

7. 利群公司委托某建材公司加工实木地板一批，发出木材30万元，支付不含税加工费5万元（消费税税率为5%，成本利润率5%），加工完毕，收回产成品实木地板。当月即售出该批实木地板，收入50万元（不含增值税）。做相应的账务处理。

8. 9月2日，某石化公司销售汽油50吨，每吨3 800元（汽油1吨=1 388升），增值税税率为13%，消费税每升1.52元。做相应的账务处理。

9. 海湾酒业集团，10月份当月销售米酒（白酒）30吨，取得销售收入40万元（不含增值税，假设国家规定的消费税计税价格为50万元）。做相应的账务处理。

10. 美丽化妆品公司将自产的一批高档化妆品用于产品的宣传活动，该批化妆品的平均售价（不含增值税）为5万元，成本为2万元。做相应的账务处理。

11. 某企业委托外单位加工应税消费品，做相应的账务处理：

（1）发出A原材料12万元，支付加工费用4万元，增值税5 200元；同类产品售价为20万元，消费税率10%，加工甲产品后直接用于销售。

（2）发出B原材料10万元，支付加工费用2万元，增值税2 600元，同类产品售价为13万元，消费税率10%，加工成为C原材料后将继续用于生产应税消费品。

第四章
附加税与烟叶税及其会计核算

【知识导入】 南湖旅游公司月末应交未交增值税为40 283.02元。
请问：该公司应交的城市维护建设税及教育费附加是多少？

第一节 城市维护建设税的申报及缴纳

【学习目标】 了解城市维护建设税的纳税人、税率、纳税环节，掌握城市维护建设税的计算、会计处理及申报缴纳。

一、城市维护建设税的含义及特点

（一）城市维护建设税的含义

城市维护建设税是对从事工商经营，缴纳增值税、消费税的单位和个人征收的一种税。

（二）城市维护建设税的特点

1. 税款专款专用，具有收益税性质。
2. 属于一种附加税。
3. 根据城镇规模设计税率。
4. 征收范围较广。

《城市维护建设税暂行条例》

二、城市维护建设税的基本规定

（一）征收范围

城市维护建设税的征收范围包括：城市、县城、建制镇，以及税法规定征收增值税、消费税的其他地区。城市、县城、建制镇应根据行政区划作为划分标准。

（二）纳税人

凡缴纳增值税、消费税的单位和个人，都是城市维护建设税的纳税义务人。

（三）税率

纳税人所在地在市区的，税率为7%；纳税人所在地在县城、镇的，税率为5%；纳税人所在地不在市区、县城或镇的，税率为1%。

开采海洋石油资源的中外合作油气田所在地在海上，其城市维护建设税税率适用1%。

对下列两种情况，可按缴纳增值税、消费税所在地的适用税率缴纳。

1. 由受托方代扣代缴、代收代缴增值税、消费税的单位和个人，其代扣代缴、代收代缴的城建税按受托方所在地的适用税率缴纳。

2. 对流动经营等无固定纳税地点的单位和个人，应随同增值税、消费税在经营地按适用税率缴纳。

（四）计税依据

城市维护建设税，以纳税人实际缴纳的增值税、消费税为计税依据（不含滞纳金、罚款；不包括进口代征增值税、消费税）。

（五）应纳税额的计算公式

应纳税额＝实际缴纳的增值税、消费税税额×适用税率

【例4－1】 假设南湖旅游公司月末应交未交增值税为40 283.02元。

则：应交的城市维护建设税＝40 283.02×7%＝2 819.81（元）

（六）城市维护建设税的纳税地点

1. 纳税人直接缴纳增值税、消费税的，在缴纳增值税、消费税地缴纳城市维护建设税。

2. 代扣代缴的纳税地点。代征、代扣代缴增值税、消费税的企业单位，同时也要代征、代扣代缴城市维护建设税。

（七）城市维护建设税的特殊规定

《财政部、国家税务总局关于纳税人异地预缴增值税有关城市维护建设税和教育费附加政策问题的通知》

1. 对海关进口产品征收增值税、消费税的，不征收城市维护建设税。

2. 对于因减免增值税、消费税而发生的退税，可同时退还已缴纳的城市维护建设税。但对出口产品退还增值税、消费税的，不退还已缴纳的城市维护建设税。生产企业出口货物实行免、抵、退税办法后，经国家税务局正式审核批准的当期免抵的增值税税额应纳入城市维护建设税和教育费附加的计征范围，分别按规定的税（费）率征收城市维护建设税和教育费附加。

3. 对国家石油储备基地建设第一期项目建设过程中涉及的城市维护建设税、教育费附加、城镇土地使用税、印花税、耕地占用税和契税予以免征。

4. 对新办的商贸企业（从事批发、批零兼营以及其他非零售业务的商贸企业除外），当年新招用下岗失业人员达到职工总数的30%以上（含30%），与其签订1年以上期限劳动合同的，经劳动保障部门认定，税务机关审核，3年内免征城市维护建设税。

5. 对下岗失业人员从事个体经营（除建筑业、娱乐业以及广告业、桑拿、按摩、网吧、氧吧外），自领取税务登记证之日起，3年内免征城市维护建设税和教育费附加。

6. 为支持国家重大水利工程建设，对国家重大水利工程建设基金，自2010年5月25日起免征城市维护建设税。

7. 自2004年1月1日起，对为安置自谋职业的城镇退役士兵就业而新办的商业零售企业，当年新安置自谋职业的城镇退役士兵达到职工总数30%以上，并与其签订1年以上期限劳动合同的，经县级以上民政部门认定，税务机关审核，3年内免征城市维护建设税、教育费附加和企业所得税。

8. 被撤销金融机构清偿债务免税。从《金融撤销条例》生效之日起，对被撤销金融机构及其分支机构（不包括所属企业）财产用来清偿债务时，免征其转让货物、不动产、无形资产、有价证券、票据等应缴纳的城市维护建设税。

9. 纳税期限

由于城市维护建设税是由纳税人在缴纳增值税、消费税时同时缴纳的，所以其纳税期限分别与增值税、消费税的纳税期限一致。

三、城市维护建设税的会计核算

（一）城市维护建设税会计科目的设置

企业在“应交税费”账户下设置“应交城市维护建设税”明细账户，核算企业应交城市维护建设税的发生和缴纳。

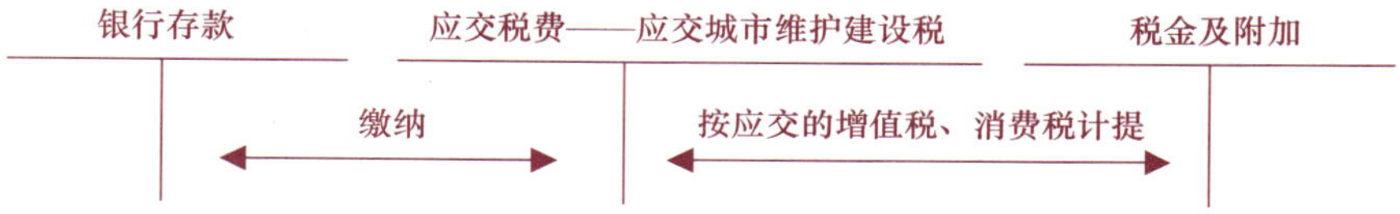

图4－1

（二）城市维护建设税的会计处理

【例4－2】 南湖旅游公司月末应交的城市维护建设税2 819.81元。

借：税金及附加　　2 819.81

　　贷：应交税费——应交城市维护建设税　　2 819.81

【例4－3】 某企业10月份应交增值税为230万元，其中符合退税的13万元，应交消费税80万元，因故被加收滞纳金0.25万元。计算本月应交城市维护建设税。

应交城市维护建设税＝(230－13＋80)×7%＝20.79（万元）

借：税金及附加　　207 900

　　贷：应交税费——应交城市维护建设税　　207 900

四、纳税申报

请同学们根据南湖旅游公司资料填制“城建税、教育费附加、地方教育附加税（费）申报表”，申报城市维护建设税附加（见表4－1）。

表 4－1

城建税、教育费附加、地方教育附加税(费)申报表

税款所属期限:自　年　月　日至　年　月　日　　填表日期:　年　月　日　　　　金额单位:元至角分

纳税人识别号 □□□□□□□□□□□□□□□□□□□□

纳税人信息	名称		□单位　□个人	
	登记注册类型		所属行业	
	身份证件号码		联系方式	

税(费)种	计税(费)依据				税率(征收率)	本期应纳税(费)额	本期减免税(费)额		本期已缴税(费)额	本期应补(退)税(费)额
	增值税		消费税	合计			减免性质代码	减免额		
	一般增值税	免抵税额								
	1	2	3	4＝1＋2＋3	5	6＝4×5	7	8	9	10＝6－8－9
城建税										
教育费附加										
地方教育附加										
—										
合计	—				—					

以下由纳税人填写:					
纳税人声明	此纳税申报表是根据《中华人民共和国城市维护建设税暂行条例》《国务院征收教育费附加的暂行规定》《财政部关于统一地方教育附加政策有关问题的通知》和国家有关税收规定填报的,是真实的、可靠的、完整的。				
纳税人签章		代理人签章		代理人身份证号	
以下由税务机关填写:					
受理人		受理日期	年　月　日	受理税务机关签章	

本表一式两份,一份纳税人留存,一份税务机关留存。

减免性质代码:减免性质代码按照国家税务总局制定下发的最新“减免性质及分类表”中的最细项减免性质代码填报。

第二节　教育费附加的申报及缴纳

【学习目标】　了解教育费附加的纳税人、税率、纳税环节，掌握教育费附加的计算、会计处理及申报缴纳。

一、教育费附加的含义

教育费附加是指对缴纳增值税、消费税的纳税人，就其实际缴纳的增值税、消费税的税额征收的一种附加。教育费附加由地方税务机关负责征收，专项用于发展教育事业。征收教育费附加目的是为了多渠道筹集教育经费，改善中小学办学条件，加快地方教育事业的发展，教育费附加具有专款专用的性质。

《征收教育费附加的暂行规定》

《关于统一地方教育费附加政策有关问题的通知》

二、教育费附加的主要内容

1. 教育费附加的征收范围。凡缴纳增值税、消费税的单位和个人，都要缴纳教育费附加。

2. 计征依据和征收率。教育费附加的计征依据，是纳税人实际缴纳增值税、消费税的税额，征收率为3%。纳税人在申报增值税、消费税的同时到地税部门申报缴纳教育费附加。

3. 教育费附加的计算。

教育费附加应纳税额 = 纳税人实际缴纳的消费税、增值税税额 × 征收率(3%)

地方教育费附加应纳税额 = 纳税人实际缴纳的消费税、增值税税额 × 征收率(2%)

【例4－4】　10月份，假设某市南湖旅游公司月末应交未交增值税为40 283.02元。

则：该公司应交的教育费附加 = 40 283.02 × 3% = 1 208.49（元）

应交的地方教育费附加 = 40 283.02 × 2% = 805.66（元）

4. 教育费附加的缴纳地点、缴纳环节、缴纳期限、奖惩等事项，比照消费税、增值税的有关规定办理。

5. 教育费附加的减免规定。

（1）对海关进口产品征收增值税、消费税的，不征收教育费附加。

（2）对于因减免税增值税、消费税而发生的退税，可同时退还已征收的教育费附加。但对出口产品退还增值税、消费税的，不退还已征的教育费附加。

（3）对新办的商贸企业（从事批发、批零兼营以及其他非零售业务的商贸企业除外），当年新招用下岗失业人员达到职工总数的30%以上（含30%），与其签订1年以上期限劳动合同的，经劳动保障部门认定，税务机关审核，3年内免征教育费附加。

（4）对下岗失业人员从事个体经营（除建筑业、娱乐业以及广告业、桑拿、按摩、网吧、氧吧外），自领取税务登记证之日起，3年内免征教育费附加。

（5）为支持国家重大水利工程建设，对国家重大水利工程建设基金，自2010年5月25日免征城市维护建设税。

（6）自2004年1月1日起，对为安置自谋职业的城镇退役士兵就业而新办的商业零售企业，当年新安置自谋职业的城镇退役士兵达到职工总数30%以上，并与其签订1年以上期限劳动合同的，经县级以上民政部门认定，税务机关审核，3年内免征城市维护建设税、教育费附加和企业所得税。

（7）被撤销金融机构清偿债务免税。从《金融撤销条例》生效之日起，对被撤销金融机构及其分支机构（不包括所属企业）财产用来清偿债务时，免征其转让货物、不动产、无形资产、有价证券、票据等应缴纳的教育费附加。

6. 纳税期限。由于教育费附加是由纳税人在缴纳增值税、消费税时同时缴纳的，所以其纳税期限分别与增值税、消费税的纳税期限一致。

三、教育费附加的会计核算

（一）教育费附加会计科目的设置

企业在“应交税费”账户下设置“应交教育费附加”、“应交地方教育费附加”明细账户，核算企业应交教育费附加的发生和缴纳（见图4-2）。

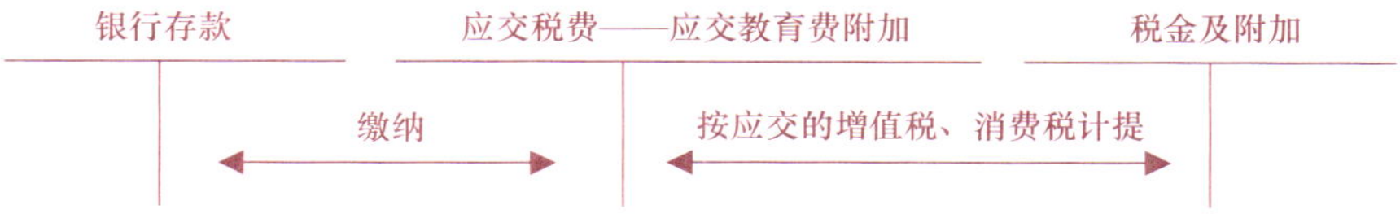

图4-2

（二）教育费附加的会计处理

【例4-5】 南湖旅游公司月末应交的教育费附加为1 208.49元。

借：税金及附加　　2 014.15

　　贷：应交税费——应交教育费附加　　1 208.49

　　　　　　　——应交地方教育费附加　　805.66

【例4-6】 某企业10月份应缴增值税为230万元，其中符合退税的13万元，缴纳消费税80万元，因故被加收滞纳金0.25万元。计算本月应交教育费附加。

应交教育费附加 = (230 - 13 + 80) × 3% = 8.91（万元）

应交地方教育费附加 = (230 - 13 + 80) × 2% = 5.94（万元）

借：税金及附加　　148 500

贷：应交税费——应交教育费附加　　89 100

——应交地方教育费附加　　59 400

【例 4-7】 11 月，安娜家纺有限公司月末应交未交的增值税为 272 517 元，计算其应交的城市维护建设税（7%）、教育费附加（3%）及地方教育费附加（2%）。

应纳城建税 = 272 517 × 7% = 19 076.19（元）

应纳教育费附加 = 272 517 × 3% = 8 175.51（元）

应纳地方教育费附加 = 272 517 × 2% = 5 450.34（元）

借：税金及附加　　32 702.04

贷：应交税费——应交城市维护建设税　　19 076.19

——应交教育费附加　　8 175.51

——应交地方教育费附加　　5 450.34

四、纳税申报

请同学们根据南湖旅游公司资料填制“城建税、教育费附加、地方教育附加税（费）申报表”，申报教育费附加、地方教育费附加（见表 4-1）。

第三节　烟叶税

【学习目标】 了解烟叶税的纳税人、税率、纳税环节，掌握烟叶税的计算、会计处理及申报缴纳。

一、烟叶税的含义

烟叶税是以纳税人收购烟叶的收购金额为计税依据征收的一种税。

二、纳税人

在中华人民共和国境内收购烟叶的单位为烟叶税的纳税人。

《烟叶税暂行条例》

三、纳税对象

烟叶税的纳税对象是指晾晒烟叶和烤烟叶。

四、计税依据及计征方法

烟叶税的计税依据是烟叶收购金额。收购金额包括纳税人支付给烟叶销售者的烟叶收购价款和价外补贴。按照简化手续、方便征收的原则，对价外补贴统一暂按烟叶收购价款的 10% 计入收购金额征税。

收购金额 = 收购价款 × （1 + 10%）

五、税率

烟叶税实行比例税率，烟叶的税率为20%。

六、计征方法

根据税法规定，对烟叶税纳税人按规定缴纳的烟叶税，准予并入烟叶产品的买价计算增值税的进项税额，并在计算缴纳增值税时予以抵扣。即购进烟叶准予抵扣的增值税进项税额，按照规定的烟叶收购金额和烟叶税及法定扣除率（10%）计算。烟叶收购金额包括纳税人支付给烟叶销售者的烟叶收购价款和价外补贴，价外补贴统一暂按烟叶收购价款的10%计算。用公式表示如下：

烟叶准予抵扣的进项税额 =（烟叶收购金额 + 烟叶税）×10%，其中：

烟叶收购金额 = 烟叶收购价款 ×（1 + 10%）

应纳烟叶税 = 烟叶收购金额 × 税率

七、征收管理

烟叶税的征收机关是地方税务机关，烟叶税的征收管理，依照《中华人民共和国税收征收管理法》执行。

纳税人应当自纳税义务发生之日起30日内申报纳税。具体纳税期限由主管税务机关核定。

【例4-8】 双喜烟草公司系增值税一般纳税人，7月末收购烟叶20 000千克，烟叶收购价格10元/斤（含补贴），总计200 000元，货款已全部支付（烟叶未入库）。8月初烟叶提回并验收入库，则相关账务处理如下：

烟叶准予抵扣的增值税进项税额 = [200 000 + 200 000 × 20%] × 10% = 24 000（元）

（1）7月末，收购烟叶，货款已全部支付（烟叶未入库）：

借：在途物资	216 000	
应交税费——应交增值税（进项税额）	24 000	
贷：银行存款		200 000
应交税费——烟叶税		40 000 [200 000 × 20%]

（2）8月初，烟叶提回入库时，根据收料单等凭证做如下账务处理：

借：原材料——烟叶	216 000	
贷：在途物资		216 000

请同学们根据以上资料填制“烟叶税纳税申报表”（见表4-2）。

表 4－2　　　　　　　　　　**烟叶税纳税申报表**

纳税人名称：　　　　　　　　　　　　　　　　　　　　　　　　申报日期：　年　月　日

纳税人识别号（统一社会信用代码）：

税款所属期：　　年　月　日至　　年　月　日　　　　　　　　　金额单位：元（列至角分）

烟叶收购金额	税率	应纳税额	已纳税额	应入库税额
1	2	3＝1×2	4	5＝3－4
烟叶购买金额	税率	应纳税额	已纳税额	应入库税额
合计				

<table>
<tr><td colspan="6">纳税人声明：
我（单位）已知悉本事项相关政策和管理要求。此表填报的内容是真实、完整、可靠的，提交的资料真实、合法、有效。如有虚假内容，愿承担法律责任。
纳税人（签章）：　　　　年　月　日</td></tr>
<tr><td colspan="6">如代理人填报，应填写以下内容</td></tr>
<tr><td colspan="3">兹授权____________为我（单位）税务代理人，代为办理我（单位）此项税务事宜。任何与本报表有关的来往文件都可寄与此人。
授权人（签章）：　　　　年　月　日</td><td colspan="3">代理人证件类型：
证件号码：
代理人：
代理人联系电话：</td></tr>
<tr><td>法定代表人（负责人）</td><td></td><td>财务负责人</td><td></td><td>经办人</td><td></td></tr>
<tr><td>此栏由税务机关填写</td><td colspan="5">受理人：　　　受理日期：　　　受理税务机关（盖章）：</td></tr>
</table>

注：1. 根据《中华人民共和国税收征收管理法》的规定，纳税人、扣缴义务人若不如实申报，将承担虚假申报、偷（逃）税的法律责任。

2. 本表一式两份，一份纳税人留存，一份税务机关留存。

思考与练习

一、单项选择题

1. 城市维护建设税的征收范围不包括（　　）。

A. 城市　　B. 县城　　C. 建制镇　　D. 乡村

2. 教育费附加的税率是（　　）。

A. 7%　　B. 5%　　C. 3%　　D. 1%

3. 对新办的商贸企业（从事批发、批零兼营以及其他非零售业务的商贸企业除外），当年新招用下岗失业人员达到职工总数的30%以上，与其签订1年以上期限劳动合同的，经税务机关审核，（　　）内免征教育费附加。

A. 1年　　B. 3年　　C. 2年　　D. 5年

4. 对下岗失业人员从事个体经营（除建筑业、娱乐业以及广告业、桑拿、按摩、网吧、氧吧外），自领取税务登记证之日起，（　　）内免征城市维护建设税和教育费附加。

A. 1年　　B. 2年　　C. 3年　　D. 5年

5. 按照简化手续、方便征收的原则，对烟叶价外补贴统一暂按烟叶收购价款的（　　）计入收购金额征税。

A. 10%　　B. 20%　　C. 30%　　D. 15%

二、多项选择题

1. 城市维护建设税的特点有（　　）。

A. 税款专款专用，具有收益税性质　　B. 属于一种附加税

C. 根据城镇规模设计税率　　D. 征收范围较广

2. 城市维护建设税的税率有（　　）。

A. 7%　　B. 5%　　C. 3%　　D. 1%

3. 城市维护建设税会计处理涉及的会计科目有（　　）。

A. 税金及附加　　B. 其他业务成本

C. 应交税金　　D. 固定资产清理

4. 教育费附加的减免规定包括（　　）。

A. 对海关进口产品征收增值税、消费税的，不征收教育费附加

B. 对于因减免增值税、消费税而发生的退税，可同时退还已征收的教育费附加

C. 对出口产品退还增值税、消费税的，不退还已征的教育费附加

D. 被撤销金融机构清偿债务免税

5. 烟叶税的“收购金额”，包括纳税人支付给烟叶销售者的（　　）。

A. 烟叶收购价款　　B. 价外补贴

C. 运费　　D. 包装费

三、判断题

1. 凡缴纳增值税、消费税的单位和个人，都是城市维护建设税的纳税义务人。（　　）

2. 开采海洋石油资源的中外合作油气田所在地在海上，其城市维护建设税税率适用5%。（　　）

3. 城市维护建设税，以纳税人实际缴纳的增值税、消费税为计税依据（含滞纳金、罚款、包括进口代征增值税、消费税）。（　　）

4. 代征、代扣代缴增值税、消费税的企业单位，同时也要代征、代扣代缴城市维护建设税。（　　）

5. 由于城市维护建设税是由纳税人在缴纳增值税、消费税时同时缴纳的，所以其纳税期限分别与增值税、消费税的纳税期限一致。（　　）

6. 教育费附加由国家税务机关负责征收，专项用于发展教育事业。（　　）

7. 烟叶税是以纳税人销售烟叶的收购金额为计税依据征收的一种税。（　　）

四、实务题

10 月份，雅兰家纺有限公司月末应交未交的增值税为 200 000 元，计算其应交的城市维护建设税（7%）、教育费附加（3%）及地方教育费附加（2%），并做出会计分录。

第五章 企业所得税及其会计核算

【知识导入】 年末，万达公司的李总经理在看财务部门送来的年度财务会计报告，发现公司当年亏损5万元（收入200万元，成本费用支出205万元，其中业务招待费20万元），居然要缴纳35 000万元的企业所得税。李总问财务经理："企业亏损意味着没有所得，为什么还要缴纳企业所得税？"

财务经理解释说："税法与会计对收入、成本和费用的定义是有所区别的，会计利润是亏损，但按税法要求计算的计税利润（即应纳税所得额）不一定是亏损。例如，企业采用加速折旧法计提折旧，而税法要求用直线法；又如，企业的业务招待费必须按照税法的要求进行纳税调整等等，这些因素都会使会计利润明显比应纳税所得额少。企业所得税是按应纳税所得额而不是按会计利润计算的。所以，公司会计利润出现亏损，并不意味公司可以不缴纳所得税。"对于业务招待费，税法规定按以下两种计算方法中的较少者进行税前抵扣：

（1）业务招待费按实际发生额的60%计算 = 200 000 × 60% = 120 000（元）

（2）业务招待费按收入不超过的5‰计算 = 2 000 000 × 5‰ = 10 000（元）

业务招待费税前抵扣10 000元，调整数为200 000 − 10 000 = 190 000（元）

应纳税所得额 = −50 000 + 190 000 = 140 000（元）

应纳税所得额 = 140 000 × 25% = 35 000（元）

第一节 企业所得税的征收制度

【学习目标】 掌握企业所得税纳税人、税率等基本知识、应纳税所得额的确定及应纳所得税额的计算。

名词解释

所得税：又称所得课税、收益税，是以纳税人的所得、收益额为征税对象而课征的一类税收。所得额是指纳税人从事生产、经营活动所获得的收入减去相应的成本费用后的余额，亦称纯收益额。我国目前的所得税有：企业所得税、个人所得税。各种所得税现已成为政府财政收入的重要来源。

一、企业所得税的概念

企业所得税是对在中华人民共和国境内的企业和其他取得收入的组织取得的所得征收的一种税。

二、纳税人

在中华人民共和国境内，企业和其他取得收入的组织（以下统称“企业”）为企业所得税的纳税人，依照规定缴纳企业所得税。个人独资企业、合伙企业不适用企业所得税法。

《企业所得税法》

《企业所得税法实施条例》

《财政部　税务总局关于进一步扩大小型微利企业所得税优惠政策范围的通知》

企业分为居民企业和非居民企业。

1. 居民企业，是指依法在中国境内成立，或者依照外国（地区）法律成立但实际管理机构在中国境内的企业。我国绝大多数企业属于居民企业。

2. 非居民企业，是指依照外国（地区）法律成立且实际管理机构不在中国境内，但在中国境内设立机构、场所的，或者在中国境内未设立机构、场所，但有来源于中国境内所得的企业。实际管理机构，是指对企业的生产经营、人员、账务、财产等实施实质性全面管理和控制的机构。实际管理机构所在地的认定，一般以股东大会的场所、董事会的场所以及行使指挥监督权力的场所等因素来综合判断。

机构、场所，是指在中国境内从事生产经营活动的机构、场所，包括：

1. 管理机构、营业机构、办事机构，如美国银行广州分行。
2. 工厂、农场、开采自然资源的场所，如免税区的一些临时外国企业。
3. 提供劳务的场所，如中国香港的会计师事务所、律师事务所在大陆的办事处。
4. 从事建筑、安装、装配、修理、勘探等工程作业的场所。
5. 其他从事生产经营活动的机构、场所。

三、征税对象

企业所得税的征税对象为企业的各项所得，包括销售货物所得、提供劳务所得、转让财产所得、股息红利等权益性投资所得、利息所得、租金所得、特许权使用费所得、接受捐赠所得和其他所得。

居民企业应当就其来源于中国境内、境外的所得缴纳企业所得税。

非居民企业应当就其在中国境内所设机构、场所取得的来源于中国境内的所得，以及发生在中国境外但与其所设机构、场所有实际联系的所得，缴纳企业所得税。非居民企业在中国境内未设立机构、场所的，或者虽设立但取得的所得与其所设机构、场所没有实际联系的，应当就其来源于中国境内的所得缴纳企业所得税。

四、税率

1. 居民企业和非居民企业在中国境内设立机构、场所的，企业所得税的税率为25%。

2. 非居民企业在中国境内未设立机构、场所的，或者虽设立机构、场所但取得的所得与其所设机构、场所没有实际联系的，即其来源于中国境内的所得缴纳的企业所得税的税率为20%。

3. 符合条件的小型微利企业，减按20%的税率征收企业所得税。

符合条件的小型微利企业，是指从事国家非限制和禁止行业，并符合下列条件的企业：①工业企业，年度应纳税所得额不超过100万元（2018年1月1日至2020年12月31日），从业人数不超过100人，资产总额不超过3 000万元；②其他企业，年度应纳税所得额不超过100万元，从业人数不超过80人，资产总额不超过1 000万元。

4. 国家需要重点扶持的高新技术企业，减按15%的税率征收企业所得税。

五、主要减免优惠

企业所得税法规定，对下列纳税人实行税收优惠政策：

1. 企业的下列所得，可以免征、减征企业所得税：

（1）从事农、林、牧、渔业项目的所得。企业从事下列项目的所得，免征企业所得税：①蔬菜、谷物、薯类、油料、豆类、棉花、麻类、糖料、水果、坚果的种植；②农作物新品种的选育；③中药材的种植；④林木的培育和种植；⑤牲畜、家禽的饲养；⑥林产品的采集；⑦灌溉、农产品初加工、兽医、农技推广、农机作业和维修等农、林、牧、渔服务业项目；⑧远洋捕捞。

企业所得税优惠政策有关问题

企业从事下列项目的所得，减半征收企业所得税：①花卉、茶以及其他饮料作物和香料作物的种植；②海水养殖、内陆养殖。

企业从事国家限制和禁止发展的项目，不得享受本条规定的企业所得税优惠。

（2）从事国家重点扶持的公共基础设施项目投资经营的所得。是指《公共基础设施项目企业所得税优惠目录》规定的港口码头、机场、铁路、公路、城市公共交通、电力、水利等项目。

企业从事上述规定的国家重点扶持的公共基础设施项目的投资经营的所得，自项目取得第一笔生产经营收入所属纳税年度起，第一年至第三年免征企业所得税，第四年至第六年减半征收企业所得税。

企业承包经营、承包建设和内部自建自用本条规定的项目，不得享受本条规定的企业所得税优惠。

（3）从事符合条件的环境保护、节能节水项目的所得。企业从事这类项目的所得，自项目取得第一笔生产经营收入所属纳税年度起，第一年至第三年免征企业所得税，第四年至第六年减半征收企业所得税。

(4) 符合条件的技术转让所得。一个纳税年度内，居民企业技术转让所得不超过500万元的部分，免征企业所得税；超过500万元的部分，减半征收企业所得税。

(5) 非居民企业在中国境内未设立机构、场所的，或者虽设立机构、场所但取得的所得与其所设机构、场所没有实际联系的，其来源于中国境内的所得，减按10%的税率征收企业所得税。

(6) 下列所得可以免征企业所得税：①外国政府向中国政府提供贷款取得的利息所得；②国际金融组织向中国政府和居民企业提供优惠贷款取得的利息所得；③经国务院批准的其他所得。

2. 符合条件的小型微利企业，减按20%的税率征收企业所得税。

3. 国家需要重点扶持的高新技术企业，减按15%的税率征收企业所得税。

4. 民族自治地方的自治机关对本民族自治地方的企业应缴纳的企业所得税中属于地方分享的部分，可以决定减征或者免征。自治州、自治县决定减征或者免征的须报省、自治区、直辖市人民政府批准。

5. 企业的下列支出，可以在计算应纳税所得额时加计扣除：

(1) 开发新技术、新产品、新工艺发生的研究开发费用。按照财政部、国家税务总局发布《关于进一步完善研发费用税前加计扣除政策的公告》(财政部 税务总局公告2021年第13号)，加大对制造业企业的研发费用优惠力度。明确从2021年1月1日起，制造业企业研发费用加计扣除比例由75%提高到100%，激励企业创新，促进产业升级。即：制造业企业开展研发活动中实际发生的研发费用，未形成无形资产计入当期损益的，在按规定据实扣除的基础上，自2021年1月1日起，再按照实际发生额的100%在税前加计扣除；形成无形资产的，自2021年1月1日起，按照无形资产成本的200%在税前摊销。如某企业开发的新技术(已形成无形资产)，本年摊销额为10万元，则计算应纳税所得额时可以加计扣除10万元。

(2) 安置残疾人员及国家鼓励安置的其他就业人员所支付的工资。指企业安置残疾人员的，在按照支付给残疾职工工资据实扣除的基础上，按照支付给残疾职工工资的100%加计扣除。残疾人员的范围适用《残疾人保障法》的有关规定。如2021年某企业(有关规定)安置的残疾人员的工资为6万元，则计算应纳税所得额时可以加计扣除6万元(该工资总税前扣除额为12万元)。

6. 创业投资企业从事国家需要重点扶持和鼓励的创业投资，可以按投资额的一定比例抵扣应纳税所得额。指创业投资企业采取股权投资方式投资于未上市的中小高新技术企业2年以上的，可以按照其投资额的70%在股权持有满2年的当年抵扣应纳税所得额；当年不足抵扣的，可以在以后纳税年度结转抵扣。

【例5-1】 某创业投资企业(采取股权投资方式投资于未上市的中小高新技术企业200万元，已满2年)，2021年应纳税所得额为150万元，则2021年应交企业所得税(假设该企业所得税率为25%)为：[150-(200×70%)]×25%=2.5(万元)。

7. 企业的固定资产由于技术进步等原因，确需加速折旧的，可以缩短折旧年限或者采取加速折旧的方法。

8. 企业综合利用资源，生产符合国家产业政策规定的产品所取得的收入，可以在计算应纳税所得额时减计收入。这是指企业以《资源综合利用企业所得税优惠目录》规定的资源作为主要原材料，生产国家非限制和禁止并符合国家和行业相关标准的产品取得的收入，减按90%计入收入总额。

如某企业（属税收优惠目录）某年收入为100万元，计算企业所得税时，收入按90万元（100万元×90%）计算。

9. 企业购置用于环境保护、节能节水、安全生产等专用设备的投资额，可以按一定比例实行税额抵免。这是指企业购置并实际使用符合规定的环境保护、节能节水、安全生产等专用设备的，该专用设备的投资额的10%可以从企业当年的应纳税额中抵免；当年不足抵免的，可以在以后5个纳税年度结转抵免。企业购置上述专用设备在5年内转让、出租的，应当停止享受企业所得税优惠，并补缴已经抵免的企业所得税税款。

【例5－2】 202×年，企业购置并实际使用符合规定的环境保护设备200万元，假设当年应纳所得税税额为160万元，则可以抵免20万元（200万元×10%），实际应交所得税为140万元。

如果企业符合以上的规定，则可以到主管税务机关申请企业所得税的减免优惠。

六、企业所得税的计算

企业所得税的计算，主要包括应纳税所得额的计算和应纳所得税额的计算。

（一）查账征收企业所得税的计算

采取查账征收企业所得税的纳税人，企业所得税的计算，有两种计算方法：

【方法一】 按税法规定，依据下列公式进行计算：

$$\text{年应纳税所得额}=\text{年收入总额}-\text{不征税收入}-\text{免税收入}-\text{准予扣除项目金额}-\text{允许弥补的以前年度亏损}$$

$$\text{应纳所得税额}=\text{应纳税所得额}\times\text{适用税率}-\text{减免税额}-\text{抵免税额}$$

公式中的减免税额和抵免税额，是指依照企业所得税法和国务院的税收优惠规定减征、免征和抵免的应纳税额。

企业取得的下列所得已在境外缴纳的所得税税额，可以从其当期应纳税额中抵免，抵免限额为该项所得依照规定计算的应纳税额；超过抵免限额的部分，可以在以后5个年度内，用每年度抵免限额抵免当年应抵税额后的余额进行抵补：①居民企业来源于中国境外的应税所得；②非居民企业在中国境内设立机构、场所，取得发生在中国境外但与该机构、场所有实际联系的应税所得。

1. 收入总额。企业以货币形式和非货币形式从各种来源取得的收入，为收入总额。包括：销售货物收入，提供劳务收入，转让财产收入，股息、红利等权益性投资收益，利息收入，租金收入，特许权使用费收入，接受捐赠收入，其他收入（具体是指企业取得的除上述收入外的其他收入）。

企业的下列生产经营业务可以分期确认收入的实现：①以分期收款方式销售货物的，按照合同约定的收款日期确认收入的实现；②企业受托加工制造大型机械设备、船舶、飞机，以及从事建筑、安装、装配工程业务或者提供其他劳务等，持续时间超过12个月的，按照纳税年度内完工进度或者完成的工作量确认收入的实现。

采取产品分成方式取得收入的，按照企业分得产品的日期确认收入的实现，其收入额按照产品的公允价值确定。

企业发生非货币性资产交换，以及将货物、财产、劳务用于捐赠、偿债、赞助、集资、广告、样品、职工福利或者利润分配等用途的，应当视同销售货物、转让财产或者提供劳务，但国务院财政、税务主管部门另有规定的除外。

2. 收入总额中的下列收入为不征税收入：①财政拨款；②依法收取并纳入财政管理的行政事业性收费、政府性基金；③国务院规定的其他不征税收入。

3. 企业的下列收入为免税收入：①国债利息收入，指企业持有国务院财政部门发行的国债取得的利息收入；②符合条件的居民企业之间的股息、红利等权益性投资收益；指居民企业直接投资于其他居民企业取得的投资收益；③在中国境内设立机构、场所的非居民企业从居民企业取得与该机构、场所有实际联系的股息、红利等权益性投资收益。上述的股息、红利等权益性投资收益，不包括连续持有居民企业公开发行并上市流通的股票不足12个月取得的投资收益；④符合条件的非营利组织的收入。不包括非营利组织从事营利性活动取得的收入，但国务院财政、税务主管部门另有规定的除外。

4. 准予扣除项目。企业实际发生的与取得收入有关的、合理的支出，包括成本、费用、税金、损失和其他支出，准予在计算应纳税所得额时扣除。

企业的不征税收入用于支出所形成的费用或者财产，不得扣除或者计算对应的折旧、摊销扣除。

除税法另有规定外，企业实际发生的成本、费用、税金、损失和其他支出，不得重复扣除。

想一想：

1. 纳税人按规定缴纳的增值税属不属于可扣除的税金？为什么？（提示：增值税不属于可扣除的税金。）

2. 纳税人按规定缴纳的房产税、车船使用税、土地使用税、印花税等是否可以扣除？为什么？（提示：可以扣除。）

3. 纳税人仓库发生火灾造成财产损失30万元，保险公司赔偿20万元，火灾损失可否全额税前扣除？（提示：不可全额税前扣除。）

5. 具体准予扣除的项目和标准：

（1）工资薪金支出。

（2）职工福利费支出（不超过工资薪金总额14%的部分，准予扣除）。

【例5－3】 利华公司本年度实发工资总额100万元，发生职工福利费共15万元。公司该年度允许扣除的职工福利费是多少？

解：扣除职工福利费的限额＝100×14%＝14（万元）

实际发生职工福利费＝15（万元）

实际准予扣除的职工福利费＝14（万元）

（3）工会经费支出（不超过工资薪金总额2%的部分，凭“工会经费拨缴款专用收据”准予在税前扣除）。

【例5－4】 利华公司本年度实发工资总额100万元，发生职工工会经费共1万元。工会经费取得“工会经费拨缴款专用收据”。本年公司允许扣除职工工会经费是多少？

解：扣除工会经费的限额＝100×2%＝2（万元）

实际发生的工会经费＝1（万元）

实际准予扣除的工会经费＝1（万元）

（4）职工教育经费支出（从2018年1月1日起，不超过工资薪金总额8%的部分，准予扣除；超过部分，准予在以后纳税年度结转扣除）。

【例5－5】 利华公司本年度实发工资总额100万元，发生职工教育经费共8.5万元。本年公司允许扣除职工教育经费是多少？

解：扣除职工教育经费的限额＝100×8%＝8（万元）

实际发生的职工教育经费＝8.5（万元）

实际准予扣除的职工教育经费＝8（万元）

超过的1万元可在以后纳税年度结转扣除。

（5）借款费用。企业在生产经营活动中发生的合理的不需要资本化的借款费用，准予扣除。

企业为购置、建造固定资产、无形资产和经过12个月以上的建造才能达到预定可销售状态的存货发生借款的，在有关资产购置、建造期间发生的合理的借款费用，应当作为资本性支出计入有关资产的成本，准予分期扣除。

（6）利息支出。企业在生产经营活动中发生的下列利息支出，准予扣除：①非金融企业向金融企业借款的利息支出、金融企业的各项存款利息支出和同业拆借利息支出、企业经批准发行债券的利息支出；②非金融企业向非金融企业借款的利息支出，不超过按照金融企业同期同类贷款利率计算的数额的部分。

【例5－6】 利华公司本年向非金融机构借款1 000万元，用于生产经营活动；当年发生利息支出70万元，金融机构同类、同期贷款利率为5%。计算准予扣除的利息支出是多少？

解：扣除利息支出的限额＝1 000×5%＝50（万元）

实际发生利息支出＝70（万元）

实际准予扣除的利息支出＝50（万元）

（7）业务招待费支出［按照发生额的60%扣除，但最高不得超过当年销售（营业）收入的5‰］。

【例5－7】 利华公司本年全年营业收入5 000万元，实际发生业务招待费60万元。计算准予扣除的业务招待费支出是多少？

解：扣除业务招待费的限额：Ⅰ＝60×60%＝36（万元）

Ⅱ＝5 000×5‰＝25（万元）

实际准予扣除的业务招待费＝25（万元）

想一想：

有人说："现在的税法真死板，企业请人吃饭还要缴税。"这话对吗？为什么？

（8）广告费和业务宣传费支出：不超过当年销售/营业收入15%的部分，准予扣除；超过部分，准予在以后纳税年度结转扣除。对化妆品制造或销售医药制造和饮料制造（不含酒类制造）企业的广告费和业务宣传费支出，不超过当年销售（营业）收入30%的部分，准予扣除；超过部分，准予在以后纳税年度结转扣除。

【例5－8】 利华公司全年营业收入5 000万元，实际发生广告费和业务宣传费支出800万元。计算准予扣除的广告费和业务宣传费支出是多少？

解： 扣除广告费和业务宣传费的限额 = 5 000 万元 × 15% = 750（万元）

实际发生广告费和业务宣传费支出 = 800（万元）

本年实际准予扣除的广告费和业务宣传费 = 750（万元）

超过的 50 万元（800 − 750）可在以后纳税年度结转扣除。

（9）企业依照法律、行政法规有关规定提取的用于环境保护、生态恢复等方面的专项资金，准予扣除。

（10）企业参加财产保险，按照规定缴纳的保险费，准予扣除。

（11）企业发生的合理的劳动保护支出，准予扣除。

（12）企业发生的公益性捐赠支出，不超过年度利润总额 12% 的部分，准予扣除；超过部分准予向以后年度结转扣除（从捐赠次年起算最大不超过三年）。年度利润总额，是指企业依照国家统一会计制度的规定计算的年度会计利润。

名词解释

公益性捐赠： 是指企业通过公益性社会团体或者县级以上人民政府及其部门，用于《中华人民共和国公益事业捐赠法》规定的公益事业的捐赠。

6. 允许弥补的以前年度亏损。企业纳税年度发生的亏损，准予向以后年度结转，用以后年度的所得弥补，但结转年限最长不得超过 5 年。自 2018 年 1 月 1 日起，具备高新技术的企业或科技型中小企业，亏损的弥补由 5 年延长至 10 年。

某企业 2015—2021 年收入及亏损弥补情况见表 5 − 1。

表 5 − 1

项　目	2015 年	2016 年	2017 年	2018 年	2019 年	2020 年	2021 年
亏损弥补前应纳税所得额	−400	−60	80	100	100	100	100
弥补亏损额			80	100	100	100	60
亏损弥补后应纳税所得额	0	0	0	0	0	0	40
剩余可弥补数额							
① 2013 年部分	400	400	320	220	120	0	0
② 2014 年部分		60	60	60	60	60	0

知识拓展

亏损弥补应注意的问题

1. 这里所说的“亏损”是指企业依照企业所得税法和实施条例的规定将每一纳税年度的收入总额减除不征税收入、免税收入和各项扣除后小于零的数额。

2. “可以弥补的亏损”是企业财务报表中的亏损额经主管税务机关按税法规定核实调整后的金额，而不是企业财务报表中反映的亏损额。

3. 亏损弥补期应连续计算，不得间断，而不管允许弥补亏损的 5 年中是盈利还是亏损。

4. 连续发生亏损，其亏损弥补期应按每个年度分别计算，按先亏先补的顺序弥补，不能将每个亏损年度的亏损弥补期相加。

7. 不得扣除的项目。在计算应纳税所得额时，下列支出不得扣除：①向投资者支付的股息、红利等权益性投资收益款项。②企业所得税税款。③税收滞纳金。④罚金、罚款和被没收财物的损失。⑤超过国家规定允许扣除的公益性捐赠，以及非公益性捐赠。⑥赞助支出，是指企业发生的与生产经营活动无关的各种非广告性质支出。⑦未经核定的准备金支出，是指不符合国务院财政、税务主管部门规定的各项资产减值准备、风险准备等准备金支出。⑧与取得收入无关的其他支出。⑨企业之间支付的管理费、企业内营业机构之间支付的租金和特许权使用费，以及非银行企业内营业机构之间支付的利息，不得扣除。⑩除企业依照国家有关规定为特殊工种职工支付的人身安全保险费和国务院财政、税务主管部门规定可以扣除的其他商业保险费外，企业为投资者或者职工支付的商业保险费，不得扣除。

8. 资产的税务处理。企业所得税法规定了纳税人资产的税务处理，其目的是要通过对资产的分类，区别资本性支出与收益性支出，确定准予扣除的项目和不准扣除的项目，正确计算应纳税所得额。

（1）固定资产的计价和折旧。

①固定资产的计价，一般应以原值（即历史成本）为准。

②下列固定资产不得计算折旧扣除：房屋、建筑物以外未投入使用的固定资产；以经营租赁方式租入的固定资产；以融资租赁方式租出的固定资产；已足额提取折旧仍继续使用的固定资产；与经营活动无关的固定资产；单独估价作为固定资产入账的土地；其他不得计算折旧扣除的固定资产。

③固定资产应当从投入使用月份的次月起计提折旧；停止使用的固定资产，应当从停止使用月份的次月起，停止计提折旧。

④企业在 2018 年 1 月 1 日至 2023 年 12 月 31 日购进的设备、器具，单位价值不超过 500 万元的，允许一次性计入当期成本费用在计算应纳税所得额时扣除，不再分年度计算折旧。

⑤企业应当根据固定资产的性质和使用情况，合理确定固定资产的预计净残值。固定资产的预计净残值一经确定，不得变更。

⑥纳税人可扣除的固定资产折旧费，应采取直线折旧法计算。

⑦除国务院财政、税务主管部门另有规定外，固定资产计算折旧的最低年限如下：a. 房屋、建筑物，为 20 年；b. 飞机、火车、轮船、机器、机械和其他生产设备，为 10 年；c. 与生产经营活动有关的器具、工具、家具等，为 5 年；d. 飞机、火车、轮船以外的运输工具，为 4 年；e. 电子设备，为 3 年。

> **名词解释**
>
> **生产性生物资产：**是指企业为生产农产品、提供劳务或者出租等而持有的生物资产，包括经济林、薪炭林、产畜和役畜等。

（2）生产性生物资产的计价和折旧。

①生产性生物资产的计价，应按照以下方法确定计税基础：a. 外购的生产性生物资产，以购买价款和支付的相关税费为计税基础；b. 通过捐赠、投资、非货币性资产交换、债务重组等方式取得的生产性生物资产，以该资产的公允价值和支付的相关税费为计税基础。

②生产性生物资产按照直线法计算的折旧，准予扣除。

③企业应当自生产性生物资产投入使用月份的次月起计算折旧；停止使用的生产性生物资产，应当自停止使用月份的次月起停止计算折旧。

④企业应当根据生产性生物资产的性质和使用情况，合理确定生产性生物资产的预计净残值。生产性生物资产的预计净残值一经确定，不得变更。

⑤生产性生物资产计算折旧的最低年限如下：a. 林木类生产性生物资产，为 10 年；b. 畜类生产性生物资产，为 3 年。

（3）无形资产的计价和摊销。

①无形资产的计价。无形资产按照以下方法确定计税基础：**外购的无形资产**，以购买价款和支付的相关税费以及直接归属于使该资产达到预定用途发生的其他支出为计税基础；**自行开发的无形资产**，以开发过程中该资产符合资本化条件后至达到预定用途前发生的支出为计税基础；**通过捐赠、投资、非货币性资产交换、债务重组等方式取得的无形资产**，以该资产的公允价值和支付的相关税费为计税基础。

②下列无形资产不得计算摊销费用扣除：自行开发的支出已在计算应纳税所得额时扣除的无形资产；自创商誉；与经营活动无关的无形资产；其他不得计算摊销费用扣除的无形资产。

③无形资产的摊销采取直线法。税法将摊销期限区分为三种情况：一是受让或投资的无形资产，法律、合同或者企业申请书分别规定有效期限和受益年限的，按法定有效期限与合同或企业申请书中规定的受益年限孰短原则摊销；二是法律没有规定使用年限的，按照合同或者企业申请书的受益年限摊销；三是法律、合同或者企业申请书没有规定使用年限的，或者自行开发的无形资产，摊销期限不得少于 10 年。

④外购商誉的支出，在企业整体转让或者清算时，准予扣除。

（4）长期待摊费用的扣除。

①已足额提取折旧的固定资产的改建支出，应按照固定资产预计尚可使用年限分期摊销。

②租入固定资产的改良支出，应按照合同约定的剩余租赁期限分期摊销。

③固定资产的大修理支出，应按照固定资产尚可使用年限分期摊销。

④其他应当作为长期待摊费用的支出，应自支出发生月份的次月起，分期摊销，摊销年限不得低于 3 年。

（5）投资资产的扣除。企业在转让或者处置投资资产时，投资资产的成本，准予扣除。

名词解释

投资资产：是指企业对外进行权益性投资和债权性投资形成的资产。

（6）存货的扣除。

【例 5-9】 某轮胎厂有职工 200 人，本年全年获得产品销售收入 1 500 万元，车队提供运输劳务收入 120 万元，银行利息收入 4 万元，国债利息收入 2 万元，购买有价证券获净收益 10 万元，逾期未收回的包装物押金转作收入 4 万元。该企业本年营业成本 600 万元；全年应付工资 240 万元；实际发生职工福利费、职工教育经费分别为 34 万元和 16 万元，实际工会经费 4.8 万元，企业向职工内部集资 80 万元，按 15% 年利率支付全年利息 12 万元，同期银行颁布利率 10%；管理费用 77.45 万元，其中全年开支招待费 15 万元；全年支出销售费用 250 万元（其中广告及业务宣传费为 200 万元），全年企业对外赞助支出 5 万元，税金及附加 48.6 万元，增值税 50 万元，购机器设备支出 100 万元，税收滞纳金 1 万元。计算该企业全年应纳所得税。

解：全年收入总额 = 1 500 + 120 + 4 + 10 + 4 + 2 = 1 640（万元）

免税收入 = 2 万元（国债利息收入）

准予扣除项目金额计算：

①扣除职工福利费的限额 $=240\times14\%=33.6$（万元）

实际发生职工福利费 $=34$（万元）

实际准予扣除的职工福利费 $=33.6$（万元）

②扣除工会经费的限额 $=240\times2\%=4.8$（万元）

实际发生的工会经费 $=4.8$（万元）

实际准予扣除的工会经费 $=4.8$（万元）

③扣除职工教育经费的限额 $=240\times8\%=19.2$（万元）

实际发生的职工教育经费 $=16$（万元）

实际准予扣除的职工教育经费 $=16$（万元）

④扣除利息限额 $=80\times10\%=8$（万元）

实际发生的利息支出 $=12$（万元）

实际准予扣除的利息 $=8$（万元）

⑤扣除业务招待费限额：Ⅰ $=(1\,500+120+4)\times5‰=8.12$（万元）

Ⅱ $=15\times60\%=9$（万元）

实际准予扣除业务招待费 $=8.12$（万元）

⑥扣除广告及业务宣传费限额 $=(1\,500+120+4)\times15\%=243.6$（万元）

实际发生的广告及业务宣传费 $=200$（万元）

实际准予扣除的广告及业务宣传费 $=200$（万元）

⑦赞助、购固定资产、税收滞纳金、增值税等不予在所得税前扣除。

⑧企业准予扣除的项目总额 $=600+240+33.6+4.8+6+8+(77.45-15+8.12)+250+48.6=1\,261.57$（万元）

全年应纳税所得额 $=1\,640-2-1\,261.57=376.43$（万元）

应纳税额 $=376.43\times25\%=94.1075$（万元）

【方法二】在会计利润的基础上，根据现行所得税法的要求，将与税法确认的收支项目的金额相悖的内容进行调整后，依下列公式进行计算：

应纳税所得额 = 会计利润总额 ± 税收调整项目金额

应纳所得税额 = 应纳税所得额 × 适用税率 − 减免税额 − 抵免税额

知识拓展

应纳税所得额与会计利润总额的联系与区别

应纳税所得额是一个税收概念，是根据企业所得税法按照一定的标准确定的，纳税人在一定时期内的计税所得。**会计利润总额**是一个会计核算概念，反映的是企业一定时期内生产经营的财务成果。会计利润总额是确定应纳税所得额的基础，但是不能等同于应纳税所得额。会计利润总额只有根据税法规定作相应的调整后，才能作为企业的应纳税所得额。

根据财税〔2019〕13号公告与2021年第12号公告，小型微利企业年应纳税所得额不超过100万元的部分，减按12.5%计入应纳税所得额，按20%的税率缴纳企业所得税；

对年应纳税所得额超过100万元但不超过300万元的部分，减按50%计入应纳税所得额，按20%的税率缴纳企业所得税。即：当小型微利企业年应纳税所得额不超过100万元的部分，按2.5%的税率缴纳企业所得税；对年应纳税所得额超过100万元但不超过300万元的部分，按10%的税率缴纳企业所得税。

要作纳税调整的项目，主要体现在收入和支出上，具体包括调增、调减两个方面：

1. 调增的项目主要有：

(1) 按企业财务会计制度规定允许从收入中扣除而税收制度规定不允许扣除的项目。如：税收滞纳金；罚款；非公益救济性捐赠；赞助支出；以及其他税法规定不得扣除而已列支的项目等。

(2) 超过税收规定允许扣除的范围和标准的项目。如：按实发工资多计提的职工工会、福利、教育三项经费支出；向非金融机构借款等利息支出超过金融机构同期同类贷款利息的部分；业务招待费超过标准的部分等。

(3) 按企业财务会计制度规定不作收入的应税收入项目。如：企业发生非货币性资产交换，以及将货物、财产、劳务用于捐赠、偿债、赞助、集资、广告、样品、职工福利或者利润分配等用途的，应当视同销售货物、转让财产或者提供劳务；接受捐赠收入等。

2. 调减的项目主要有：

(1) 按企业财务、会计制度规定不允许从收入中扣除而税收制度规定允许扣除的项目。如：可在税前弥补的以前年度亏损等。

(2) 各项不征税收入和免税收入，如购买国债的利息收入等。

【例5－10】 飞驰有限公司本年度会计利润总额128万元，实发工资192万元，计提职工工会经费3.84万元、职工福利费19.2万元、职工教育经费16.76万元；计入管理费用的业务招待费8万元，本年营业收入900万元，国债利息收入10.9万元。1～11月已累计预缴所得税25万元。请根据以上资料计算该公司本年度实际应纳及12月应补缴的企业所得税税额。

解：工会经费 $=192\times2\%=3.84$（万元），实际3.84万元不需调整。

职工福利费 $=192\times14\%=26.88$（万元），实际19.2万元不需调整。

职工教育经费 $=192\times8\%=15.36$（万元），实际16.76万元。

超标准列支 $=16.76-15.36=1.4$（万元）

允许列支的业务招待费标准：① $=8\times60\%=4.8$（万元）

② $=900\times5‰=4.5$（万元）

超标准列支 $=8-4.5=3.5$（万元）

国债利息收入不计入应纳税所得额，应调减10.9万元。

本年度应纳税所得额 $=128+(1.4+3.5)-10.9=122$（万元）

本年度应纳所得税 $=122\times25\%=30.5$（万元）

12月应补缴企业所得税 $=30.5-25=5.5$（万元）

（二）核定征收应纳税额的计算

核定征收方式主要包括定额征收和核定应税所得率征收两种方法。

1. 定额征收，是指税务机关按照一定的标准、程序和方法，直接核定纳税人年度应纳企业所得税税额，由纳税人按规定进行纳税申报的办法。

2. 核定应税所得率征收，是指税务机关按照一定的标准、程序和方法，预先核定纳税人的应税所得率，由纳税人根据纳税年度内的收入总额或成本费用等项目的实际发生额，按预先核定的应税所得率计算缴纳企业所得税的办法。实行核定应税所得率征收办法的，应纳所得税税额的计算公式如下：

$$应纳税所得额 = 收入总额 \times 应税所得率$$

$$或 = \frac{成本费用支出额}{1 - 应税所得率} \times 应税所得率$$

$$应纳税额 = 应纳税所得额 \times 适用税率$$

应税所得率标准如表 5－2 所示。

表 5－2

经营行业	应税所得率（%）
工业、交通运输业、商业	7～20
建筑业、房地产开发业	10～20
饮食服务业	10～25
娱乐业	10～25
其他行业	10～30

知识拓展

应采取核定征收方式征收企业所得税的情形

纳税人具有下列情形之一的，应采取核定征收方式征收企业所得税：

1. 依照税收法律法规规定可以不设账簿或应设账簿但未设账簿的；
2. 只能准确核算收入总额或收入总额能够查实，但其成本费用支出不能准确核算的；
3. 只能准确核算成本费用支出或成本费用能够查实，但其收入总额不能准确核算的；
4. 收入总额及成本费用支出均不能正确核算，并难以查实的；
5. 账目设置和核算虽然符合规定，但并未按规定保存有关账簿、凭证及有关纳税资料的；
6. 发生纳税义务，未按照税收法律法规规定的期限办理纳税申报，经税务机关责令限期申报，逾期仍不申报的。

【例 5－11】 天天日用品贸易有限公司为符合核定征收条件的企业，本年度收入总额为 150 万元，当地税务机关核定其应税所得率为 10%，累计已预缴所得税 2.8 万元。请计算该公司本年度应缴所得税税额及应补（退）的所得税税额。

解：全年应纳所得额 = 1 500 000 × 10% = 150 000（元）

全年应纳所得税额 = 150 000 × 20% = 30 000（元）

应补（退）的所得税税额 = 30 000 － 28 000 = 2 000（元）

【例 5－12】 好味茶馆为符合核定征收条件的企业，当年度成本费用支出总额为 127.5 万元，当地税务机关核定其应税所得率为 15%。请计算该茶馆本年度应缴所得税税额。

解：全年应纳所得额 = 1 275 000 ÷（1 － 15%）× 15% = 225 000（元）

全年应纳所得税额 = 225 000 × 20% = 45 000（元）

第二节　企业所得税的会计核算

【学习目标】 掌握企业所得税核算需设置的账户及其账务处理方法。

一、账户设置

企业所得税核算，主要通过设置“所得税费用”和“应交税费——应交所得税”账户进行。

1. “所得税费用”账户是损益类的费用账户，用来核算企业所得税费用，借方登记计算出的所得税费用，贷方登记期末转入“本年利润”的所得税费用，结转后无余额。

2. “应交税费——应交所得税”账户，用来核算企业应缴未缴的所得税税款，借方登记预缴数或补缴数，贷方登记应缴数，贷方余额表示欠缴数，借方余额表示多缴数。

二、所得税的会计处理

企业在计算应交所得税时，应按税法规定对税前会计利润进行调整，再按调整后的应纳税所得额计算出本期应交所得税，并作为本期所得税费用，即：

本期所得税费用 = 本期应交所得税

按应税所得额计算出应缴所得税时的账务处理如图 5－1 所示。

图 5－1

【例 5－13】 利群公司为符合条件的小型微利企业，本年利润表上税前会计利润 80 万元。其中，“营业外支出”中违反税法罚款 3 000 元；赞助支出 7 000 元。请计算该公司本年应缴所得税和本年所得税费用，并做出相应的账务处理。

解：本年应纳税所得额 = 800 000 + 3 000 + 7 000 = 810 000（元）

本期应交所得税 = 本期所得税费用 = 810 000 × 50% × 20% = 81 000（元）

账务处理为：

- 计税时：借：所得税费用　　81 000
  　　　　贷：应交税费——应交所得税　　81 000
- 上缴时：借：应交税费——应交所得税　　81 000
  　　　　贷：银行存款　　81 000
- 期末结转所得税费用时：借：本年利润　　81 000
  　　　　　　　　　　　贷：所得税费用　　81 000

第三节 企业所得税纳税申报

【学习目标】 掌握企业所得税申报与缴纳。

企业所得税月（季）度预缴纳税申报表（A类，2018年版）

企业所得税月（季）度预缴和年度纳税申报表（B类，2018年版）

一、纳税申报

1. 根据税法规定，纳税人应在月份（含12月份）或季度（含第4季度）终了后15日内，向其所在地主管税务机关办理月份或季度的预缴所得税申报；年度终了后5个月内办理年度所得税申报。

2. 纳税人按月份或按季度申报，由主管税务机关具体确定。纳税人按月份申报有困难的，应书面向主管税务机关提出申请，经批准后可按季度申报。

3. 纳税人在年度纳税申报期内，依据现行的税法规定，进行税收调整，自行清算并在规定的期限内自行或委托中介机构向税务机关办理年度纳税申报，报送年度纳税申报表、年度会计报表和税务机关要求的其他有关申报资料。

4. 纳税人在纳税年度内无论盈利或亏损，都应当按照规定的期限，向当地主管税务机关报送所得税申报表和年度会计报表。

二、税款缴纳

1. 税款缴纳的计算单位：人民币。所得为外币的，预缴时应按月份（季度）最后1日的国家外汇牌价（原则上为中间价，下同）折合人民币计算，年度汇算清缴时，对已预缴部分的所得税不再重新折合计算，只对全年未缴的外币所得部分按年度最后1日的国家外汇牌价折合人民币计算。

2. 根据税法规定，企业所得税按年计算缴纳，分月或分季预缴，预缴时间是月份（含12月份）或季度（含第4季度）终了后15日内。年度终了后5个月内纳税人自行汇算清缴。少缴的税款，在下一年度内补缴。多预缴的税款，在下一年度内办理退税或抵缴。抵缴仍有结余的，或下一个年度内发生亏损的，应及时办理退库。对纳税人未经税务机关批准，超过规定的缴库期限预缴或缴纳所得税的，都应视同滞纳行为处理。

3. 纳税人预缴税款时，应按纳税期限的实际利润额预缴。按实际利润额预缴有困难的，可向主管税务机关提出书面申请，经批准后，可改按上一年度应纳税所得额的 1/12 或 1/4 分期预缴所得税，预缴方法一经确定，不得随意改变。

4. 纳税人年度中间合并、分立、终止时，都应在停止生产、经营之日起的 60 日内自行办理当期所得税汇算清缴。

5. 根据税法规定，纳税人不能提供完整、准确的收入及成本、费用凭证，不能正确计算应纳税所得额的，税务机关有权核定其应纳税所得额。

三、企业所得税纳税申报表的格式及编制

【例 5－14】 根据例 5－11 的资料，编制天天日用品贸易有限公司核定征收企业所得税纳税申报表（见表 5－3）。

表 5－3　　中华人民共和国企业所得税年度纳税申报表（B 类）

税款所属期间：　　××年 1 月 1 日至××年 12 月 31 日

纳税人识别号：□□□□□□□□□□□□□□□□□

纳 税 人 编 码：□□□□□□□□□□□□□□□

纳 税 人 名 称：天天日用品贸易有限公司　　　　金额单位：人民币元（列至角分）

<table>
<tr><th colspan="3">项　　目</th><th>行次</th><th>金　　额</th></tr>
<tr><td rowspan="10">应纳税所得额的计算</td><td rowspan="3">按收入总额核定应纳税所得额</td><td>收入总额</td><td>1</td><td>1 500 000</td></tr>
<tr><td>税务机关核定的应税所得率（%）</td><td>2</td><td>10%</td></tr>
<tr><td>应纳税所得额≤1 行×2 行</td><td>3</td><td>150 000</td></tr>
<tr><td rowspan="3">按成本费用核定应纳税所得额</td><td>成本费用总额</td><td>4</td><td></td></tr>
<tr><td>税务机关核定的应税所得率（%）</td><td>5</td><td></td></tr>
<tr><td>应纳税所得额≤4 行÷（1－5 行）×5 行</td><td>6</td><td></td></tr>
<tr><td rowspan="4">按经费支出换算应纳税所得额</td><td>经费支出总额</td><td>7</td><td></td></tr>
<tr><td>税务机关核定的应税所得率（%）</td><td>8</td><td></td></tr>
<tr><td>换算的收入额［7 行÷（1－8 行）］</td><td>9</td><td></td></tr>
<tr><td>应纳税所得额≤8 行×9 行</td><td>10</td><td></td></tr>
<tr><td colspan="2" rowspan="3">应纳所得税额的计算</td><td>税率</td><td>11</td><td>20%</td></tr>
<tr><td>应纳所得税额（3 行×11 行或 6 行×11 行或 10 行×11 行）</td><td>12</td><td>30 000</td></tr>
<tr><td>减免所得税额</td><td>13</td><td></td></tr>
<tr><td colspan="2" rowspan="2">应补（退）所得税额的计算</td><td>已预缴所得税额</td><td>14</td><td>28 000</td></tr>
<tr><td>应补（退）所得税额（12 行－13 行－14 行）</td><td>15</td><td>2 000</td></tr>
<tr><td colspan="5">谨声明：此纳税申报表是根据《中华人民共和国企业所得税法》《中华人民共和国企业所得税法实施条例》和国家有关税收规定填报的，是真实的、可靠的、完整的。</td></tr>
<tr><td colspan="5">法定代表人（签字）：　　　　年　　月　　日</td></tr>
<tr><td colspan="2" rowspan="2">纳税人公章：</td><td colspan="2">代理申报中介机构公章：</td><td rowspan="2">主管税务机关受理专用章：</td></tr>
<tr><td colspan="2">经办人执业证件号码：</td></tr>
<tr><td colspan="2">填表日期：　年　月　日</td><td colspan="2">代理申报日期：　　年　月　日</td><td>受理日期：　　年　月　日</td></tr>
</table>

【例 5－15】 查账征收企业所得税预缴纳税申报表的编制（见表 5－4）。

表 5－4　　中华人民共和国企业所得税月（季）度预缴纳税申报表（A 类）

税款所属期间：　　××年 11 月 1 日至××年 11 月 30 日

纳税人识别号：□□□□□□□□□□□□□□□

纳税人名称：飞飞有限公司　　　　金额单位：人民币元（列至角分）

行次	项目		本期金额	累计金额
1	一、据实预缴			
2	营业收入		3 000 000	28 000 000
3	营业成本		2 600 000	25 000 000
4	实际利润额		400 000	3 000 000
5	税率（25%）		25%	25%
6	应纳所得税额（4 行×5 行）		100 000	750 000
7	减免所得税额		0	0
8	实际已缴所得税额		—	650 000
9	应补（退）的所得税额（6 行－7 行－8 行）		—	100 000
10	二、按照上一纳税年度应纳税所得额的平均额预缴			
11	上一纳税年度应纳税所得额		—	
12	本月（季）应纳税所得额（11 行÷12 或 11 行÷4）			
13	税率（25%）		—	—
14	本月（季）应纳所得税额（12 行×13 行）			
15	三、按照税务机关确定的其他方法预缴			
16	本月（季）确定预缴的所得税额			
17	总分机构纳税人			
18	总机构	总机构应分摊的所得税额（9 行或 14 行或 16 行×25%）		
19		中央财政集中分配的所得税额（9 行或 14 行或 16 行×25%）		
20		分支机构分摊的所得税额（9 行或 14 行或 16 行×50%）		
21	分支机构	分配比例		
22		分配的所得税额（20 行×21 行）		

谨声明：此纳税申报表是根据《中华人民共和国企业所得税法》《中华人民共和国企业所得税法实施条例》和国家有关税收规定填报的，是真实的、可靠的、完整的。

法定代表人（签字）：　　　　年　月　日

纳税人公章： 会计主管： 填表日期：　　年　月　日	代理申报中介机构公章： 经办人： 经办人执业证件号码： 代理申报日期：　　年　月　日	主管税务机关受理专用章： 受理人： 受理日期：　　年　月　日

国家税务总局监制

【例5－16】 日立家电有限公司主要生产各类家电商品，被认定为增值税一般纳税人。本年生产职工年均150人，上年亏损2万元，本年已预缴所得税28万元，根据以下年终所得税汇算资料，填制企业所得税年度纳税申报表（见表5－5）：

表5－5 中华人民共和国企业所得税年度纳税申报表（A类）

税款所属期间： ××年1月1日至××年12月31日

纳税人名称：日立家电有限公司

纳税人识别号：□□□□□□□□□□□□□□□□□□□ 金额单位：元（列至角分）

类别	行次	项目	金额
利润总额计算	1	一、营业收入（填附表一）	5 300 000
	2	减：营业成本（填附表二）	2 017 000
	3	税金及附加	500 000
	4	销售费用（填附表二）	900 000
	5	管理费用（填附表二）	800 000
	6	财务费用（填附表二）	100 000
	7	资产减值损失	0
	8	加：公允价值变动收益	0
	9	投资收益	30 000
	10	二、营业利润	1 013 000
	11	加：营业外收入（填附表一）	60 000
	12	减：营业外支出（填附表二）	5 000
	13	三、利润总额（10＋11－12）	1 068 000
应纳税所得额计算	14	加：纳税调整增加额（填附表三）	221 500
	15	减：纳税调整减少额（填附表三）	30 000
	16	其中：不征税收入	0
	17	免税收入	30 000
	18	减计收入	0
	19	减、免税项目所得	0
	20	加计扣除	0
	21	抵扣应纳税所得额	0
	22	加：境外应税所得弥补境内亏损	0
	23	纳税调整后所得（13＋14－15＋22）	1 259 500
	24	减：弥补以前年度亏损（填附表四）	20 000
	25	应纳税所得额（23－24）	1 239 500

续表

类别	行次	项 目	金 额
应纳税额计算	26	税率（25%）	25%
	27	应纳所得税额（25×26）	309 875
	28	减：减免所得税额（填附表五）	0
	29	减：抵免所得税额（填附表五）	0
	30	应纳税额（27－28－29）	309 875
	31	加：境外所得应纳所得税额（填附表六）	0
	32	减：境外所得抵免所得税额（填附表六）	0
	33	实际应纳所得税额（30＋31－32）	309 875
	34	减：本年累计实际已预缴的所得税额	280 000
	35	其中：汇总纳税的总机构分摊预缴的税额	0
	36	汇总纳税的总机构财政调库预缴的税额	0
	37	汇总纳税的总机构所属分支机构分摊的预缴税额	0
	38	合并纳税（母子体制）成员企业就地预缴比例	0
	39	合并纳税企业就地预缴的所得税额	0
	40	本年应补（退）的所得税额（33－34）	29 875
附列资料	41	以前年度多缴的所得税额在本年抵减额	0
	42	以前年度应缴未缴在本年入库所得税额	0
纳税人公章： 经办人： 申报日期： 年 月 日		代理申报中介机构公章： 经办人及执业证件号码： 代理申报日期： 年 月 日	主管税务机关受理专用章： 受理人： 受理日期： 年 月 日

说明：附表略。

1. 有关收入的项目：

（1）全年实现商品销售收入 500 万元。

（2）企业出租房屋取得租金收入 20 万元。

（3）转让商标使用权收入 10 万元。

（4）家电样品送客户试用，市场售价为 2 万元。

（5）全年国债利息收入 3 万元。

（6）全年固定资产盘盈净收益 6 万元。

2. 相关成本、费用与税金等项目：

（1）商品销售成本 200 万元。

（2）其他业务成本 17 000 元。

（3）税金及附加 50 万元。

（4）销售费用 90 万元，其中，广告费 84.5 万元。

（5）管理费用 80 万元，其中，业务招待费 10 万元。

（6）财务费用 10 万元，其中，含企业集资借款 100 万元按 8% 支付的借款利息 8 万元，同期银行贷款利率5%。

（7）全年计入成本、费用中的实发工资总额144万元，提取工会经费2.88万元，职工福利费22.16万元，职工教育经费14.32万元。

（8）税收罚款支出5 000元。

（9）送客户试用的家电样品成本为5 000元。

分析填表如下：

（1）营业收入包括主营业务收入和其他业务收入，商品销售收入500万元属于主营业务收入，出租房屋取得租金收入20万元和转让商标使用权收入10万元属于其他业务收入，共计530万元（5 000 000 +200 000 +100 000），应填入1行。

（2）国债利息收入3万元属于投资收益，应填入第9行。

（3）固定资产盘盈净收益6万元属于营业外收入，应填入第11行。

（4）营业成本包括主营业务成本和其他业务成本，共计2 017 000元（2 000 000 +17 000），应填入第2行。

（5）税金及附加50万元，应填入第3行。

（6）销售费用90万元、管理费用80万元和财务费用10万元，应分别填入第4、5、6行。

（7）税收罚款支出5 000元属于营业外支出，应填入第12行。

（8）纳税调整增加额各项目数据的计算为：

①家电样品送客户试用，视同销售，应调增=20 000 -5 000 =15 000（元）

②广告费扣除标准=5 300 000 ×15% =795 000（元）

应调增广告费=845 000 -795 000 =50 000（元）

③业务招待费扣除标准：Ⅰ =100 000 ×60% =60 000（元）

Ⅱ =5 300 000 ×5‰ =26 500（元）

应调增业务招待费=100 000 -26 500 =73 500（元）

④集资借款利息扣除标准=1 000 000 ×5% =50 000（元）

应调增借款利息费用=80 000 -50 000 =30 000（元）

⑤工会经费扣除标准=144 ×2% =2.88（万元），实际2.88万元，不需调整。

职工福利费扣除标准=144 ×14% =20.16（万元），实际22.16万元，应调增2万元。

职工教育经费扣除标准=144 ×8% =11.52（万元），实际14.32万元，应调增2.8万元。

⑥税收罚款支出不得在税前扣除，应调增5 000元。

纳税调整增加额=15 000 +50 000 +30 000 +73 500 +20 000 +28 000 +5 000 =221 500（元），应填入第14行。

（9）纳税调整减少额各项目数据的计算为：

国债利息收入3万元属于免税收入，应填入第17行。

（10）上年亏损2万元，应填入第24行。

（11）本年已预缴所得税28万元，应填入第34行。

思考与练习

一、单项选择题

1. 根据《企业所得税法》的有关规定，下列各项中，不属于企业所得税纳税人的是（　　）。

A. 在中国境内成立的个人独资企业

B. 在中国境内未设立机构、场所，但有来源中国境内所得的企业

C. 在外国成立，但实际管理机构在中国境内的企业

D. 在中国境内成立的外商独资企业

2. 根据《企业所得税法》的规定，符合条件的小型微利企业，可以减按（　　）的税率征收企业所得税。

A. 3%　　B. 15%

C. 20%　　D. 25%

3. 根据《企业所得税法》规定，国家需要重点扶持的高新技术企业，可以按（　　）的税率征收企业所得税。

A. 10%　　B. 15%

C. 20%　　D. 25%

4. 根据企业所得税法律制度的规定，下列各项中，不应计入应纳税所得额的是（　　）。

A. 股权转让收入

B. 因债权人缘故确实无法支付的应付款项

C. 依法收取并纳入财政管理的行政事业性收费

D. 接受捐赠收入

5. 根据企业所得税法律制度的规定，下列各项中，在计算应纳税所得额时准予按一定比例扣除的公益、救济性捐赠是（　　）。

A. 纳税人直接向某学校的捐赠

B. 纳税人通过企业向自然灾害地区的捐赠

C. 纳税人通过电视台向灾区的捐赠

D. 纳税人通过民政部门向贫困地区的捐赠

6. 根据企业所得税法律制度的规定，下列各项中，准予在企业所得税税前扣除的是（　　）。

A. 支付违法经营的罚款　　B. 被没收财物的损失

C. 支付的税收滞纳金　　D. 支付银行加收的罚息

7. 非居民企业在中国境内未设立机构、场所的，或者虽设立机构、场所但取得的所得与其所设机构、场所没有实际联系的，其来源于中国境内的所得，减按（　　）的税率征收企业所得税。

A. 5%　　B. 8%

C. 10%　　D. 15%

8. 根据《企业所得税法》的规定，企业发生的公益性捐赠支出，计算企业所得税应纳税所得税额的扣除标准是（　　）。

A. 全额扣除

B. 在年度应纳税所得额12%以内的部分扣除

C. 在年度利润总额12%以内的部分扣除

D. 在年度应纳税所得额3%以内的部分扣除

9. 企业所得税税前弥补亏损的年限是（　　）。

A. 3年　　B. 5年

C. 8年　　D. 10年

10. 根据税法规定，企业所得税按年计算缴纳，分月或分季预缴，年度终了后（　　）内纳税人自行汇算清缴。

A. 1个月　　B. 3个月

C. 5个月　　D. 6个月

二、多项选择题

1. 下列各项中，属于企业所得税征税范围的有（　　）。

A. 居民企业来源于中国境外的所得　　B. 非居民企业来源于中国境内的所得

C. 非居民企业来源于中国境外的所得　　D. 居民企业来源于中国境内的所得

2. 根据《企业所得税法》的规定，下列项目中，属于不征税收入的有（　　）。

A. 财政拨款

B. 国债利息收入

C. 企业债权利息收入

D. 依法收取并纳入财政管理的行政事业性收费、政府性基金

3. 下列各项中，属于企业所得税法计税收入中"其他收入"的有（　　）。

A. 固定资产盘盈收入　　B. 固定资产出租收入

C. 罚款收入　　D. 现金的溢余收入

4. 根据企业所得税法律制度的规定，下列各项中，纳税人在计算企业所得税应纳税所得额时准予扣除的项目有（　　）。

A. 企业所得税　　B. 土地增值税

C. 城镇土地使用税　　D. 城市维护建设税

5. 根据企业所得税法律制度的有关规定，下列各项中，属于计算企业应纳税所得额时准予扣除的项目有（　　）。

A. 缴纳的消费税　　B. 缴纳的税收滞纳金

C. 缴纳的行政性罚款　　D. 缴纳的财产保险费

6. 下列各项中，准予在应纳税所得额中扣除的项目有（　　）。

A. 工资、薪金支出　　B. 各种捐赠支出

C. 增值税税金　　D. 无形资产摊销费用

7. 根据《企业所得税法》的规定，下列支出项目中，在计算企业所得税应纳税所得额

时，可以扣除的有（　　）。

A. 税收滞纳金　　　　　　　　　　B. 银行按规定加收的罚息

C. 被没收财物的损失　　　　　　　D. 经核定的准备金支出

8. 根据企业所得税法律制度的规定，下列各项中，属于免税收入的有（　　）。

A. 国债利息收入

B. 财政拨款

C. 符合规定条件的居民企业之间的股息、红利等权益性投资收益

D. 接受捐赠的收入

9. 根据《企业所得税法》规定，不得扣除的项目包括（　　）。

A. 税收滞纳金

B. 罚金、罚款和被没收财物的损失

C. 向投资者支付的股息、红利等权益性投资收益款项

D. 非广告性质的赞助支出

10. 采取核定征收方式征收企业所得税的情形有（　　）。

A. 依照税收法律法规规定可以不设账簿或应设账簿但未设账簿的

B. 只能准确核算收入总额或收入总额能够查实，但其成本费用支出不能准确核算的

C. 只能准确核算成本费用支出或成本费用能够查实，但其收入总额不能准确核算的

D. 账目设置和核算虽然符合规定，但并未按规定保存有关账簿、凭证及有关纳税资料的

三、判断题

1. 对个人独资企业投资者取得的生产经营所得应征收企业所得税，不征收个人所得税。（　　）

2. 非居民企业，是指依照外国（地区）法律成立且实际管理机构不在中国境内，但在中国境内设立机构、场所的，或者在中国境内未设立机构、场所，但有来源于中国境内所得的企业。（　　）

3. 企业所得税纳税人在计算应纳税所得额时，如果发生财务、会计处理办法同国家税法规定不一致的，应当按照财务会计处理办法计算纳税。（　　）

4. 现行法律规定，企业所得税基本税率为25%，适用于居民企业和在中国境内设有机构、场所且所得与机构、场所有关联的非居民企业。（　　）

5. 小型微利企业是指年度应纳税所得额不超过300万元的企业。（　　）

6. 企业通过非营利性的社会团体和国家机关的捐赠支出，在计算企业所得税时准予全额扣除。（　　）

7. 各种赞助支出，不可以从收入总额中扣除。（　　）

8. 企业从事农、林、牧、渔业项目的所得，一律可以免征企业所得税。（　　）

9. 核定应税所得率征收，是指税务机关按照一定的标准、程序和方法，预先核定纳税人的应税所得率，由纳税人根据纳税年度内的收入总额或成本费用等项目的实际发生额，按预先核定的应税所得率计算缴纳企业所得税的办法。（　　）

10. 企业所得税按年计征，分月或者预缴，年终汇算清缴，多退少补。（　　）

四、业务题

1. 某企业本年实发工资总额为36万元。该企业已发生职工福利费6万元。要求计算:按税法规定可在税前列支的职工福利费支出是多少?

2. 某企业本年实发工资总额为35万元。该企业已发生职工工会经费1万元。要求计算:按税法规定可在税前列支支出的职工工会经费是多少?

3. 某企业本年实发工资总额为38万元。该企业已发生职工教育经费4万元。要求计算:按税法规定可在税前列支的职工教育经费支出是多少?

4. 某企业本年在建工程向非金融机构借款1 000万元,工程竣工投产后在当年发生的利息支出100万元,按金融机构同类、同期贷款利率为9%。要求计算:按税法规定可在税前列支的利息支出是多少?

5. 某企业本年全年营业收入4 000万元,实际发生业务招待费30万元。要求计算:按税法规定可在税前列支的业务招待费支出是多少?

6. 某企业本年全年营业收入4 000万元,实际发生广告费650万元。要求计算:按税法规定可在税前列支的广告费支出是多少?

7. 某企业本年全年营业收入6 000万元,实际发生广告费720万元,以前年度累计结转超额支出80万元。要求计算:按税法规定可在税前列支的广告费支出是多少?

8. 大兴有限公司本年1~11月份共预缴了企业所得税200万元。年终结算后有关账户的数字为:主营业务收入4 000万元;主营业务成本2 500万元;主营业务税金及附加20万元,销售费用为300万元;管理费用为200万元;财务费用为10万元;其他业务收入50万元;其他业务成本30万元;营业外收入100万元;营业外支出90万元;投资收益220万元,其中:国债利息收入200万元,金融债券利息收入20万元。假设各扣除项目的支出均在税法规定的范围内。

要求:计算该公司当年全年应缴及12月应补缴的企业所得税税额并做出相应的账务处理。

9. 飞腾有限公司主要从事服装生产,某年度会计利润总额200万元。该公司当年向非金融机构借款50万元,年利率为8%,其中:30万元用于建造固定资产,该项固定资产年底尚未完工;其余部分用作生产经营。同期银行贷款利率为5%。全年实发工资总额145万元,实际计提职工工会经费、职工福利费、职工教育经费共253 750元。已知该企业年平均在册职工175人。全年销售收入为3 000万元,实际发生业务招待费10万元;实际发生广告费70万元。上年发生而当年尚未扣除的广告费8万元。上年发生亏损10万元。

要求:计算该公司当年全年应缴的企业所得税税额并做出相应的账务处理。

10. 中天有限公司某年度会计利润总额200万元。该企业平均职工人数180人,实发工资350万元,计提职工工会经费、职工福利费、职工教育经费共61.25万元;计入管理费用的业务招待费10万元,本年营业收入2 000万元,国债利息收入5.17万元。1~11月已累计预缴所得税38万元。

要求:计算该公司当年全年应缴及12月应补缴的企业所得税税额并做出相应的账务处理。

11. 蓝天有限公司在10年期间亏损弥补前应纳税所得额的情况如表5-6所示。

表 5－6

年　度	2012	2013	2014	2015	2016	2017	2018	2019	2020	2021
亏损弥补前应税所得额（万元）	－10	2	－4	2	2	3	－2	7	9	12

要求：指出应纳税的年份并计算出应纳税额及做出相应的账务处理。

12. 天天日杂店为核定征收企业所得税的企业，某年度收入总额为 50 万元，当地税务机关核定其应税所得率为 10%，至年底累计已预缴所得税 1 万元。

要求：计算该店本年度应缴所得税税额及应补（退）的所得税税额并做出相应的账务处理。

13. 强记茶餐厅为核定征收企业所得税的企业，某年度成本费用支出总额为 68 万元，当地税务机关核定其应税所得率为 15%，至年底累计已预缴所得税 2 万元。

要求：计算该茶餐厅本年度应缴所得税税额及应补（退）的所得税税额并做出相应的账务处理。

14. 广州市健康家电有限公司主要生产各类家电商品，被认定为增值税一般纳税人。本年生产职工年均 250 人，上年亏损 3 万元，本年已预缴所得税 25 万元，年终所得税汇算资料如下：

（1）有关收入的项目：全年实现商品销售收入 600 万元；企业出租房屋取得租金收入 20 万元；转让商标使用权收入 10 万元；家电样品送客户试用，市场售价为 2 万元；全年国债利息收入 5 万元；全年固定资产清理净收益 6 万元。

（2）相关成本、费用与税金等项目：商品销售成本 250 万元；其他业务成本 17 000 元；税金及附加 50 万元；销售费用 90 万元，其中广告费 81 万元；管理费用 80 万元，其中：业务招待费 11 万元；财务费用 10 万元，其中，含企业集资借款 100 万元按 8% 支付的借款利息 80 000 元，同期银行贷款利率 6%；全年计入成本、费用中的应发工资总额 134 万元，提取职工福利费 250 000 元，工会经费 26 800 元，职工教育经费 110 000 元；税收罚款支出 7 000元；送客户试用的家电样品成本为 8 000 元。

要求：计算该公司当年应纳的企业所得税额并编制企业所得税年度纳税申报表。

第六章 耕地占用税、城镇土地使用税、土地增值税及其会计核算

【知识导入】 某房地产公司在某市通过招拍挂获取一宗1 000亩土地，在办理土地使用权证时，该市国土局、税务局要求其缴纳约计1 500万元耕地占用税。该公司提出质疑：招拍挂建设用地属于“净地”，土地出让金都缴纳了，怎么还要缴纳耕地占用税呢？目前，对应缴纳的耕地占用税有两种处理方式：一种方式是由地方土地储备中心缴纳，作为土地开发成本费用的一部分，体现在招拍挂的价格当中；另一种方式是由受让土地者缴纳耕地占用税。房地产公司取得土地的这种形式，在招拍挂土地前，该市国土部门代表政府统一办理农用地转用，批准文件中无法标明建设用地人。因此，应认定该市国土部门为用地申请人，即为耕地占用税的纳税人。

第一节 耕地占用税及其会计核算

【学习目标】 掌握耕地占用税纳税人、征税范围、税率等基本知识，应纳税额的计算及其会计处理。

一、耕地占用税的征收制度

耕地占用税，是指国家对占用耕地建房或者从事其他非农业建设的单位和个人，依其实际占用耕地的面积征收的一种税。

名词解释

耕地：是指用于种植农作物的土地。占用前3年内曾用于种植农作物的土地，亦视为耕地。

（一）纳税人

凡在我国境内占用国家和集体所有的耕地建房或从事其他非农业建设的单位和个人，都是耕地占用税的纳税人。

《耕地占用税暂行条例》

《耕地占用税暂行条例实施细则》

（二）纳税范围

建房或从事其他非农业建设征（占）用的国家和集体所有的耕地都属于耕地占用税的征收范围。

知识拓展

列入征税范围的耕地包括：

1. 种植粮食作物、经济作物的土地。包括粮田、棉田、麻田、烟田、蔗田等。
2. 菜地。即用于种植各类蔬菜的土地。
3. 园地。包括苗圃、花圃、茶园、果园、桑园和其他种植经济林木的土地。
4. 鱼塘。
5. 其他农用土地。例如已开发从事种植、养殖的滩涂、草场、水面、林地等。

（三）税率

耕地占用税实行从量计征的地区差别定额税率。具体税额标准如表6－1所示。

对经济特区、技术开发区和经济发达、人均耕地特别少的地区，税额标准可以适当提高，但最高不得超过上述规定税额的50%。各地适用的税额，由各省、自治区、直辖市人民政府在上述规定税额范围内，根据本地区情况具体确定。

表6－1　耕地占用税单位税额表

档　次	以县为单位，人均耕地	单位税额（每平方米）
1	在1亩以下（含1亩）的地区	10～50元
2	在1～2亩（含2亩）的地区	8～40元
3	在2～3亩（含3亩）的地区	6～30元
4	在3亩以上的地区	5～25元

注：1亩＝666.67平方米

（四）应纳税额的计算

耕地占用税以纳税人实际占用耕地面积为计税依据，按规定单位税额从量计算征收。计算公式为：

应纳税额 = 实际占用耕地面积 × 适用单位税额

【例6-1】 东进有限公司经有关部门批准征用市郊的一块菜地建仓库，经核准，占用面积为10亩，该地区适用的单位税额为每平方米2元。则：

该公司应纳的耕地占用税 = 10 × 666.67 × 2 = 13 333.4（元）

（五）税收优惠

经批准，下列征用的耕地，免征耕地占用税：①部队军事设施用地；②铁路线路、飞机场跑道和停机坪用地；③炸药库用地；④学校、幼儿园、敬老院、医院、殡仪馆、火葬场用地。

二、耕地占用税的会计核算

（一）会计账户的设置

企业占用耕地建房或从事其他非农业建设时依法缴纳的耕地占用税，应计入企业购建的固定资产价值，即记入“在建工程”账户。由于耕地占用税是实行一次性的即批即征方式，故不需通过“应交税费”账户核算。

（二）账务处理

耕地占用税的账务处理见图6-1。

图6-1

【例6-2】 天宇有限公司经市国土局批准在市郊占用粮田5万平方米，其中用于厂房建设用地4万平方米，其余用于托儿所、职工医院建设，企业所在地区适用的单位税额为6元/平方米。请计算该公司应纳的耕地占用税及做出相应的账务处理。

解：用于托儿所、职工医院建设的用地免税，故免税耕地面积为1万平方米，应纳税耕地面积为4万平方米，则：

该公司应纳耕地占用税额 = 40 000 × 6 = 240 000（元）

借：在建工程　　240 000

　　贷：银行存款　　240 000

三、耕地占用税的缴纳及申报

（一）税款缴纳

耕地占用税由地方财政部门负责征收，采用一次课征制。获准征（占）用耕地的单位和个人，应持县级以上土地管理部门的批准文件，自批准占用耕地之日起30日内向征收机关申报并缴纳耕地占用税。

（二）纳税申报表的格式及编制

纳税人应依照当地财政部门规定的期限，填报“耕地占用税纳税申报表”，其格式如表6-2所示。

表 6－2　　耕地占用税纳税申报表

申报编码：　　　　填报时间：××年 6 月 1 日　　　　单位：平方米、元

纳税人	名　称	中天有限公司		
	证件号码		联系电话	
	地　址		邮政编码	
	开户银行		经济性质	
	账　号		项目类别	
项目名称				
项目用途				
批准机关		市国土局	纳税期限	××年 7 月 1 日前
占地类型		粮田	批准日期	××年 6 月 1 日
批件信息				
被征（占）地的乡镇村				
占地位置				
申请用地面积		50 000 平方米		
其中免税占地		10 000 平方米		
计缴税额		40 000 ×6 =240 000（元）		

以下部分由纳税人填写							
纳税人签章		法人代表签章		经办人签章			
备　注							
以下部分由征收机关填写							
征收机关收到日期		接收人		审核日期		审核员	
审核记录				征收机关盖章			

注：表中的金额是根据例 6－2 提供的资料填写。

第二节　城镇土地使用税及其会计核算

【学习目标】 掌握城镇土地使用税纳税人、征税范围、税率等基本知识，应纳税额的计算及其会计处理。

一、城镇土地使用税的征收制度

城镇土地使用税（简称土地使用税）是以国有土地为征税对象，以实际占用的土地面积为计税依据，按规定税额对拥有土地使用权的单位和个人征收的一种税。

（一）纳税人

凡在我国境内的城市、县城、建制镇、工矿区范围内使用土地的单位和个人，都是城镇土地使用税的纳税人。

提示：土地使用税只对国内企业、单位和个人开征。

《城镇土地使用税暂行条例》

（二）征税范围

城镇土地使用税的征税范围，仅限于城市（含市区和郊区）、县城、

建制镇和工矿区内的国家或集体所有的非农业用土地。

城市、县城、建制镇、工矿区的具体征税范围，由省、自治区、直辖市人民政府划定。

相关链接

关于土地使用税纳税人的具体确定

1. 土地使用税应由拥有土地使用权的单位或个人缴纳；
2. 拥有土地使用权的纳税人不在土地所在地的，由代管人或实际使用人纳税；
3. 土地使用权未确定或权属纠纷未解决的，由实际使用人纳税；
4. 土地使用权共有的，由共有各方按其实际使用的土地面积占总面积的比例，分别计算纳税。

表 6－3　城镇土地使用税税额表

级　别	非农业人口（人）	每平方米税额（元）/年
大 城 市	50 万以上	1.5～30
中等城市	20 万～50 万	1.2～24
小 城 市	20 万以下	0.9～1.8
县城、建制镇、工矿区	—	0.6～12

（三）税率

城镇土地使用税采用有一定幅度的定额税率。单位税额按大、中、小城市和县城、建制镇、工矿区分别确定，具体标准如表 6－3所示。

（四）应纳税额的计算

城镇土地使用税以纳税人实际占用的土地面积为计税依据，按规定单位税额从量计算征收。计算公式为：

应纳税额＝实际占用应税土地面积×适用单位税额

【例 6－3】　某公司本年实际使用的应税土地有 2 万平方米，该地区适用的单位税额为每平方米 3 元/年。则：

该公司本年应纳的城镇土地使用税＝20 000×3＝60 000（元）

（五）税收优惠

下列用地免征城镇土地使用税：

1. 国家机关、人民团体、军队自用的土地；
2. 由国家财政部门拨付事业经费的单位自用的土地；
3. 宗教寺庙、公园、名胜古迹自用的土地；
4. 市政街道、广场、绿化地带等公共用地；
5. 直接用于农、林、牧、渔业的生产用地；
6. 经批准开山填海整治的土地和改造的废弃土地，从使用的月份起免缴土地使用税 5～10 年；
7. 由财政部另行规定免税的能源、交通、水利设施用地和其他用地；
8. 企业办的学校、医院、托儿所、幼儿园，其用地能与企业其他用地明确区分的，可以比照由国家财政部门拨付事业经费的单位自用土地，免征土地使用税。

财政部、税务总局关于继续实施物流企业大宗商品仓储设施用地城镇土地使用税优惠政策的通知

二、城镇土地使用税的会计核算

（一）会计账户的设置

城镇土地使用税的核算，主要通过设置“管理费用”和“应交税费——应交城镇土地使用税”账户进行。

（二）账务处理

城镇土地使用税的账务处理见图6－2。

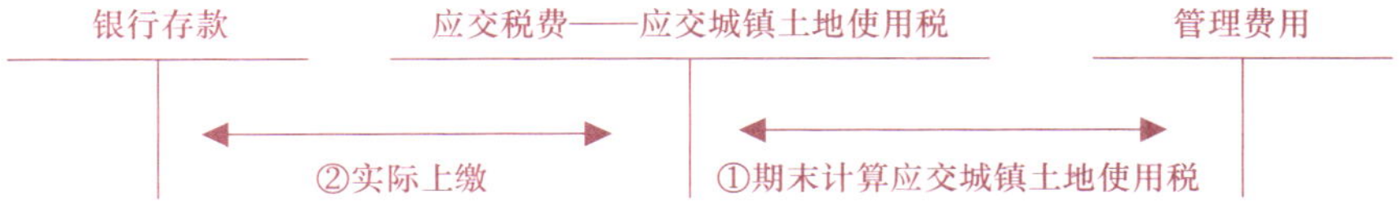

图6－2

【例6－4】 永通机械厂本年实际占用土地7万平方米，其中，厂办幼儿园占地4 000平方米，职工医院占地6 000平方米。该厂位于工矿区内，当地政府核定其单位税额为每平方米2元/年。请计算该厂本年应纳土地使用税税额并做出相应的会计分录。

解：用于幼儿园、职工医院的用地免税，故免税土地面积为1万平方米，应纳税土地面积为6万平方米，则：

应纳城镇土地使用税＝(70 000－4 000－6 000)×2＝120 000（元）

- 计税时：

借：管理费用　　120 000

　　贷：应交税费——应交城镇土地使用税　　120 000

- 上缴税款时：

借：应交税费——应交城镇土地使用税　　120 000

　　贷：银行存款　　120 000

三、城镇土地使用税的缴纳及申报

（一）税款缴纳

城镇土地使用税按年计算，分期缴纳。纳税地点为土地所在地，由土地所在地的税务机关负责征收。

（二）纳税申报表的格式及编制

纳税人应依照当地税务机关规定的期限，填报“城镇土地使用税纳税申报表”，其格式如表6－4所示。

表6－4　城镇土地使用税纳税申报表

填表日期：××年12月31日

税款所属时期：××年1月1日至××年12月31日　　金额单位：元（列至角分）

纳税人名称	永通机械厂			企业编码	
地　址				邮政编码	
办税员姓名		电　话		税务登记证号	

续表

土地所处地点	上期占地面积	本期增减	增减时间	本期实际占地面积	法定免税面积	应税面积	土地等级	适用税额	全年应缴税额	年缴纳次数	本期		
											应纳税额	已纳税额	应补（退）税额
①	②	③		④=②+③	⑤	⑥=④-⑤	⑦	⑧	⑨=⑦×⑧	⑩	⑪=⑨÷⑩	⑫	⑬=⑪-⑫
				70 000	10 000	60 000		2	120 000				
合计				70 000	10 000	60 000			120 000				
如纳税人填报，由纳税人填写：							如委托代理人填报，由代理人填写以下各栏						
会计主管（签章）		纳税人（公章）				代理人名称					代理人（公章）		
						代理人地址							
						经办人姓名					电话		
以下由税务机关填写													
收到申报表日期								接收人					

注：表中的金额是根据例6－4提供的资料填写。

第三节　土地增值税及其会计核算

【学习目标】 掌握土地增值税纳税人、征税范围、税率等基本知识，应纳税额的计算及其会计处理。

一、土地增值税的征收制度

土地增值税是对在我国境内转让国有土地使用权、地上建筑物及其附着物（简称转让房地产）并取得收入的单位和个人，以其转让房地产所取得的增值额为征税对象，依照规定税率征收的一种税。

《财政部　税务总局关于继续实施企业改制重组有关土地增值税政策的通知》

国家税务总局关于发布《耕地占用税管理规程（试行）》的公告

想一想：

土地增值税和增值税是同一个税吗？

（一）纳税人

凡有转让国有土地使用权、地上的建筑物及其附着物并取得收入的单位和个人，均为土地增值税的纳税人。

《土地增值税暂行条例》

《土地增值税暂行条例实施细则》

（二）征税范围

土地增值税的征税范围包括：①转让国有土地使用权；②连同国有土地使用权一并转让的地上建筑物及其附着物（包括地上地下的各种附属设施和物品）；③存量房地产买卖。

知识拓展

界定土地增值税征税范围的三个标准

1. 是对转让国有土地使用权的行为征税，对转让集体土地使用权（属违法行为）的行为不征税；
2. 是对转让的房地产征税，不转让的不征税；
3. 是对转让房地产并取得收入的行为征税，对发生转让行为而未取得收入的不征税。

想一想：

下列行为是否应征收土地增值税？

1. 出租房地产；
2. 继承房地产；
3. 赠予房地产。

表 6－5　土地增值税税率表

级数	增值额与扣除项目金额的比率（%）	税率（%）	速算扣除系数（元）
1	不超过 50%（含）的部分	30	0
2	超过 50%～100%（含）的部分	40	5
3	超过 100%～200%（含）的部分	50	15
4	超过 200% 的部分	60	35

（三）税率

土地增值税税率见表 6－5。

（四）增值额的确定办法

土地增值税的增值额，是指纳税人转让房地产所取得的收入减除税法规定的扣除项目金额后的余额。其计算公式为：

土地增值额＝转让房地产的收入额－扣除项目金额

1. 收入额的确定。纳税人转让房地产所取得的收入，包括其转让房地产所取得的全部价款及有关的经济收益。具体包括货币收入、实物收入和其他收入。

2. 扣除项目金额的确定。准予纳税人从转让收入额中减除的项目有：

（1）取得土地使用权所支付的金额。是指纳税人为取得土地使用权所支付的地价款和按国家统一规定缴纳的有关费用。

（2）开发土地和新建房及配套设施的成本（简称房地产开发成本），是指纳税人房地产开发项目实际发生的成本。

（3）开发土地和新建房及配套设施的费用（简称房地产开发费用），是指与房地产开发项目有关的销售费用、管理费用、财务费用。

（4）旧房及建筑物的评估价格，是指在转让已使用的房屋及建筑物时，由政府批准设立的房地产评估机构评定的重置成本价乘以成新度折扣率后的价格。

（5）与转让房地产有关的税金，是指在转让房地产时缴纳的城市维护建设税、印花税及教育费附加。

（6）对从事房地产开发的纳税人可按上述（1）、（2）项规定计算的金额之和，加计20%扣除。

（五）应纳税额的计算

土地增值税以纳税人转让房地产所取得的增值额为计税依据，依照累进税率计算征收。其计算方法有两种：

1. 分级计算法，其计算公式为：

$$应纳税额=\sum（各级距的土地增值额\times各级距的适用税率）$$

2. 速算扣除计算法，其计算公式为：

$$应纳税额=土地增值额\times适用税率-扣除项目金额\times速算扣除系数$$

【例6－5】 某公司转让房地产取得收入500万元，其扣除项目金额为200万元，则该公司计算土地增值税的过程如下：

增值额＝500－200＝300（万元）

增值额与扣除项目金额的比率＝300÷200×100%＝150%

查税率表确定税率后，分级计算法下，应纳税额为：

应纳税额＝200×50%×30%＋200×（100%－50%）×40%＋200×（150%－100%）×50%

＝30＋40＋50＝120（万元）

速算扣除计算法，应纳税额＝300×50%－200×15%＝150－30＝120（万元）

（六）税收优惠

1. 纳税人建造普通标准住宅出售，增值额未超过扣除项目金额20%（含20%）的，免征土地增值税。

2. 因国家建设需要依法征用、收回的房地产，免征土地增值税。

3. 因城市市政规划、国家建设的需要而搬迁，由纳税人自行转让原房地产而取得的收入，免征土地增值税。

二、土地增值税的会计核算

（一）房地产企业土地增值税的会计核算

1. 会计账户的设置。房地产企业土地增值税的核算，主要通过设置“税金及附加”和“应交税费——应交土地增值税”账户进行。

2. 账务处理（见图6－3）。

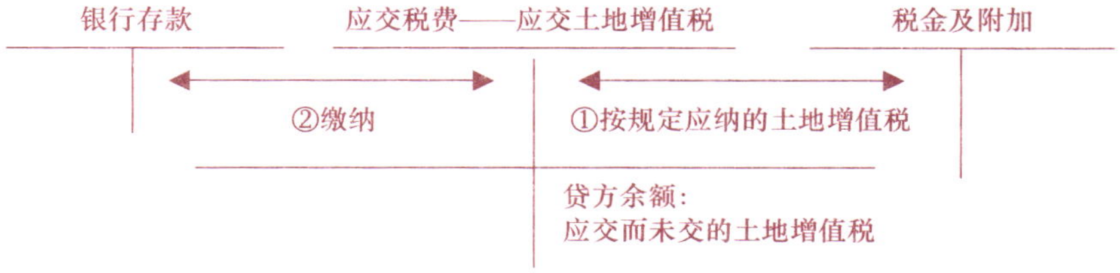

图6－3

【例6－6】 大宇房地产开发公司转让写字楼一栋，获得货币收入1.2亿元，公司为取得土地使用权支付的金额为900万元，房地产开发成本计2 100万元，房地产开发费用计440万元，转让房地产支付有关税金及附加计660万元。计算公司应纳土地增值税，并做出相应的账务处理。

解：计税过程如下：

扣除项目金额＝900＋2 100＋440＋660＋（900＋2 100）×20%＝4 700（万元）

增值额＝12 000－4 700＝7 300（万元）

增值额占扣除项目金额比率＝7 300÷4 700×100%＝155.32%

应纳土地增值税＝7 300×50%－4 700×15%＝3 650－705＝2 945（万元）

- 计算应交土地增值税时：

借：税金及附加　　　　29 450 000
　　贷：应交税费——应交土地增值税　　　　29 450 000

- 实际上缴时：

借：应交税费——应交土地增值税　　　　29 450 000
　　贷：银行存款　　　　29 450 000

（二）非房地产企业土地增值税的会计核算

1. 会计账户的设置。非房地产企业土地增值税的核算，主要通过设置“其他业务成本”“固定资产清理”和“应交税费——应交土地增值税”等账户进行。

2. 账务处理（见图6－4）。

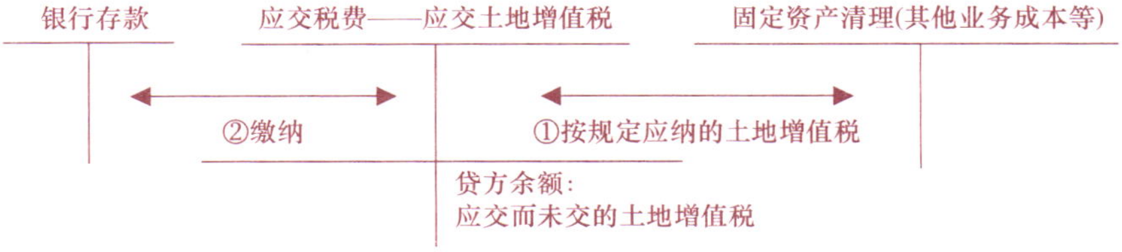

图6－4

【例 6－7】 大宇公司转让旧办公楼一栋，取得收入 1 000 万元，旧办公楼的评估重置成本 800 万元，成新度折扣率 80%，转让旧办公楼支付有关税金及附加计 55 万元。计算公司应纳土地增值税，并做出相应的账务处理。

解：扣除项目金额 $=800\times80\%+55=640+55=695$（万元）

增值额 $=1\,000-695=305$（万元）

增值额占扣除项目金额比例 $=305\div695\times100\%=43.88\%$

应纳土地增值税 $=305\times30\%=91.5$（万元）

- 计算应交土地增值税时：

借：固定资产清理　　915 000

　　贷：应交税费——应交土地增值税　　915 000

- 实际上缴时：

借：应交税费——应交土地增值税　　915 000

　　贷：银行存款　　915 000

三、土地增值税的缴纳及申报

（一）税款缴纳

纳税人应自转让房地产合同签订之日起 7 日内，向房地产所在地的主管税务机关办理纳税申报。

1. 以一次交割、付清价款方式转让房地产的，应在办理过户、登记手续前一次性缴纳全部税款。

2. 以分期收款方式转让房地产的，可根据收款日期来确定具体的纳税期限和税款。

3. 项目全部竣工结算前转让房地产的，可以预征土地增值税，待该项目全部竣工、办理结算后再进行清算，多退少补。

（二）纳税申报表的格式及编制

纳税人应根据本企业的类型，按照当地税务机关规定的期限，填报“土地增值税纳税申报表”，其格式如表 6－6 和表 6－7 所示。

表6-6 **土地增值税纳税申报表（一）** 表号：SB08002

（从事房地产开发的纳税人适用）

序号：□□□-□□□

税务登记证号码：□□□□□□□□□□□□□□□ 税务计算机代码：□□□□□□□

填表日期：××年10月6日 缴款书号码：□□□□□□□

税款所属时间：××年10月5日 金额单位：元（人民币）

纳税人名称	大宇房地产开发公司	纳税人地址		联系人、电话	
经济类型		行业		直接主管部门	
开户银行		账号		邮政编码	
项目名称			项目详细坐落地址		

项目		行次	纳税人申报金额
一、转让房地产收入总额 ①=②+③		①	120 000 000
其中	转让土地收入	②	
	转让地上建筑物及其附着物收入	③	
二、扣除项目金额合计 ④=⑤+⑥+⑬+⑯+⑳+㉑		④	47 000 000
1. 取得土地使用权所支付的金额		⑤	9 000 000
2. 房地产开发成本 ⑥=⑦+⑧+⑨+⑩+⑪+⑫		⑥	21 000 000
其中	土地征用及拆迁补偿费	⑦	
	前期工程费	⑧	
	建筑安装工程费	⑨	
	基础设施费	⑩	
	公共配套设施费	⑪	
	开发间接费用	⑫	
3. 房地产开发费用 ⑬=⑭+⑮		⑬	4 400 000
其中	利息支出	⑭	
	其他房地产开发费用	⑮	
4. 与转让房地产有关的税金 ⑯=⑰+⑱+⑲		⑯	6 600 000
其中	城市维护建设税	⑰	
	教育费附加	⑱	
5. 财政部规定的加计20%扣除数 ⑲=（⑤+⑥）×20%		⑲	6 000 000
6. 财政部规定的其他扣除项目金额		⑳	
三、增值额 ㉑=①-④		㉑	73 000 000
四、增值额与扣除项目金额之比（%） ㉒=㉑÷④		㉒	155.32%
五、适用税率（%）		㉓	50%
六、速算扣除系数（%）		㉔	15%
七、预收房地产价款		㉕	
八、预征比例（%）		㉖	
九、应缴(或预缴)土地增值税税额 ㉗=㉑×㉓-④×㉔（或㉕×㉖）		㉗	29 450 000
十、已缴土地增值税税额		㉘	0
十一、本期实际缴纳土地增值税金额		㉙	0
十二、应补（退）土地增值税税额 ㉚=㉗-㉘-㉙		㉚	29 450 000
十三、项目竣工清算应补（退）土地增值税税额 ㉛=㉗-㉘		㉛	

携带资料：

1. 当期财务会计报表［损益表、主要开发产品（工程）销售明细表、在建开发项目成本表、已完工开发项目成本表］、装修标准等资料。
2. 银行贷款利息结算通知单。
3. 转让房地产有关资料（商品房购销合同副本、项目工程合同结算单等）。
4. 其他。

备注：由纳税人填写本表未尽事宜

如纳税人填报，由纳税人填写以下各栏			如委托代理人填报，由代理人填写以下各栏			
会计主管（签章）	经办人（签章）	纳税人（签章）	代理人名称			代理人（签章）
			地址			
			经办人		电话	
以下由税务机关填写						
税务机关审核意见：						
收到申报表日期		接收人		审核人（签章）		

注：表中的金额是根据例6-6提供的资料填写。

表 6－7　　**土地增值税纳税申报表（二）**

（非从事房地产开发的纳税人适用）

金额单位：人民币元

填表日期：××年 12 月 15 日

面积单位：平方米

<table>
<tr><td>企业编码</td><td colspan="3"></td><td>税务登记号</td><td colspan="2"></td></tr>
<tr><td>纳税人名称</td><td colspan="3">城西有限公司</td><td>税款所属时期</td><td colspan="2"></td></tr>
<tr><td>办税员证号</td><td colspan="2"></td><td>办税员</td><td></td><td>电　话</td><td></td></tr>
</table>

<table>
<tr><th colspan="2">项　　目</th><th>行　　次</th><th>金　　额</th></tr>
<tr><td colspan="2">一、转让房地产收入总额</td><td>①＝②＋③</td><td>10 000 000</td></tr>
<tr><td rowspan="2">其中</td><td>货币收入</td><td>②</td><td></td></tr>
<tr><td>实物收入及其他收入</td><td>③</td><td></td></tr>
<tr><td colspan="2">二、扣除项目金额合计</td><td>④＝⑤＋⑥＋⑨</td><td>6 950 000</td></tr>
<tr><td colspan="2">1. 取得土地使用权所支付的金额</td><td>⑤</td><td></td></tr>
<tr><td colspan="2">2. 旧房及建筑物的评估价格</td><td>⑥＝⑦×⑧</td><td>6 400 000</td></tr>
<tr><td rowspan="2">其中</td><td>旧房及建筑物的重置成本价</td><td>⑦</td><td>8 000 000</td></tr>
<tr><td>成新度折扣率</td><td>⑧</td><td>80%</td></tr>
<tr><td colspan="2">3. 与转让房地产有关的税金等</td><td>⑨＞⑩＋⑪＋⑫</td><td>550 000</td></tr>
<tr><td rowspan="3">其中</td><td>城市维护建设税</td><td>⑩</td><td></td></tr>
<tr><td>印花税</td><td>⑪</td><td></td></tr>
<tr><td>教育费附加</td><td>⑫</td><td></td></tr>
<tr><td colspan="2">三、增值额</td><td>⑬＝①－④</td><td>3 050 000</td></tr>
<tr><td colspan="2">四、增值额与扣除项目金额之比</td><td>⑭＝⑬÷④</td><td>43.88%</td></tr>
<tr><td colspan="2">五、适用税率（%）</td><td>⑮</td><td>30%</td></tr>
<tr><td colspan="2">六、速算扣除系数（%）</td><td>⑯</td><td>0</td></tr>
<tr><td colspan="2">七、应缴土地增值税税额</td><td>⑰＝⑬×⑮－④×⑯</td><td>915 000</td></tr>
</table>

<table>
<tr><td colspan="3" rowspan="2">如纳税人填报，
由纳税人填写以下各栏</td><td colspan="4">委托代理人填报，由代理人填写以下各栏</td><td rowspan="3">备注</td></tr>
<tr><td>代理人名称</td><td colspan="2"></td><td rowspan="2">代理人
（签章）</td></tr>
<tr><td rowspan="2">会计主管
（签章）</td><td rowspan="2">经办人
（签章）</td><td rowspan="2">纳税人
（签章）</td><td>代理人地址</td><td colspan="2"></td></tr>
<tr><td>经办人</td><td></td><td>电　话</td><td colspan="2"></td></tr>
<tr><td colspan="8">以下由税务机关填写</td></tr>
<tr><td>收到申报表日期</td><td colspan="2">年　月　日</td><td>接收人</td><td colspan="4"></td></tr>
</table>

注：表中的金额是根据例 6－6 提供的资料填写。

思考与练习

一、单项选择题

1. 耕地占用税实行（　　）计征。

A. 地区差别比例税率　　B. 地区差别定额税率

C. 地区差别超额累进税率　　D. 地区差别超率累进税率

2. 对经济特区、技术开发区和经济发达、人均耕地特别少的地区，耕地占用税的税额标准可以适当提高，但是最高不得超过规定税额的（　　）。

A. 50%　　B. 100%

C. 150%　　D. 200%

3. 获准征（占）用耕地的单位和个人，应持县级以上土地管理部门的批准文件，自批准占用耕地之日起（　　）日内向征收机关申报并缴纳耕地占用税。

A. 10　　B. 15

C. 30　　D. 45

4. 城镇土地使用税采用有一定幅度的（　　）计征。

A. 定额税率　　B. 比例税率

C. 超额累进税率　　D. 全额累进税率

5. 经济落后地区，可适当降低城镇土地使用税适用税额标准，但降低额不得超过规定最低税额的（　　）。

A. 10%　　B. 20%

C. 30%　　D. 50%

6. 城镇土地使用税的纳税地点为（　　）。

A. 企业所在地　　B. 企业注册地

C. 企业经营地　　D. 土地所在地

7. 土地增值税以纳税人转让房地产所取得的（　　）为计税依据，依照累进税率计算征收。

A. 收入额　　B. 毛利额

C. 利润额　　D. 增值额

8. 纳税人建造普通标准住宅出售，增值额未超过扣除项目金额（　　）（含），免征土地增值税。

A. 10%　　B. 20%

C. 30%　　D. 50%

9. 个人因工作调动或改善居住条件而转让原自住房，凡居住满（　　）年或以上的，经向税务机关申报批准，免予征收土地增值税。

A. 3　　B. 5

C. 8　　D. 10

10. 纳税人应自转让房地产合同签订之日起（　　）日内，向房地产所在地的主管税务机关办理土地增值税的纳税申报。

A. 3　　B. 5

C. 7　　D. 15

二、多项选择题

1. 耕地占用税的纳税人不包括（　　）。

A. 国有企业　　B. 外商投资企业

C. 外国企业　　D. 华侨和港澳台同胞投资兴办的企业

2. 具体列入征收耕地占用税范围的耕地包括（　　）。

A. 种植粮食作物、经济作物的土地　　B. 菜地

C. 鱼塘　　D. 草场

3. 经批准，下列（　　）征用的耕地，免征耕地占用税。

A. 部队军事设施用地　　B. 飞机场跑道和停机坪用地

C. 炸药库用地　　D. 公园用地

4. 免征城镇土地使用税的用地包括（　　）。

A. 国家机关、人民团体、军队自用的土地

B. 由国家财政部门拨付事业经费的单位自用的土地

C. 宗教寺庙、公园、名胜古迹自用的土地

D. 直接用于农、林、牧、渔业的生产用地

5. 关于土地使用税纳税人的具体确定，正确的说法包括（　　）。

A. 土地使用税应由拥有土地使用权的单位或个人缴纳

B. 拥有土地使用权的纳税人不在土地所在地的，由代管人或实际使用人纳税

C. 土地使用权未确定或权属纠纷未解决的，由实际使用人纳税

D. 土地使用权共有的，由共有各方按其实际使用的土地面积占总面积的比例，分别计算纳税

6. 土地使用税土地面积的具体确定办法包括（　　）。

A. 凡由省、自治区、直辖市人民政府确定的单位组织测定土地面积的，以测定的面积为准

B. 尚未组织测量，但纳税人持有政府部门核发的土地使用证的，以书面确认的土地面积为准

C. 尚未核发土地使用证书的，应由纳税人申报土地面积，据以纳税，待核发土地使用证后再作调整

D. 尚未核发土地使用证书的，由税务机关核定土地面积，据以纳税，待核发土地使用证后再作调整

7. 土地增值税的纳税人包括（　　）。

A. 各类内外资企业　　B. 事业单位

C. 国家机关　　D. 社会团体及其他组织

8. 土地增值税的征税范围包括（　　）。

A. 转让国有土地使用权
B. 连同国有土地使用权一并转让的地上建筑物及其附着物
C. 转让集体土地使用权
D. 出租房地产

9. 土地增值税纳税人转让房地产所取得的收入，具体包括（　　）。
A. 货币收入　　B. 实物收入
C. 债券收入　　D. 专利权收入

10. 准予土地增值税纳税人从转让收入额中减除的扣除项目有（　　）。
A. 取得土地使用权所支付的金额　　B. 房地产开发成本
C. 房地产开发费用　　D. 旧房及建筑物的评估价格

三、判断题

1. 耕地占用税以纳税人实际占用耕地面积为计税依据，按规定单位税额从量计算征收。（　　）
2. 耕地占用税由地方财政部门负责征收，采用多次课征制。（　　）
3. 占用前五年内曾用于种植农作物的土地，亦视为耕地。（　　）
4. 城镇土地使用税的征税范围，仅限于城市（含市区和郊区）、县城、建制镇和工矿区内的国家或集体所有的非农业用土地。（　　）
5. 经批准开山填海整治的土地和改造的废弃土地，从使用的月份起免缴土地使用税10～20年。（　　）
6. 城镇土地使用税的核算，主要通过设置“管理费用”和“应交税费——应交城镇土地使用税”科目进行。（　　）
7. 土地增值税纳税人所指的个人只包括中国公民，不包括外籍人员及个体经营者。（　　）
8. 继承房地产不征收土地增值税。（　　）
9. 因国家建设需要依法征用、收回的房地产，免征土地增值税。（　　）
10. 以一次交割、付清价款方式转让房地产的，应在办理过户、登记手续后一次性缴纳全部税款。（　　）

四、业务题

1. 东福有限公司经有关部门批准征用市郊的一块稻地建生产车间，经核准，占用面积为20亩，该地区适用的单位税额为每平方米3元。

要求：计算该公司应纳的耕地占用税并做出相应的账务处理。

2. 前进有限公司经市国土局批准在市郊占用菜田8万平方米，其中用于办公楼建设用地5万平方米，其余用于学校建设，所在地区适用的单位税额为5元/平方米。

要求：计算该公司应纳的耕地占用税并做出相应的账务处理。

3. 西蒙有限公司本年实际使用的应税土地有5万平方米，该地区适用的单位税额为每平方米4元/年。

要求：计算该公司本年应纳土地使用税税额并做出相应的账务处理。

4. 飞翔有限公司本年实际占用土地9万平方米，其中公司办托儿所占地5 000平方米。该公司位于市区内，当地政府核定其单位税额为每平方米8元/年。

要求：计算该公司本年应纳土地使用税税额并做出相应的账务处理。

5. 东海有限公司本年转让房地产取得收入1 600万元，其扣除项目金额为1 000万元。

要求：分别采用分级计算法和速算扣除计算法计算该公司应纳的土地使用税税额并做出相应的账务处理。

6. 城东房地产开发公司转让住宅商品楼一栋，获得货币收入1.8亿元，公司为取得土地使用权支付的金额为7 200万元，房地产开发成本计2 000万元，房地产开发费用计800万元，转让房地产支付有关税金及附加计600万元。

要求：计算公司应纳土地增值税，并做出相应的账务处理。

7. 中成有限公司转让旧办公楼一栋，取得收入2 000万元，旧办公楼的评估重置成本1 600万元，成新度折扣率50%，转让旧办公楼支付有关税金及附加计110万元。

要求：计算公司应纳土地增值税，并做出相应的账务处理。

第七章
房产税、契税、车船使用税及其会计核算

【知识导入】 据财政部消息：近年的土地和房地产相关税收中，受部分地区商品房销售较快增长等影响，契税3 000多亿元，增长10%以上；土地增值税也是3 000多亿元，增长10%以上。另外，房产税1 000多亿元，增长近5%；车船税、船舶吨税等税收收入600亿元，增长10%左右。然而车辆购置税却下降3%左右。主要受对1.6升及以下排量乘用车减半征收车辆购置税政策影响。

第一节 房产税及其会计核算

【学习目标】 了解房产税的概念、征税范围、纳税人、税率等基本知识，掌握房产税的计算和会计处理。

一、房产税的征收制度

房产税是以房屋为征税对象，按照房屋的计税余值或租金收入，向房屋产权所有人或经营人征收的一种财产税。

（一）纳税人

1. 产权属于国有（全民）所有的，以经营管理单位为纳税人；产权属于集体单位或个人所有的，以集体单位或个人为纳税人。

2. 产权出典的，以承典人为纳税人。所谓产权出典是指产权所有人将房屋、生产资料等的产权，在一定期限内典当给他人使用，

《房产税暂行条例》

而取得资金的一种融资行为。这类业务常发生在出典人急需用资金，但又想保留产权赎回的情况。承典人向出典人交付一定的典价之后，在质典期内即获抵押物品的支配权，可以转典。

3. 产权所有人、承典人不在房屋所在地的，由房产代管人或者使用人纳税。

4. 产权未确定及租典纠纷未解决的，由房产代管人或者使用人纳税。

5. 无租使用其他房产的，由使用人代为缴纳房产税。

税收视野：房地产开发企业建造的商品房，在出售前，不征收房产税；但对出售前房地产开发企业已使用或出租、出借的商品房应按规定征收房产税。

（二）房产税的特点

1. 房产税属于财产税中的个别财产税。

2. 征税范围限于城镇的经营性房屋。

3. 区别房屋的经营使用方式规定征税办法。

（三）征税范围

《中华人民共和国房产税暂行条例》规定，房产税的征税范围为城市、县城、建制镇和工矿区。

1. 城市是指经国务院批准设立的市。城市的征税范围为市区、郊区和市辖县县城。

2. 县城是指县人民政府所在地。

3. 建制镇是指经省、自治区、直辖市人民政府批准设立的建制镇。

4. 工矿区是指工商业比较发达、人口比较集中、符合国务院规定的建制镇标准，但尚未设立建制镇的大中型工矿企业所在地。开征房产税的工矿区须经省、自治区、直辖市人民政府批准。

房产税的征税范围不包括农村。

（四）计税依据和税率

1. 房产税计税的依据。房产税的计税依据是房产的计税价值或房产的租金收入，按照房产计税价值征税的，称为“从价计征”；按照房产租金收入计征的，称为“从租计征”。

（1）从价计征。《中华人民共和国房产税暂行条例》规定，按照房产原始价值一次扣除10%～30%后的余值作为计税额计算、缴纳，各地扣除幅度由省、自治区、直辖市人民政府确定。没有记载房产原始价值的，由房产所在地税务机关参照同类房产核定。

房产的原始价值应包括与房屋不可分割的各种附属设备或一般不单独计算价值的配套设施。

纳税人对原有房屋进行改建、扩建的，要相应增加房屋的原值。

房产余值是房产的原值减除规定比例后的剩余价值。

（2）从租计征。《中华人民共和国房产税暂行条例》规定，房屋出租的，以房产的租金收入为房产税的计税依据。房产租金收入是指房屋产权所有人出租房产使用权所得的报酬，包括货币性收入和实物收入。

2. 房产税税率。房产税采用比例税率，根据计征方式不同，使用两种税率。

（1）按房产余值从价计征的，税率为1.2%。

（2）按房产租金从租计征的，税率为12%。

（五）应纳税额的计算

1. 从价计税的计算。

年应纳房产税额 = 房产原始价值 ×（1 − 扣除比率）× 适用税率

【例 7－1】 天明公司经营用房原始价值为 800 万元，按照当年政府规定允许扣除 30% 后的余值计算，适用税率为 1.2%。试计算天明公司年应纳房产税额。

解：年应纳房产税额 = 800 ×（1 − 30%）× 1.2% = 6.72（万元）

2. 从租计征的计算。

应纳房产税额 = 租金收入 × 适用税率

【例 7－2】 昌华公司系外商投资企业，本年将未用的仓库出租，年租金收入为 8 万元，适用税率为 12%，试计算该房产应纳房产税额。

解：年应纳房产税额 = 80 000 × 12% = 9 600（元）

（六）税收优惠

下列房产免征房产税：

1. 国家机关、人民团体、军队自用的房产；
2. 由国家财政部门拨付经费的单位自用的房产；
3. 宗教寺庙，公园名胜古迹自用的房产；
4. 个人所有非营业用的房产；
5. 经财政部批准免税的其他房产，如损坏不堪使用的房屋和危房；企业停产撤销而闲置不用的房产；按政府规定价格出租的公有住房和廉租住房。

二、房产税的会计核算

（一）房产税会计核算账户的设置

根据现行的会计制度的规定，房产税的会计核算需要设置“管理费用——房产税”、“应交税费——应交房产税”账户。房产税按规定计算应交税额并填写“房产税纳税申报表”，根据纳税申报表应借记“管理费用”账户，贷记“应交税费”账户；按税务机关开出的完税凭证借记“应交税费——应交房产税”账户，贷记“银行存款”账户（见图 7－1）。

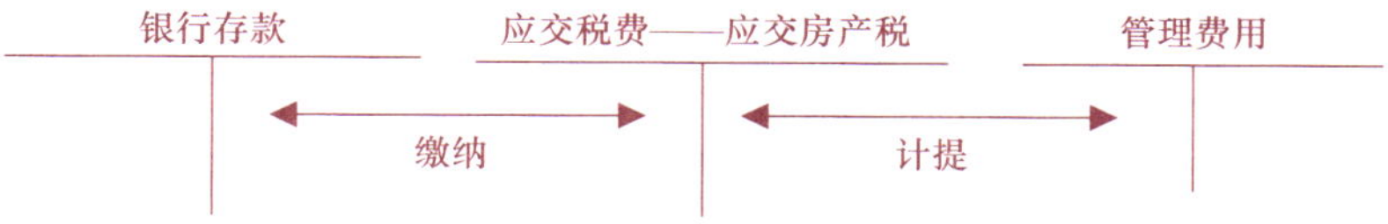

图 7－1

（二）房产税会计处理及纳税申报

【例 7－3】 华江有限公司“固定资产”账户房产项目原始价值为 2 400 万元，其中：生产用房 1 200 万元；按政府规定低价出租给职工的住房 400 万元；临街房产 800 万元。临街房产全部出租，每月租金为 6 万元。根据当地规定允许扣除比例为 30%。试计算该厂应纳的房产税，并做出相关的账务处理。

解：年应纳税额 = 12 000 000 ×（1 − 30%）× 1.2% + 60 000 × 12 × 12% = 187 200（元）

- 计提房产税：

借：管理费用——房产税　　187 200

贷：应交税费——应交房产税　　187 200

- 缴纳房产税：

借：应交税费——应交房产税　　187 200

　　贷：银行存款　　187 200

【例7-4】 大华印染厂系外商投资企业，上年12月31日“固定资产——房产”账面原值为500万元。本年2月1日，企业将房产原值为150万元的房屋租给其他单位使用，每年收取租金收入30万元。根据当地规定允许扣除比例为30%。房产税按年计算，分季缴纳。试计算该厂1~3月应纳房产税并进行相应的账务处理。

解：1月份按房产余值计算全年应纳税额为：

年应纳税额 = 5 000 000 × (1 - 30%) × 1.2% = 42 000(元)

月应纳税额 = 年应纳税额 ÷ 12 = 42 000 ÷ 12 = 3 500（元）

2月份应按房产余值和租金收入分别计算应纳税额：

- 按房产余值计算的应纳税额：

年应纳税额 = (5 000 000 - 1 500 000) × (1 - 30%) × 1.2% = 29 400(元)

月应纳税额 = 29 400 ÷ 12 = 2 450（元）

- 按租金收入计算的应纳税额为：

年应纳税额 = 300 000 × 12% = 36 000（元）

月应纳税额 = 36 000 ÷ 12 = 3 000（元）

则2月份、3月份应纳房产税税额 = 2 450 + 3 000 = 5 450元。则1月末应作如下账务处理：

借：管理费用——房产税　　3 500

　　贷：应交税费——应交房产税　　3 500

2月末、3月末企业应分别做如下账务处理：

借：管理费用——房产税　　2 450

　　其他业务支出　　3 000

　　贷：应交税费——应交房产税　　5 450

3月末企业“应交税费——应交房产税”账户有关资料如图7-2所示。

应交税费——应交房产税

	1月 3 500
	2月 5 450
	3月 5 450
	3月末余额 14 400

图7-2

4月初企业缴纳一季度应纳税额14 400元，账务处理如下：

借：应交税费——应交房产税　　14 400

　　贷：银行存款　　14 400

房产税按年征收、分期缴纳、具体纳税期限由各省、自治区、直辖市人民政府确定。房产税在房产所在地的地方税务机关负责征收，房产不在同一地方的纳税人，应按房产的所处地点分别向房产所在地的税务机关缴纳。“房产税纳税申报表”见表7-1。

表 7－1

房产税纳税申报表

纳税人识别号：　　　　　　　　填表日期：　　年　　月　　日　　　　　　　　金额单位：元（列至角分）

纳税人名称				税款所属时期											
坐落地点				建筑面积 m^2						房屋结构					
上期申报房产原值（评估值）	本期增减	本期实际房产原值	其中			扣除率%	计税依据		适用税率		全年应纳税额	缴纳次数	本期		
			从价计税的依据	从租计税的房产原值	免税房产原值		房产余值	租金收入	1.2%	12%			应纳税额	已纳税额	应补（退）税额
①	②	③=②+①	④=③－⑤－⑥	⑤=③－④－⑥	⑥	⑦	⑧=④－④×⑦	⑨	⑩	⑪	⑫=⑧×⑩+⑨×⑪	⑬	⑭=⑫/⑬	⑮	⑯=⑭－⑮
合计															
如纳税人填报，由纳税人填写以下各栏						如委托代理人填报，由代理人填写以下各栏								备注	
会计主管（签章）		经办人（签章）		纳税人（签章）		代理人名称					代理人（签章）				
						代理人地址									
						经办人				电话					
以下由税务机关填写															
收到申报表日期										接收人					

第二节　契税及其会计核算

【学习目标】 了解契税的概念、征税范围、计税依据等基本知识，掌握契税的计算和会计处理。

一、契税的征收制度

契税是以所有权发生转移的不动产，即以土地和房屋为征税对象，向产权承受人征收的一种财产税。

《契税暂行条例》

（一）纳税人

契税的纳税人是在中华人民共和国境内转移土地、房屋权属过程中，承受土地使用权和房屋所有权的单位和个人。契税归财产税类，但其实质上是属于一种行为课税的税种，有下列行为的应缴纳契税：国有土地使用权出让；土地使用权转让，包括出售、赠予和交换；房屋买卖；房屋赠予；房屋交换；承受国有土地使用权支付的土地出让金。

土地使用权转让，不包括农村集体土地承包经营权的转移。

（二）契税的特点

1. 契税属于财产转移税，它以权属发生转移的土地和房屋为征税对象，具有财产转移课税性质。

税收视野： 以自有房产作价投入本人独资经营的企业，免纳契税。因为以自有房产投入本人独资经营的企业，权属并未发生转移。

2. 契税由财产承受人缴纳，一般税种在税制中确定纳税人，大多确定销售方为纳税人，即卖方纳税。

（三）计税依据和税率

1. 契税的计税依据。

（1）国有土地使用权出让，土地使用权出售、房屋买卖，以成交价格为计税依据。

（2）土地使用权赠予、房屋赠予，由税务机关参照土地使用权出售，房屋买卖的市场价格核定额为计税依据。

（3）土地使用权交换、房屋交换，以所交换的土地使用权，房屋的价格的差额为计税价格。具体而言，交换价格相等时，免征契税；交换价格不相等时，由多交付的货币、实物、无形资产或者其他经济利益的一方缴纳契税。

继续实施企业改制重组有关土地增值税政策的通知

成交价格明显低于市场价格并且无正当理由的，或所交换的土地使用权、房屋的价格的差额不合理并且无正当理由的，由税务机关参照市场价格核定。

2. 契税的税率。契税的税率实行3%～5%的幅度的比例税率，各地的适用税率由各省、自治区、直辖市人民政府在规定的幅度内，按照本地的实际情况确定，并报财政部和国家税务总局备案。

（四）应纳税额的计算

应纳税额，依照规定的计税依据和税率计算，应纳税额计算公式为：

应纳税额＝计税依据×适用税率

应纳税额以人民币计算。转移土地、房屋权属以外汇结算的，按照纳税义务发生之日中国人民银行公布的人民币市场汇率中间价，折合成人民币。

【例7－5】 华南公司接受中南公司的房产投资入股，该房产的市场价值为285万元；公司为了生产经营便利，以自用房产与另一企业交换一处房产，并支付差价款180万元；同年政府有关部门向公司出让土地一块，缴纳土地出让金350万元（该地规定契税税率为3%）。试计算华南公司应缴纳的契税。

解：华南公司应缴纳的契税＝(2 850 000＋1 800 000＋3 500 000)×3%

＝244 500（元）

【例7－6】 李某拥有4套住房，将第一套价值120万元的别墅折价给陈某抵偿了100万元的债务；用市场价值98万元的第二、第三两套住房与林某交换一套四居室住房，另取得林某赠送价值12万元的小轿车一辆；将第四套市场价值90万元的公寓折成股份投入本人独资经营的企业。当地确定的契税税率为3%。要求：计算李某、陈某、林某应缴纳的契税。

解：李某不需要缴纳契税，陈某、林某应缴纳契税。

陈某应缴纳的契税＝1 000 000×3%＝30 000（元）

林某应缴纳的契税＝120 000×3%＝3 600（元）

（五）税收优惠

按照《中华人民共和国契税暂行条例》规定，契税的优惠政策主要有：

1. 国家机关、事业单位、社会团体、军队单位承受土地、房屋用于办公、教学、医疗、科研和军事设施的，免征契税。

2. 城镇职工按规定第一次购买公有住房的，免征契税。

3. 因不可抗力灭失住房而重新购买住房的，酌情准予减征或者免征契税。

4. 财政部规定的其他减征、免征契税的项目。

经批准免征、减征契税的纳税人改变有关土地、房屋用途的，不再属于规定免征、减征契税范围，应当补纳已经免征、减征的契税。

二、契税的会计核算

（一）契税会计核算账户的设置

根据会计制度的规定，契税会计核算需设置“应交税费——应交契税”账户。反映契税的计提和缴纳情况，同时，将计提的契税记入“固定资产”或“无形资产”账户。契税按规定计算应纳税额并填制纳税申报表，根据纳税申报表，应借记“固定资产”或“无形资产”账户，贷记“应交税费——应交契税”账户；根据税务机关开出的完税凭证借记“应交税费——应交契税”账户，贷记“银行存款”账户，见图7－3。

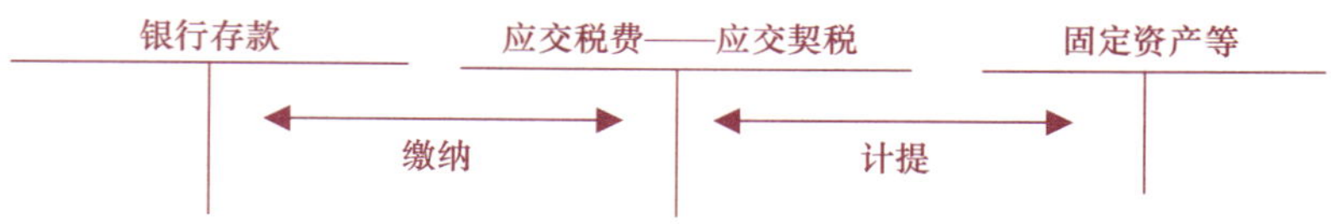

图 7－3

（二）契税的会计处理及纳税申报

【例 7－7】 承例 7－5，做出华南公司应缴纳的契税的账务处理。

计提时，借：固定资产	139 500	
无形资产	105 000	
贷：应交税费——应交契税		244 500
缴纳时，借：应交税费——应交契税	244 500	
贷：银行存款		244 500

纳税人应当自纳税义务发生之日起 10 天内，向土地、房屋所在地的契税征收机关办理纳税申报，并在契税征收机关核定的期限内缴纳税款。“契税纳税申报表”见表 7－2。

表 7－2　　××市地方税务局契税纳税申报表

填报日期：　　年　月　日　　　税款所属时期：　　　单位：人民币元（列至角分）、平方米

纳税人（受让方）	名　称			联系电话		
	税务登记证（身份证）号			电脑编码		
	地　址			邮政编码		
转让方	名　称			联系电话		
	税务登记证（身份证）号			电脑编码		
	原房地产证号码		销售合同号码		发票号码	
土地房屋地址（幢号、房号）						
房屋用途	①住宅　②商业　③办公　④厂房　⑤教学　⑥医疗　⑦科研　⑧军事　⑨其他					
权属转移类别	①土地使用权出让　②土地使用权出售　③土地使用权赠予　④土地使用权交换　⑤房屋买卖　⑥房屋赠予　⑦房屋交换　⑧作价投资入股　⑨抵债　⑩获奖承受　⑪个人购买自用普通住宅　⑫其他					
面积	m^2	成交价格				
计税面积	m^2	市场价格或评估价格				
计税金额	元	通用税率	%	合同签订时　间	年　月　日	
减免税额		人民币（大写）：			¥：	
应纳税额＝计税金额×税率－减免税额		人民币（大写）：			¥：	

续表

<table>
<tr><td colspan="2">如纳税人填报，由纳税人填写以下各栏</td><td colspan="3">如委托代理人填报，由代理人填写以下各栏</td></tr>
<tr><td colspan="2">纳税人声明：此纳税申报表是根据国家税收法律的规定填报的，我确定它是真实的、可靠的、完整的。

纳税人盖章：</td><td colspan="3">代理人声明：此纳税申报表是根据国家税收法律的规定填报的，我确定它是真实的、可靠的、完整的。

代理人（法人代表）签名盖章：</td></tr>
<tr><td colspan="2">法人代表（业主）签名：</td><td colspan="2">税务代理机构名称</td><td></td></tr>
<tr><td colspan="2">经办人签名：</td><td colspan="2">电　　话</td><td></td></tr>
<tr><td rowspan="2">征收机关
填　　写</td><td colspan="2">受理申报日期：　　　年　月　日
受理人签名：</td><td colspan="2">录入日期：　　　年　月　日
录入人签名：</td></tr>
<tr><td colspan="2">审核人签名：
年　月　日</td><td>备注</td><td></td></tr>
</table>

第三节　车船税及其会计核算

【学习目标】 了解车船税的概念、征税范围、计税依据等基本知识，掌握车船税的计算和会计处理。

一、车船税的征收制度

车船税是以车船为征税对象，向拥有车船的单位和个人征收的一种税。

《车船税暂行条例》

（一）纳税人

在中华人民共和国境内属于《中华人民共和国车船税法》所附《车船税税目税额表》规定的车辆、船舶（以下简称为“车船”）的所有人或者管理人，为车船税的纳税人。

管理人是指对车、船具有管理使用权，不具有所有权的单位和个人。

（二）征税范围

1. 依法应当在车船登记管理部门登记的机动车辆和船舶。

2. 依法不需要在车船登记管理部门登记的在单位内部场所行驶或者作业的机动车辆和船舶。

按征税项目划分具体征税范围为：

1. 乘用车，是指在设计和技术特性上主要用于载运乘客及随身行李，核定载客人数包括驾驶员在内不超过 9 人的汽车。

2. 商用车，是指除乘用车外，在设计和技术特性上用于载运乘客、货物的汽车，划分为客车和货车。

3. 半挂牵引车，是指装备有特殊装置用于牵引半挂车的商用车。

4. 三轮汽车，是指最高设计车速不超过每小时 50 千米，具有三个车轮的货车。

5. 低速载货汽车，是指以柴油机为动力，最高设计车速不超过每小时 70 千米，具有 4 个车轮的货车。

6. 挂车，是指就其设计和技术特性需由汽车或者拖拉机牵引才能正常使用的一种无动力的道路车辆。

7. 专用作业车，是指在其设计和技术特性上用于特殊工作的车辆。

8. 轮式专用机械车，是指有特殊结构和专门功能，装有橡胶车轮可以自行行驶，最高设计车速大于每小时 20 千米的轮式工程机械车。

9. 摩托车，是指无论采用何种驱动方式，最高设计车速大于每小时 50 千米，或者使用内燃机，其排量大于 50 毫升的两轮或者三轮车辆。

10. 船舶，是指各类机动、非机动船舶以及其他水上移动装置，但是船舶上装备的救生艇筏和长度小于 5 米的艇筏除外。其中，机动船舶是指用机器推进的船舶；拖船是指专门用于拖（推）动运输船舶的专业作业船舶；非机动驳船，是指在船舶登记管理部门登记为驳船的非机动船舶；游艇是指具备内置机械推进动力装置，长度在 90 米以下，主要用于游览观光、休闲娱乐、水上体育运动等活动，并应当具有船舶检验证书和适航证书的船舶。

（三）适用税额

车船税实行定额税率。车船税的适用税额，依照《车船税法》所附的“车船税税目税额表”（见表 7－3）执行。省、自治区、直辖市人民政府根据车船税法所附车船税税目税额表确定车辆具体适用税额，应当遵循以下原则：

1. 乘用车依排气量从小到大递增税额；

2. 客车按照核定载客人数 20 人以下和 20 人（含）以上两档划分，递增税额。

表 7－3　　车船税税目税额表

乘用车〔按发动机汽缸容量（排气量）分档〕	1.0 升（含）以下的	每辆	60～360 元	核定载客人数 9 人（含）以下
	1.0 升以上至 1.6 升（含）的		300～540 元	
	1.6 升以上至 2.0 升（含）的		360～660 元	
	2.0 升以上至 2.5 升（含）的		660～1 200 元	
	2.5 升以上至 3.0 升（含）的		1 200～2 400 元	
	3.0 升以上至 4.0 升（含）的		2 400～3 600 元	
	4.0 升以上的		3 600～5 400 元	
商用车	客车	每辆	480～1 440 元	核定载客人数 9 人以上，包括电车
	货车	整备质量每吨	16～120 元	包括半挂牵引车、三轮汽车和低速载货汽车等

续表

挂车		整备质量每吨	按照货车税额的50%计算	
其他车辆	专用作业车	整备质量每吨	16～120元	不包括拖拉机
	轮式专用机械车		16～120元	
摩托车		每辆	36～180元	
船舶	机动船舶	净吨位每吨	3～6元	拖船、非机动驳船分别按照机动船舶税额的50%计算
	游艇	艇身长度每米	600～2 000元	

二、车船税的计算

（一）计税依据

1. 从事机动车第三者责任强制保险业务的保险机构为机动车车船税的扣缴义务人，应当在收取保险费时依法代收车船税，并出具代收税款凭证。

税收视野：国务院颁布的《机动车交通事故责任强制保险条例》规定，在我国道路上行驶的机动车所有人或管理人，都应当投保机动车交通事故责任强制保险（简称“交强险”）。该险种与车船税的征税范围相近，所以，从事交强险业务的保险机构为车船税的扣缴义务人。

2. 车船税法及其实施条例所涉及的排气量、整备质量、核定载客人数、净吨位、千瓦、艇身长度，以车船登记管理部门核发的车船登记证书或者行驶证所载数据为准。

依法不需要办理登记的车船和依法应当登记而未办理登记或者不能提供车船登记证书、行驶证的车船，以车船出厂合格证明或者进口凭证标注的技术参数、数据为准；不能提供车船出厂合格证明或者进口凭证的，由主管税务机关参照国家相关标准核定，没有国家相关标准的参照同类车船核定。

3. 机动船舶具体适用税额为：

（1）净吨位不超过200吨的，每吨3元；

（2）净吨位超过200吨但不超过2 000吨的，每吨4元；

（3）净吨位超过2 000吨但不超过10 000吨的，每吨5元；

（4）净吨位超过10 000吨的，每吨6元。

拖船按照发动机功率每1千瓦折合净吨位0.67吨计算征收车船税。

4. 游艇具体适用税额为：

（1）艇身长度不超过10米的，每米600元；

（2）艇身长度超过10米但不超过18米的，每米900元；

（3）艇身长度超过18米但不超过30米的，每米1 300元；

（4）艇身长度超过30米的，每米2 000元；

（5）辅助动力帆艇，每米600元。

（二）应纳税额的计算方法

1. 乘用车、客车、摩托车应纳税额的计算公式为：

$$年应纳税额 = \sum 应纳税车辆数 \times 适用税额$$

【例7-8】 华美工贸有限公司拥有小汽车3辆（发动机汽缸容量：1.6升1辆、2.4升1辆、3.0升1辆）；商用客车2辆（核定载客人数18人）；摩托车5辆。根据当地政府规定：小汽车发动机汽缸容量：1.6升每辆年应纳税额400元、2.4升每辆年应纳税额1 000元、3.0升每辆年应纳税额2 400元；商用客车每辆年应纳税额1 350元；摩托车每辆年应纳税额50元。试计算该公司应纳车船税额。

解：小汽车年应纳税额 = 1×400 + 1×1 000 + 1×2 400 = 3 800（元）

商用客车年应纳税额 = 2×1 350 = 2 700（元）

摩托车年应纳税额 = 5×50 = 250（元）

该公司年应纳车船税额 = 3 800 + 2 700 + 250 = 6 750（元）

2. 载货汽车、挂车、其他车辆应纳税额的计算公式为：

$$年应纳税额 = \sum 应纳税车辆整备质量吨数 \times 适用税额$$

【例7-9】 某食品有限公司拥有载货汽车3辆（每辆整备质量吨位都为5吨）；三轮汽车2辆（每辆整备质量吨位都为2吨）。根据当地政府规定：货车整备质量每吨税额为50元。试计算该公司应纳车船税额。

解：该公司应纳车船税额 = 3×5×50 + 2×2×50 = 950（元）

3. 机动船舶应纳税额的计算公式为：

$$年应纳税额 = \sum 应纳税船舶净吨位数 \times 适用税额$$

【例7-10】 某航运有限公司拥有机动船30艘，其中：净吨位为200吨的5艘；净吨位为600吨的8艘；净吨位为3 000吨的10艘；净吨位为15 000吨的7艘。试计算该航运公司年应纳车船税税额。

解：公司年应纳车船税税额 = 5×200×3 + 8×600×4 + 10×3 000×5 + 7×15 000×6

= 3 000 + 19 200 + 150 000 + 630 000

= 802 200（元）

4. 游艇应纳税额的计算公式为：

$$年应纳税额 = \sum 艇身长度米数 \times 适用税额$$

购置的新车船，购置当年的应纳税额自纳税义务发生的当月起按月计算。计算公式为：

$$应纳税额 = 年应纳税额 \div 12 \times 应纳税月份数$$

【例7-11】 某乘风运输公司本年5月份新购置3辆货车，每辆整备质量吨位都为10吨。根据当地政府规定：载货汽车每吨税额为50元。计算该公司本年度新购置3辆货车应纳车船税额。

解：年应纳税额 = 3×10×50 = 1 500（元）

该公司本年度新购置3辆货车应纳车船税额 = 1 500÷12×8 = 1 000（元）

三、车船税优惠

（一）法定减免

1. 捕捞、养殖渔船；

2. 军队、武装警察部队专用的车船；

3. 警用车船；

4. 依照法律规定应当予以免税的外国驻华使领馆、国际组织驻华代表机构及其有关人员的车船。

（二）特定减免

1. 节约能源、使用新能源的车船可以免征或者减半征收车船税。免征或者减半征收车船税的车船的范围，由国务院财政、税务主管部门以及国务院有关部门制订，报国务院批准。

对受地震、洪涝等严重自然灾害影响纳税困难以及其他特殊原因确需减免税的车船，可以在一定期限内减征或者免征车船税。具体减免期限和数额由省、自治区、直辖市人民政府确定，报国务院备案。

2. 省、自治区、直辖市人民政府根据当地实际情况，可以对公共交通车船，农村居民拥有并主要在农村地区使用的摩托车、三轮汽车和低速载货汽车定期减征或者免征车船税。

3. 临时入境的外国车船和香港特别行政区、澳门特别行政区、中国台湾地区的车船，不征收车船税。

4. 按照规定缴纳船舶吨税的机动船舶，自车船税法实施之日起 5 年内免征车船税。

依法不需要在车船登记管理部门登记的机场、港口、铁路站场内部行驶或者作业的车船，自车船税法实施之日起 5 年内免征车船税。

四、车船税的会计核算

（一）车船税会计核算应设置的账户

根据现行会计制度的规定，车船税会计核算应设置“应交税费——应交车船税”账户，以反映车船税的计提和缴纳情况，同时，将计提的车船税记入“管理费用”账户。车船税按规定计算应缴纳税额并填制车船税纳税申报表。根据纳税申报表应借记“管理费用”，贷记“应交税费——应交车船税”。缴纳时，依税务机关开出的完税凭证，借记“应交税费——应交车船税”账户，贷记“银行存款”账户（见图 7－4）。

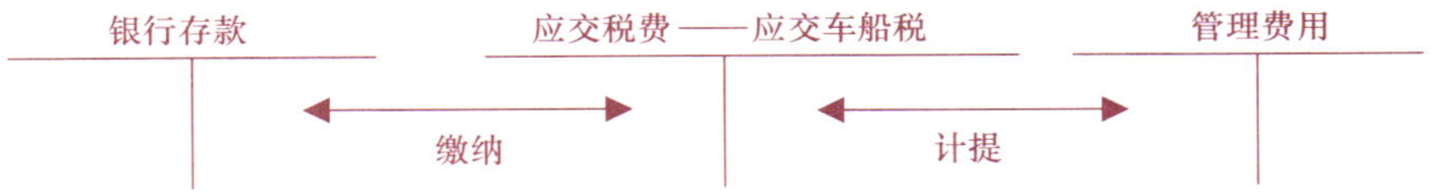

图 7－4

（二）车船税的账务处理及纳税申报

【例 7－12】 根据例 7－8 的资料，做出华美工贸有限公司年度应缴纳的车船税的账务处理。

- 计提时：借：管理费用——税金　　6 750
  　　　　贷：应交税费——应交车船税　　6 750
- 缴纳时：借：应交税费——应交车船税　　6 750
  　　　　贷：银行存款　　6 750

车船税按年征收，分期缴纳，具体缴纳期限由各省、自治区、直辖市人民政府确定。车船税由纳税人所在地的地方税务机关征收。纳税人所在地，是指经营所在地或机构所在地。

思考与练习

一、单项选择题

1. 关于房产税纳税人的下列表述中，不正确的是（　　）。

A. 房屋产权所有人不在房屋所在地的，房屋代管人或使用人为纳税人

B. 房屋产权未确定的，房屋代管人或使用人为纳税人

C. 房屋产权属于国家的，其经营管理单位为纳税人

D. 房屋出租的，承租人为纳税人

2. 下列房屋及建筑物中，属于房产税征税范围的有（　　）。

A. 农村的居住用房　　B. 建在室外的露天游泳池

C. 个人拥有的市区经营性用房　　D. 尚未使用或出租而待售的商品房

3. 某工厂拥有一处原价为76万元的房产，当地规定的房产税减除比例为30%。该厂房产年缴纳房产税税额的下列计算中，正确的是（　　）。

A. 760 000×1.2% =9 120（元）

B. 760 000÷（1－30%）×1.2% = 13 028.57（元）

C. 760 000×（1－30%）×1.2% =6 384（元）

D. 760 000×30%×1.2% =2 736（元）

4. 根据契税法律制度的相关规定，下列各项中，属于契税纳税人的是（　　）。

A. 出租房屋的梁某　　B. 出让土地使用权的某市政府

C. 转让房屋的某公司　　D. 购买房屋的某公司

5. 根据契税法律制度的相关规定，下列行为不属于契税征税范围的是（　　）。

A. 房屋出租　　B. 国有土地使用权转让

C. 房屋买卖　　D. 房屋赠予

6. 某公司出售一处房产，取得收入240万元，又以520万元购入一处繁华的店面。当地政府规定的契税税率为4%，该公司应缴纳契税税额的下列计算中，正确的是（　　）。

A. 240×4% =9.6（万元）　　B. （240＋520）×4% =30.4（万元）

C. （520－240）×4% =11.2（万元）　　D. 520×4% =20.8（万元）

7. 下列车辆中，应计算缴纳车船税的是（　　）。

A. 军队专用车辆　　B. 企业接送职工的班车

C. 公安机关的专用车船　　D. 电动自行车

8. 根据车船税法律制度的相关规定，下列车辆计算车船税时，按照货车税额的50%计算的是（　　）。

A. 半挂牵引车　　B. 挂车

C. 客货两用车　　D. 低速载货汽车

9. 6月15日，某公司购买2辆乘用车，发动机气缸容量排气量均为2.0升。已知当地规定的车船税年基准税额为每辆480元，该公司应缴纳的车船税的下列计算中，正确的是（　　）。

A. $2\times480\div12\times6=480$（元） B. $2\times480\div12\times$（$6+15\div30$）$=520$（元）

C. $2\times480=960$（元） D. $2\times480\div12\times7=560$（元）

10. 某船运公司拥有净吨位 4 000 吨的机动船 15 艘，净吨位 1 600 吨的机动船 5 艘；折合净吨位为 1 600 吨的拖船 6 艘；净吨位 200 吨的非机动驳船 5 艘。已知当地政府规定，机动船舶净吨位小于或者等于 200 吨的，车船税年税额为 3 元/吨，净吨位 201 吨至 2 000 吨的，车船税年税额为 4 元/吨，净吨位 2 001 吨至 10 000 吨的，车船税年税额为 5 元/吨，则该船运公司应缴纳车船税（ ）元。

A. 352 700 B. 373 400

C. 371 900 D. 356 840

二、多项选择题

1. 根据房产税法律制度的相关规定，下列说法正确的有（ ）。

A. 房产税的征收范围不包括农村

B. 房屋产权出典的由承典人缴纳房产税

C. 用于天然林保护工程的房产免征房产税

D. 专门经营农产品的农产品批发市场自用的房产，应征收房产税

2. 根据房产税法律制度的相关规定，下列与房屋不可分割的附属设施中，应计入房产原值计算缴纳房产税的有（ ）。

A. 电梯 B. 中央空调

C. 暖气设备 D. 给水排水管道

3. 下列情形中，由税务机关参照市场价格核定契税计税依据的有（ ）。

A. 协议价格出让国有土地使用权的

B. 国有土地使用权赠予的

C. 成交价格明显低于市场价格且无正当理由的房屋交易

D. 房屋赠予的

4. 在契税的会计核算中，应使用的会计科目有（ ）。

A. “固定资产” B. “无形资产”

C. “税金及附加” D. “应交税费”

5. 下列车辆中，以“每辆”作为计税单位的有（ ）。

A. 小轿车 B. 摩托车

C. 微型客车 D. 半挂牵引车

6. 下列车船中，属于法定免征车船税的有（ ）。

A. 捕捞、养殖渔船 B. 警务用车船

C. 部队的专用车船 D. 专用作业车

三、判断题

1. 目前，我国现行房产税对从价计征和从租计征实行不同标准的比例税率。（ ）

2. 李某将个人拥有的房屋产权出典给张某，则张某为该房屋房产税的纳税人。（ ）

3. 房产不在同一地方的纳税人，应按房产的坐落地点分别向房产所在地的税务机关缴

纳。 ( )

4. 融资租赁的房产，应采用从租计征的方法，计算缴纳房产税。 ( )

5. 契税是以财产销售方为契税的纳税人。 ( )

6. 土地使用权、房屋交换、交货价格不等的，由少出货币、实物、无形资产或其他经济利益的一方缴纳契税。 ( )

7. 在企业会计核算中，企业缴纳的契税应计“管理费用”账户。 ( )

8. 需要依法在车船管理部门登记的机动车辆和船舶，才需要缴纳车船税。 ( )

9. 缴纳车船税计税依据是取得车船的价格。 ( )

10. 车船税纳税义务发生时间为取得车船所有权或管理权的当月。 ( )

四、业务题

1. 某公司经营用房产原值为1 000万元，按照当地规定允许减除25%后的余值计税，计算该企业应纳房产税。

2. 某公司将不需用的3间房屋出租，年租金收入为9万元。计算该公司应纳房产税。

3. 某外商投资企业拥有房产原始价值900万元，其中，有五间商业用房（原始价值为100万元）出租，每月的租金收入为5万元。当地规定一次性扣除比例为30%。计算该企业当年应缴纳的房产税，并做出相关的账务处理。

4. 某企业拥有A、B两栋房产，A栋自用、B栋出租。A、B两栋房产在本年1月1日时的原值分别为1 000万元和800万元，4月底B栋房产租赁到期。自5月1日起，该企业由A栋搬至B栋办公，同时对A栋房产开始进行大修至年底完工。企业出租B栋房产的月租金为10万元，地方政府确定按房产原值减除20%的余值计税。计算该企业当年应缴纳房产税。

5. 某公司系国有企业，上年购入一处房产，原始价值为200万元，本年1月将其融资租赁给另一家企业，租赁期为8年，年租金为35万元。该地规定一次性扣除比例为30%。要求：(1) 计算本年度该公司应缴纳的房产税；(2) 计算承租企业本年度应缴纳的房产税。

6. 某企业年初购买一座楼房用于办公，该楼房账面价值1 000万元，支付价款1 500万元；同时，又以3 500万元购买一块土地使用权（年限为50年）。该地规定契税税率为3%，计算该企业当年应缴纳的契税，并做出相关的账务处理。

7. A公司本年接受B工厂的房产投资入股，该房产的市场价值为300万元；公司为了生产经营便利，以自用房产与另一企业交换一处房产，支付差价款50万元；同年政府有关部门向公司出让土地一块，缴纳土地出让金500万元（该地规定契税税率为3%）。计算A公司本年应缴纳的契税，并做出相关的账务处理。

8. 居民金某有两套住房，现将一套出售给居民钱某，成交价格为85.5万元；将另一套两间室的住房与居民李某交换成三间室的住房，并支付交换差价10万元。试计算金某、钱某、李某的行为应缴纳的契税（该地规定契税税率为3%）。

9. 甲公司拥有载货汽车3辆（每辆整备质量吨位为3吨），客车一辆（24座），小轿车1辆（排气量为2.4升），当地规定载客人数在20人以上的乘人汽车每辆年税额800元，载货汽车按整备质量每吨30元计税，小轿车每辆按400元计税。试计算甲公司年度应缴纳的车船税。

10. 乙运输公司共有车辆80辆，其中：货车55辆（每辆整备质量吨位为5吨的有35辆，每辆整备质量吨位为3吨的有20辆）；小轿车2辆（排气量均为2.0升）；摩托车18辆；乘人大客车5辆（28座）。按照当地规定：载货汽车每吨30元，小汽车每辆360元；摩托车每辆50元；乘人大客车每辆550元。试计算乙运输公司年度应缴纳的车船税，并做出相关的账务处理。

11. 某航运公司拥有机动船50艘，其中，净吨位为600吨的32艘，2 000吨的8艘，5 000吨的为10艘。计算该航运公司年应纳车船税税额。

12. 某航运公司拥有机动船4艘，每艘净吨位为3 000吨；拖船1艘，净吨位为2 000吨。计算该航运公司当年应缴纳车船税。

第八章 印花税及其会计核算

【知识导入】 1990 年 6 月我国开始征收股票交易印花税，迄今已有 20 多年历史。证券交易印花税调整是我国政府调控证券交易的重要手段之一，20 多年以来，证券交易印花税税率经过十多次调整，目前税率为 1‰，仅对股票卖方征收。2007 年与 2015 年是中国股市历史上值得铭记的两年。因股民疯狂，创下证券交易印花税历史之“最”。2015 年证券交易印花税是上一年的三倍，而 2007 年的证券交易印花税是上一年的 11 倍。

第一节 印花税概述

【学习目标】 了解印花税的概念、特点，掌握印花税的纳税人、计税依据和税率等基本知识，并掌握印花税的计算。

一、印花税的概念

印花税是对经济活动和经济交往中，书立、领受和使用的应税经济凭证单位和个人征收的一种税。印花税是一种具有行为性质的凭证征税，凡是发生书立、使用、领受应税凭证的行为，就必须依照印花税法的有关规定履行纳税义务。

国家税务总局 关于发布《印花税管理规程（试行）》的公告

《印花税暂行条例》

《印花税暂行条例实施细则》

印花税有如下特点：①征收面广；②税率低、税负轻；③由纳税人自行计算、购花、贴花并注销；④多缴不退不抵。

二、印花税的征收制度

（一）纳税人

凡在中华人民共和国境内书立、领受属于征收范围内所列举凭证的单位和个人，都是印花税的纳税义务人。包括各类企业、事业、机关、团体、部队，以及中外合资经营企业、合作经营、外资企业、外国公司企业和其他经济组织及其在华机构等单位和个人。按照征税项目划分，具体纳税人有：

1. 立合同人。书立各类经济合同的，以立合同人为纳税人。

2. 立据人。订立各种财产转移书据，以立据人为纳税人。

3. 立账簿人。设置营业账簿的，以立账簿人为纳税人。所谓立账簿人，是指设立并使用营业账簿的单位和个人。例如，企业单位因生产、经营需要，设置了营业性账簿，该企业即为纳税人。

4. 领受人。领取权利许可证照的以领受人为纳税人。所谓领受人，是指领取或接受并持有该项凭证的单位和个人。例如，企业因生产的需要购入房产，经申请依法取得房产证书，该企业即为纳税人。

5. 使用人。在国外书立、领受，但在国内使用的应税凭证，以使用人为纳税人。

对应税凭证，凡是有两方或两方以上当事人共同书立的，其当事人各方都是印花税的纳税人，应各就其所持有凭证的计税金额履行纳税义务。

（二）征税范围

在我国经济活动中发生的经济凭证种类繁多，数量较大，目前印花税条例列举的凭证征收印花税，没有列举的不征收税，征收范围分为以下五大类：

1. 购销、加工承揽建设工程承包，财产租赁、货物运输、仓储保管、借款、财产保险、技术合同或者具有合同性质的凭证；

2. 产权转移书据；

3. 营业账簿；

4. 权利、许可证照；

5. 经财政部确定征税的其他凭证。

（三）计税依据和税率

1. 计税依据。印花税的计算可分为从价计税和从量计税两种。

实行从价计税的凭证，以凭证所载金额为计税依据。具体有：各类经济合同，以合同上所记载的金额、收入或者费用为计税依据；产权转移书据以书据中所载的金额为计税依据；营业账簿以记载资金的性质的金额，即“实收资本”和“资本公积”的两项合计金额为计税依据。

实行从量计税的其他账簿和权利许可证照，以凭证件数为计税依据。

2. 税率。印花税的税率有两种形式，即比例税率和定额税率。

（1）比例税率，在《印花税税目、税率表》（详见表 8－1）的 13 个税目中，各类合同以及具有合同性质的凭证、产权转移书据，营业账簿中记载资金的账簿，采用比例税率。印花税的比例税率分为4个档次，分别是0.05‰、0.3‰、0.5‰、1‰。

（2）定额税率，在《印花税税目、税率表》的13个税目中，权利、许可证照和营业账簿中的其他账簿，采用定额税率、均为每件5元。

表8－1　　印花税税目税率表

税目	范围	税率	纳税义务人	说明
1. 购销合同	包括供应、预购、采购购销结合及协作、调剂、补偿、易货等合同	按购销金额万分之三贴花	立合同人	
2. 加工承揽合同	包括加工、定做、修缮修理、印刷、广告、测绘、测试等合同	按加工或承揽收入万分之五贴花	立合同人	
3. 建设工程勘察设计合同	包括勘察、设计合同	按收取费用万分之五贴花	立合同人	
4. 建筑安装工程承包合同	包括建筑、安装工程承包合同	按承包金额万分之三贴花	立合同人	
5. 财产租赁合同	包括租赁房屋、船舶、飞机、机动车辆、机械、器具、设备等	按租赁金额千分之一贴花 税额不足一元的按一元贴花	立合同人	
6. 货物运输合同	包括民用航空、铁路运输、海上运输、内河运输、公路运输和联运合同	按运输费用万分之五贴花	立合同人	单据作为合同使用的，按合同贴花
7. 仓储保管合同	包括仓储、保管合同	按仓储保管费用千分之一贴花	立合同人	仓单或栈单作为合同使用的，按合同贴花
8. 借款合同	银行及其他金融组织和借款人（不包括银行同业拆借）所签订的借款合同	按借款金额万分之零点五贴花	立合同人	单据作为合同使用的，按合同贴花。小微企业借款合同免征印花税延长至2020年
9. 财产保险合同	包括财产、责任、保证、信用等保险合同	按收取的保险费收入千分之一贴花	立合同人	单据作为合同使用的，按合同贴花
10. 技术合同	包括技术开发、转让、咨询、服务等合同	按所载金额万分之三贴花	立合同人	
11. 产权转移书据	包括财产所有权和版权、商标专用权、专利权、专有技术使用权等转移书据	按所载金额万分之五贴花	立据人	
12. 营业账簿	生产经营用账册	记载资金的账簿，按实收资本加资本公积与自有流动资产总额万分之五贴花。其他账簿按件贴花五元	立账簿人	2018年5月1日起对按万分之五税率贴花的资金账簿减半征收印花税，对按件贴花五元的其他账簿免征印花税
13. 权利、许可证照	包括政府部门发给的房屋产权证、工商营业执照、商标注册证、专利证、土地使用证	按件贴花五元	领受人	

（四）应纳税额的计算

1. 按照比例税率计算应纳税额。

应纳税额 = 计税金额 × 适用税率

【例8－1】 群鑫工贸有限公司1月份开业，订立产品购销合同3份，共记载金额为658万元；借款合同2份，共记载金额150万元；营业账簿“实收资本”和“资本公积”账户记载金额分别为1 000万元和80万元；试计算该公司应缴纳的印花税。

解：订立购销合同应纳税额 = 6 800 000 × 0.3‰ = 2 040（元）

订立借款合同应纳税额 = 1 500 000 × 0.05‰ = 75（元）

记载资金性质应纳税额 =（10 000 000 + 800 000）× 0.5‰ = 5 400（元）

该公司应缴纳印花税 = 2 040 + 75 + 5 400 = 7 515（元）

2. 按照定额税率计算应纳税额。

应纳税额 = 应税凭证件数 × 单位税额

【例8－2】 恒利房地产开发公司6月份领受工商执照，商标注册证、房产证、土地使用证、售房许可证各1件，其他会计账簿共12本。试计算该公司应缴纳的印花税。

解：领受证照应纳税额 = 5 × 5 = 25（元）

其他账簿应纳税额 = 12 × 5 = 60（元）

该公司应纳印花税 = 25 + 60 = 85（元）

（五）印花税的减免

印花税减免项目具体包括：

1. 已缴纳的印花税的凭证副本或者抄本。
2. 财产所有人将财产赠予政府、社会福利单位、学校所立的书据。
3. 国家指定的收购部门与村民委员会，农民个人书立的农副产品收购合同。
4. 无息、贴息贷款合同。
5. 外国政府或者国际金融组织向我国政府及国家金融机构提供优惠贷款所书立的合同。
6. 房地产管理部门与个人签订的用于生活居住的租赁合同。
7. 农牧业保险合同。
8. 军事物资运输凭证、抢险救灾物资的运输凭证、新建铁路的工程管线运输凭证。

第二节　印花税的会计核算

【学习目标】 掌握印花税的会计处理。

一、印花税的会计处理

若印花税金额比较小，可不通过“应交税费——应交印花税”核算，在购买印花税票时直接在“固定资产”“无形资产”“管理费用”等账户中列支。即借记“固定资产”“无形资产”“管理费用”等账户，贷记“库存现金”或“银行存款”账户。若金额较大，计提时“借记税金及附加，贷记应交税金——应交印花税”。

【例8-3】 龙腾贸易有限公司3月份领受商标注册证、经营许可证、代码证各1本；签订产品销售合同10份，共记载金额850万元；签订借款合同2份，共记载金额200万元。试计算该公司3月份应纳印花税并做出账务处理。

解：3月份应纳印花税额 = 3×5 + 8 500 000×0.3‰ + 2 000 000×0.05‰ = 2 665（元）

账务处理为：

借：管理费用　　2 665

　贷：银行存款　　2 665

二、印花税的纳税申报

印花税纳税义务发生时间为应纳税凭证书立或领取即应贴花，不能延期到凭证生效日期再贴花，具体而言，合同在签订时缴纳；产权转移凭证在立据时缴纳；营业账簿在启用时缴纳；许可证证照在领取时缴纳；在国外签订的合同，带回国内使用时缴纳。“印花税纳税申报表”的填报见表8-2。

表8-2　印花税纳税申报表

税务计算机代码：

税款所属日期　年　月　日—　月　日　单位：元（列至角分）

单位名称					
税目		份数	计税金额	税率	已纳税额
购销合同				0.3‰	
加工承揽合同				0.5‰	
建设工程勘察设计合同				0.5‰	
建筑安装工程承包合同				0.3‰	
财产租赁合同				1‰	
货物运输合同				0.5‰	
仓储保管合同				1‰	
借款合同				0.05‰	
财产保险合同				1‰	
技术合同				0.3‰	
产权转移书据				0.5‰	
账簿	资金账簿			0.5‰	
	其他账簿	件		5元	
权利、许可证证照		件		5元	
其他					
合计					

根据《印花税暂行条例》规定，应缴纳印花税的凭证在书立和领受时贴花完税，我单位应纳税凭证均已按规定缴纳，本报表中已纳税额栏填写数字与应纳税额是一致的。

经办人（章）：

登记申报单位（盖章）	企业财务负责人（盖章）	税务机关受理申报日期： 受理人（章）： 年　月　日

思考与练习

一、单项选择题

1. 印花税的特点中，下列说法正确的是（　　）。
   A. 征收范围窄　　　　B. 税负重
   C. 年终清算多还少补　　　　D. 自行计算、购花、贴花并注销
2. 印花税的税率有两种，即比例税率和定额税率，其中定额税率为每件（　　）元。
   A. 3　　　　B. 5
   C. 8　　　　D. 10
3. 下列各项中，按件贴花的是（　　）。
   A. 权利、许可证照　　　　B. 加工承揽合同
   C. 产权转移书据　　　　D. 记载资金的账簿
4. 甲向乙购买一批货物，合同约定丙为鉴定人，丁为担保人，关于该合同印花税纳税人的下列表述中，正确的是（　　）。
   A. 甲、乙为纳税人　　　　B. 甲、丙为纳税人
   C. 乙、丁为纳税人　　　　D. 甲、丁为纳税人
5. 下列合同或凭证中，应缴纳印花税的是（　　）。
   A. 商标注册证
   B. 某投资者与某会计师签订的会计咨询合同
   C. 企业仓库设置的产品进出统计簿
   D. 出版单位与订阅单位订立的征订凭证
6. 根据印花税法律制度的规定，下列各项中，应缴纳印花税的是（　　）。
   A. 人事部门和劳动者签订的劳动合同　　　　B. 建筑安装工程承包合同
   C. 门市部零星修理业务开具的修理单　　　　D. 农林作物保险合同
7. 关于印花税的计税依据，下列表述正确的是（　　）。
   A. 货物运输合同以运输费用和装卸费用总额为计税依据
   B. 建筑安装工程承包后又分包的，以承包总额扣除分包金额后为计税依据
   C. 以物易物方式进行商品交易签订的合同，以购销合计金额为计税依据
   D. 由委托方提供主要材料的加工合同，以加工费和主要材料金额合计为计税依据
8. 某公司今年与某机械进出口公司签订购买价值 2 000 万元的测试设备合同，为购买此设备向工商银行借款 2 000 万元并订立借款合同。后因设备质量问题购销合同作废。根据上述情况，该公司一共应缴纳的印花税为（　　）元。
   A. 7 000　　　　B. 6 000
   C. 1 000　　　　D. 0
9. 甲公司上年 7 月开业，实收资本 6 000 万元。今年增加资本公积 200 万元，3 月份与乙公司签订受托加工合同，约定由甲公司提供原材料 100 万元，并向乙公司收取加工费 20

万元；5 月份与丙公司签订技术开发合同记载金额 100 万元。今年甲公司应缴纳印花税（　）元。

A. 1 200　　B. 1 700

C. 1 400　　D. 1 900

10. 企业在缴纳印花税时，一般不通过（　）账户核算。

A. 管理费用　　B. 银行存款

C. 固定资产　　D. 应交税费

二、多项选择题

1. 下列合同中，应按“产权转移书据”税目征收印花税的有（　）。

A. 商品房销售合同　　B. 非专利技术转让合同

C. 专利申请权转让合同　　D. 土地使用权出让合同

2. 关于印花税计税依据的以下表述中，符合法律规定的有（　）。

A. 财产租赁合同以租赁金额为计税依据

B. 财产保险合同以保险费为计税依据

C. 工商营业执照以注册资本金为计税依据

D. 商标注册证以件数为计税依据

3. 下列关于印发税的说法中，正确的有（　）。

A. 未履行的合同，无须缴纳印花税

B. 印花税应当在书立或领受时贴花

C. 凡是签订的经济合同，都必须缴纳印花税

D. 对多贴花的凭证，不予退税

4. 某建筑公司与 A 企业签订一份建筑承包合同，合同金额 6 000 万元。施工期间，该建筑公司又将其中价值 800 万元的安装工程分包给 B 企业，并签订分包合同。该建筑公司上述合同应缴纳印花税不可能是（　）万元。

A. 1.79　　B. 1.80

C. 2.03　　D. 2.04

5. 下列合同中，可免征印花税的有（　）。

A. 签订的无息、贴息贷款合同

B. 出售标准住宅签订的购销合同

C. 国家指定的收购部门与农民签订的收购农副产品合同

D. 农牧业保险合同

三、判断题

1. 书立各类经济合同的，以立合同人为纳税人。（　）
2. 印花税应从凭证生效日贴花。（　）
3. 权利、许可证照实行按件贴花缴纳印花税。（　）
4. 企业取得的资质证书实行按件贴花缴纳印花税。（　）
5. 不记载金额的营业账簿，以账簿的件数为计税依据缴纳印花税。（　）

四、业务题

1. 某企业9月开业，领受土地使用证、房屋产权证、工商营业执照、商标注册证各一件，与其他企业订立转移专有技术使用权书据1件，所载金额80万元；订立产品购销合同3份，所载金额合计为300万元；订立借款合同1份，所载金额为60万元。企业的营业账簿中，“实收资本”账户载有资金300万元，其他账簿10本。计算该企业9月份应缴纳印花税为多少，并进行相应的会计处理。

2. 甲方（建设单位）与乙方（建筑公司）、丙方（建筑设计单位）各签订了1份经济合同，将建筑安装工程承包给乙方，将建筑设计项目承包给丙方，建筑项目投资额5 000万元，勘察设计费用200万元。乙公司又将部分安装工程分包给丁方，分包额1 000万元。计算甲、乙、丙、丁四方各自应缴纳的印花税额。

3. 某滚动轴承公司本年度有关资料如下：

（1）实收资本比上年增加150万元；

（2）与甲公司签订以货换货合同，本企业的货物价格350万元，甲公司的货物价格300万元；

（3）与乙公司签订受托加工合同，乙公司提供价值80万元的原材料，本企业提供价值15万元的辅助材料，并收加工费20万元；

（4）与货运公司签订运输合同，载明运输费用8万元（其中含装卸费0.5万元）；

（5）与铁路部门签订运输合同，载明运输费及保管费共计50万元。

要求：逐项计算该企业本年度应缴纳的印花税，并做出相关的账务处理。

4. 某商贸有限公司系外商投资企业，去年9月开业，经营期限为10年，开业时领受房产证、工商营业执照、土地使用证各一份，与其他企业订立转移专用技术书据一份，所载金额50万元；订立购销合同两份，所载金额为300万元；借款合同一份，所载金额50万元；此外，企业营业账簿中，“实收资本”账户载有资金500万元，其他账簿6本。

本年3月份，向有关部门领取某特殊商品出口许可证一份。签订一份非专利技术转让合同，约定转让金额10万元，同时签订一份专利权转让合同，约定金额15万元。

本年6月份，兼并一家国有企业，并入单位资产100万元，原单位已按规定缴纳过印花税。

本年10月份，该企业财会部门在其下属部门设置明细分类账4本，该企业采用分级核算的形式。要求：计算（1）该企业上年开业时，应缴纳的印花税；（2）该企业3月份签订两份转让合同，应纳的印花税；（3）该企业6月份兼并国有企业，其并入的资产应纳的印花税；（4）该企业10月份设置账簿，应纳的印花税。

5. 某高新技术企业11月份开业，注册资金220万元，当年发生经营活动如下：

（1）领受工商营业执照、房屋产权证、土地使用证各一份；

（2）建账时共设8个账簿，其中资金账簿中记载实收资本300万元；

（3）与广告公司签订广告制作合同1份，分别记载加工费3万元，广告公司提供的原材料7万元；

（4）签订技术服务合同1份，记载支付租赁费50万元；

（5）签订租赁合同1份，记载支付租赁费50万元。

要求：计算领受权利许可证照、设置账簿、签订广告制作合同、签订技术服务合同、签订租赁合同应缴纳的印花税。

第九章
个人所得税及其会计核算

【知识导入】 某公司专家王强，20××年12月份的工资16 000元（已扣减专项抵扣及附加专项抵扣）；当月公司安排在外讲学取得收入10 000元。根据最新的个人所得税法规定，您能帮助王强计算他的个人所得税吗？

第一节　个人所得税概述

【学习目标】 通过学习，了解个人所得税的概念、特点。掌握个人所得税的纳税人及征税对象。

名词解释

个人所得税最早于1799年在英国创立，目前世界上有140多个国家开征了这一税种，它是世界上最有发展前景的税种之一。

一、个人所得税的概念

个人所得税是对个人（自然人）取得各项应税所得征收的一种所得税。

知识拓展

1980年9月10日第五届全国人民代表大会第三次会议通过《中华人民共和国个人所得税法》；根据1993年10月31日第八届全国人民代表大会常务委员会第四次会议《关于修改〈中华人民共和国个人所得税法〉的决定》第一次修正；根据1999年8月30日第九届全国人民代表大会常务委员会第十一次会议《关于修改〈中华人民共和国个人所得税法〉的决定》第二次修正；根据2005年10月27日第十届全国人民代表大会常务委员会第十八次会议《关于修改〈中华人民共和国个人所得税法〉的决定》第三次修正；

根据2007年6月29日第十届全国人民代表大会常务委员会第二十八次会议《关于修改〈中华人民共和国个人所得税法〉的决定》第四次修正；根据2007年12月29日第十届全国人民代表大会常务委员会第三十一次会议《关于修改〈中华人民共和国个人所得税法〉的决定》第五次修正；根据2011年6月30日第十一届全国人民代表大会常务委员会第二十一次会议《关于修改〈中华人民共和国个人所得税法〉的决定》第六次修正；根据2018年8月31日第十三届全国人民代表大会常务委员会第五次会议《关于修改〈中华人民共和国个人所得税法〉的决定》第七次修正。

《中华人民共和国个人所得税法》

《中华人民共和国个人所得税法实施条例》

二、个人所得税的特点

个人所得税与其他税种相比较有如下几个特点：

1. 实行综合与分类相结合的个人所得税制。我国现行的个人所得税采用的是综合与分类相结合的所得税制，将个人取得的各种所得划分为9类（1～4类为综合收入），分别运用不同的费用减除规定、不同的税率和不同的计税办法。

2. 累进税率与比例税率并用。居民的工资薪金所得、经营所得和非居民个人工资、薪金所得，采用超额累进税率计算征税，实行量能负担；劳务报酬所得、稿酬所得、特许权使用费、利息、股息、红利所得、财产租赁所得、财产转让所得及偶然所得等其他所得，采用比例税率计算征税，实行等比负担。

3. 费用扣除额较宽。我国对工资、薪金所得，按月扣除费用5 000元；对劳务报酬、稿酬、特许权使用费、财产租赁等所得，每次收入不超过4 000元，扣除费用800元，每次收入超过4 000元以上的，减除20%的费用。

4. 计算简便。平时预缴，年终综合收入等汇算清缴。

5. 实行纳税人与扣缴义务人向税务机关双向申报制度。

第二节　个人所得税的纳税人及征税对象

【学习目标】 通过学习，掌握个人所得税的纳税人以及课税对象。

一、个人所得税的纳税人

在中国境内有住所，或者无住所而一个纳税年度内在中国境内居住累计满183天的个人，为居民个人。居民个人从中国境内和境外取得的所得，依照个人所得税法的规定缴纳个人所得税。

在中国境内无住所又不居住，或者无住所而一个纳税年度内在中国境内居住累计不满183天的个人，为非居民个人。非居民个人从中国境内取得的所得，依照个人所得税法规定缴纳个人所得税。

在中国境内有住所，是指因户籍、家庭、经济利益关系而在中国境内习惯性居住；从中国境内和中国境外取得的所得，分别是指来源于中国境内的所得和来源于中国境外的所得。

除国务院财政、税务主管部门另有规定外，下列所得，不论支付地点是否在中国境内，均为来源于中国境内的所得：

1. 因任职、受雇、履约等在中国境内提供劳务取得的所得；
2. 将财产出租给承租人在中国境内使用而取得的所得；
3. 许可各种特许权在中国境内使用而取得的所得；
4. 转让中国境内的不动产等财产或者在中国境内转让其他财产取得的所得；
5. 从中国境内企业、事业单位、其他组织以及居民个人取得的利息、股息、红利所得。

在中国境内无住所的个人，在中国境内居住累计满183天的年度连续不满六年的，经向主管税务机关备案，其来源于中国境外且由境外单位或者个人支付的所得，免予缴纳个人所得税；在中国境内居住累计满183天的任一年度中有一次离境超过30天的，其在中国境内居住累计满183天的年度的连续年限重新起算。

在中国境内无住所的个人，在一个纳税年度内在中国境内居住累计不超过90天的，其来源于中国境内的所得，由境外雇主支付并且不由该雇主在中国境内的机构、场所负担的部分，免予缴纳个人所得税。

纳税年度，自公历1月1日起至12月31日止。在中国境内居住的时间按照在中国境内停留的时间计算。

二、个人所得税的征税对象

个人所得税以个人取得的所得为征税对象，具体包括下列9项：

1. 工资、薪金所得，是指个人因任职或者受雇取得的工资、薪金、奖金、年终加薪、劳动分红、津贴、补贴以及与任职或者受雇有关的其他所得。

2. 劳务报酬所得，是指个人从事劳务取得的所得，包括从事设计、装潢、安装、制图、化验、测试、医疗、法律、会计、咨询、讲学、翻译、审稿、书画、雕刻、影视、录音、录像、演出、表演、广告、展览、技术服务、介绍服务、经纪服务、代办服务以及其他劳务取得的所得。

3. 稿酬所得，是指个人因其作品以图书、报刊等形式出版、发表而取得的所得。

4. 特许权使用费所得，是指个人提供专利权、商标权、著作权、非专利技术以及其他特许权的使用权取得的所得；提供著作权的使用权取得的所得，不包括稿酬所得。

5. 经营所得，是指：

（1）个体工商户从事生产、经营活动取得的所得，个人独资企业投资人、合伙企业的个人合伙人来源于境内注册的个人独资企业、合伙企业生产、经营的所得；

（2）个人依法从事办学、医疗、咨询以及其他有偿服务活动取得的所得；

（3）个人对企业、事业单位承包经营、承租经营以及转包、转租取得的所得；

（4）个人从事其他生产、经营活动取得的所得。

6. 利息、股息、红利所得，是指个人拥有债权、股权等而取得的利息、股息、红利所得。

7. 财产租赁所得，是指个人出租不动产、机器设备、车船以及其他财产取得的所得。

8. 财产转让所得，是指个人转让有价证券、股权、合伙企业中的财产份额、不动产、机器设备、车船以及其他财产取得的所得。

9. 偶然所得，是指个人得奖、中奖、中彩以及其他偶然性质的所得。

个人取得的所得，难以界定应纳税所得项目的，由国务院税务主管部门确定。

对股票转让所得征收个人所得税的办法，由国务院财政、税务主管部门另行制定，报国务院批准后施行。

居民个人取得第1项至第4项所得（以下称综合所得），按纳税年度合并计算个人所得税；非居民个人取得前款第1项至第4项所得，按月或者按次分项计算个人所得税。纳税人取得前款第5项至第9项所得，依照个人所得税法规定分别计算个人所得税。

三、个人所得的形式

个人所得的形式，包括现金、实物、有价证券和其他形式的经济利益；所得为实物的，应当按照取得的凭证上所注明的价格计算应纳税所得额，无凭证的实物或者凭证上所注明的价格明显偏低的，参照市场价格核定应纳税所得额；所得为有价证券的，根据票面价格和市场价格核定应纳税所得额；所得为其他形式的经济利益的，参照市场价格核定应纳税所得额。

第三节　个人所得税税率

【学习目标】　通过学习，掌握个人取得各种应税所得的适用税率。

《个人所得税税率表及预扣率》

一、个人所得税的预扣预缴，预扣预缴率按所得项目不同的适用范围

（1）居民个人工资、薪金所得预扣预缴适用（见表9－1）。

表 9－1 个人所得税预扣率表（1）

（居民个人工资、薪金所得预扣预缴适用）

级数	累计预扣预缴应纳税所得额	预扣率（%）	速算扣除数
1	不超过 36 000 元的部分	3	0
2	超过 36 000 元至 144 000 元的部分	10	2 520
3	超过 144 000 元至 300 000 元的部分	20	16 920
4	超过 300 000 元至 420 000 元的部分	25	31 920
5	超过 420 000 元至 660 000 元的部分	30	52 920
6	超过 660 000 元至 960 000 元的部分	35	85 920
7	超过 960 000 元的部分	45	181 920

（2）居民个人劳务报酬所得预扣预缴适用（见表 9－2）。对居民个人劳务报酬所得一次收入畸高的，规定在适用 20% 的税率征税的基础上，实行加成征税办法。所谓“劳务报酬所得一次收入畸高的”是指个人一次取得劳务报酬，其应纳税所得额超过 20 000 元，劳务报酬所得加成征税采取超额累进办法，对应纳税所得额超过 20 000 元至 50 000 元的部分，依照税法规定计算应纳税额后，再按照应纳税额加征五成；对超过 50 000 元的部分，按应纳税额加征十成，这等于对应纳税所得额超过 20 000 元和超过 50 000 元的部分分别适用 30% 和 40% 的税率。因此，对劳务报酬所得实行加成征税办法，实际上是一种特殊的，延伸的三级超额累进税率。

表 9－2 个人所得税预扣率表（2）

（居民个人劳务报酬所得预扣预缴适用）

级数	预扣预缴应纳税所得额	预扣率（%）	速算扣除数
1	不超过 20 000 元的	20	0
2	超过 20 000 元至 50 000 元的部分	30	2 000
3	超过 50 000 元的部分	40	7 000

（三）非居民个人工资、薪金所得、劳务报酬所得、稿酬所得、特许权使用费所得适用（见表 9－3）。

表 9－3 个人所得税税率表（3）

（非居民个人工资、薪金所得、劳务报酬所得、稿酬所得、特许权使用费所得适用）

级数	应纳税所得额	税率（%）	速算扣除数
1	不超过 3 000 元的	3	0
2	超过 3 000 元至 12 000 元的部分	10	210
3	超过 12 000 元至 25 000 元的部分	20	1 410
4	超过 25 000 元至 35 000 元的部分	25	2 660
5	超过 35 000 元至 55 000 元的部分	30	4 410
6	超过 55 000 元至 80 000 元的部分	35	7 160
7	超过 80 000 元的部分	45	15 160

（4）利息、股息、红利所得，财产租赁所得，财产转让所得和偶然所得，适用比例税率，税率为20%。

二、综合所得税率表

综合所得税率主要适用于：2023 年 12 月 31 日前的全年一次性奖金，中央企业负责人年度绩效薪金延期兑现收入和任期奖励，上市公司股权激励，个人领取企业年金、职业年金等个人所得税的计算，以及个人领取企业年金、职业年金，解除劳动关系、提前退休、内部退养的一次性补偿收入的，单位按低于购置或建造成本价格出售住房给职工，职工因此而少支出的差价部分等个人所得税的计算。

表 9－4　　按月换算后的综合所得税率表

级数	全月应纳税所得额	税率（%）	速算扣除数
1	不超过 3 000 元的	3	0
2	超过 3 000 元至 12 000 元的部分	10	210
3	超过 12 000 元至 25 000 元的部分	20	1 410
4	超过 25 000 元至 35 000 元的部分	25	2 660
5	超过 35 000 元至 55 000 元的部分	30	4 410
6	超过 55 000 元至 80 000 元的部分	35	7 160
7	超过 80 000 元的部分	45	15 160

三、经营所得，适用 5%～35% 的超额累进税率（见表 9－5）

表 9－5　　个人所得税税率表（经营所得适用）

级数	全年应纳税所得额	税率（%）	速算扣除数
1	不超过 3 0000 元的	5	0
2	超过 30 000 元至 90 000 元的部分	10	1 500
3	超过 90 000 元至 300 000 元的部分	20	10 500
4	超过 300 000 元至 500 000 元的部分	30	40 500
5	超过 500 000 元的部分	35	65 500

四、免征、减征及加成征收的规定

个人所得税法为了体现国家政策，有效调节收入，对有关所得项目规定予以免征、减征或加成征收。

（一）免征个人所得税的规定

下列各项个人所得，免征个人所得税：

1. 省级人民政府、国务院部委和中国人民解放军军以上单位，以及外国组织、国际组织颁发的科学、教育、技术、文化、卫生、体育、环境保护等方面的奖金；

2. 国债和国家发行的金融债券利息；

3. 按照国家统一规定发给的补贴、津贴；

4. 福利费、抚恤金、救济金；

5. 保险赔款；

6. 军人的转业费、复员费、退役金；

7. 按照国家统一规定发给干部、职工的安家费、退职费、基本养老金或者退休费、离休费、离休生活补助费；

8. 依照有关法律规定应予免税的各国驻华使馆、领事馆的外交代表、领事官员和其他人员的所得；

9. 中国政府参加的国际公约、签订的协议中规定免税的所得；

10. 国务院规定的其他免税所得。

前款第 10 项免税规定，由国务院报全国人民代表大会常务委员会备案。

（二）减征个人所得税的规定

1. 有下列情形之一的，可以减征个人所得税，具体幅度和期限，由省、自治区、直辖市人民政府规定，并报同级人民代表大会常务委员会备案。

（1）残疾、孤老人员和烈属的所得；

（2）因自然灾害遭受重大损失的。

国务院可以规定其他减税情形，报全国人民代表大会常务委员会备案。

2. 稿酬所得的收入额减按 70% 计算。

3. 自然人出租住房取得所得的所得税的减征。自然人出租住房，暂减按 10% 的税率征收个人所得税；自然人出租非住房，按 20% 的税率征收个人所得税。

4. 为了配合国家宏观调控政策的需要，经国务院批准，自 2008 年 10 月 9 日（含）起，暂免征收储蓄存款利息所得税。

第四节　个人所得税计税依据及特殊规定

【学习目标】 通过学习，了解个人所得税的优惠政策，掌握个人所得税计税依据的确定。

一、计税依据的一般规定

个人所得分为九项：①工资、薪金所得；②劳务报酬所得；③稿酬所得；④特许权使用费所得；⑤经营所得；⑥利息、股息、红利所得；⑦财产租赁所得；⑧财产转让所得；⑨偶然所得。

居民个人取得第①项至第④项所得（以下称综合所得），按纳税年度合并计算个人所得税；非居民个人取得前款第①项至第④项所得，按月或者按次分项计算个人所得税。纳税人取得前款第⑤项至第⑨项所得，按照个人所得税法规定分别计算个人所得税。

个人所得税的计税依据是纳税人取得的应纳税所得额。应纳税所得额是个人所得的各项收入减去税法规定的扣除项目或扣除金额之后的余额。正确计算应纳税所得额，是依法征收个人所得税的基础和前提。

《个人所得税专项附加扣除暂行办法》

《关于全面实施新个人所得税法若干征管衔接问题的公告》

一般计算公式为：

某项应纳税所得额＝某项应税所得(收入)－某项费用扣除标准

应纳税所得额的计算：

1. 居民个人的综合所得，以每一纳税年度的收入额减除费用 60 000 元以及专项扣除、专项附加扣除和依法确定的其他扣除后的余额，为应纳税所得额。

（1）专项扣除。包括居民个人按照国家规定的范围和标准缴纳的基本养老保险、基本医疗保险、失业保险等社会保险费和住房公积金等。

（2）专项附加扣除。包括子女教育、继续教育、大病医疗、住房贷款利息、住房租金、赡养老人等六项。具体为：

①子女教育。纳税人的子女接受全日制学历教育的相关支出，按照每个子女每月 1 000 元的标准定额扣除。

学历教育包括义务教育（小学、初中教育）、高中阶段教育（普通高中、中等职业、技工教育）、高等教育（大学专科、大学本科、硕士研究生、博士研究生教育）。年满 3 岁至小学入学前处于学前教育阶段的子女，按前款执行。

父母可以选择由其中一方按扣除标准的 100% 扣除，也可以选择由双方分别按扣除标准的 50% 扣除，具体扣除方式在一个纳税年度内不能变更。

②继续教育。纳税人在中国境内接受学历（学位）继续教育的支出，在学历（学位）教育期间按照每月 400 元定额扣除。同一学历（学位）继续教育的扣除期限不能超过 48 个月。纳税人接受技能人员职业资格继续教育、专业技术人员职业资格继续教育的支出，在取得相关证书的当年，按照 3 600 元定额扣除。

个人接受本科及以下学历（学位）继续教育，符合规定的，可以选择由其父母扣除，也可以选择由本人扣除。

③大病医疗。在一个纳税年度内，纳税人发生的与基本医保相关的医药费用支出，扣除医保报销后个人负担（指医保目录范围内的自付部分）累计超过 15 000 元的部分，纳税人在办理年度汇算清缴时，在 80 000 元限额内据实扣除。

纳税人发生的医药费用支出可以选择由本人或者其配偶扣除；未成年子女发生的医药费用支出可以选择由其父母一方扣除。

④住房贷款利息。纳税人本人或者配偶单独或者共同使用商业银行或者住房公积金个人住房贷款为本人或者其配偶购买中国境内住房，发生的首套住房贷款利息支出，在实际发生

贷款利息的年度，按照每月 1 000 元的标准定额扣除，扣除期限最长不超过 240 个月。纳税人只能享受一次首套住房贷款的利息扣除。经夫妻双方约定，可以选择由其中一方扣除，具体扣除方式在一个纳税年度内不能变更。

夫妻双方婚前分别购买住房发生的首套住房贷款，其贷款利息支出，婚后可以选择其中一套购买的住房，由购买方按扣除标准的 100% 扣除，也可以由夫妻双方对各自购买的住房分别按扣除标准的 50% 扣除，具体扣除方式在一个纳税年度内不能变更。

⑤住房租金。纳税人在主要工作城市没有自有住房而发生的住房租金支出，可以按照以下标准定额扣除：

a. 直辖市、省会（首府）城市、计划单列市以及国务院确定的其他城市，扣除标准为每月 1 500 元；

b. 除第 a 项所列城市以外，市辖区户籍人口超过 100 万的城市，扣除标准为每月 1 100 元；市辖区户籍人口不超过 100 万的城市，扣除标准为每月 800 元。纳税人的配偶在纳税人的主要工作城市有自有住房的，视同纳税人在主要工作城市有自有住房。

注意：夫妻双方主要工作城市相同的，只能由一方扣除住房租金支出。住房租金支出由签订租赁住房合同的承租人扣除。纳税人及其配偶在一个纳税年度内不能同时分别享受住房贷款利息和住房租金专项附加扣除。

⑥赡养老人。纳税人赡养一位及以上被赡养人的赡养支出，统一按照以下标准定额扣除：

a. 纳税人为独生子女的，按照每月 2 000 元的标准定额扣除；

b. 纳税人为非独生子女的，由其与兄弟姐妹分摊每月 2 000 元的扣除额度，每人分摊的额度不能超过每月 1 000 元。可以由赡养人均摊或者约定分摊，也可以由被赡养人指定分摊。约定或者指定分摊的须签订书面分摊协议，指定分摊优先于约定分摊。具体分摊方式和额度在一个纳税年度内不能变更。

注意：本办法所称被赡养人是指年满 60 岁的父母，以及子女均已去世的年满 60 岁的祖父母、外祖父母。

【例 9－1】 王丽 2019 年综合收入为 300 000 元，年专项扣除（养老保险、医疗保险、失业保险和住房公积金）为 48 000 元，年专项附加扣除为 24 000 元（其中：每月赡养老人 1 000 元，首套房贷款利息 1 000 元），则年应纳税所得额为：

解：2019 年应纳税所得额 = 300 000 − 48 000 − 24 000 − 60 000 = 168 000（元）

年应纳所得税 = 168 000 × 10% − 2 520 = 14 280（元）

假设 1 ~ 11 月份已预缴个人所得税 7 000 元，则 12 月份应交：

14 280 − 7 000 = 7 280（元）

（3）依法规定的其他扣除。包括个人缴付符合国家规定的企业年金、职业年金，个人购买符合国家规定的商业健康保险、税收递延型商业养老保险的支出，以及国务院规定可以扣除的其他项目。

（4）下列单位和个人，应当向税务机关提供或者协助核实专项附加扣除相关信息：

①公安、人民银行、金融监督管理、教育、卫生、民政、人力资源社会保障、住房城乡建设、自然资源、医疗保障等与专项附加扣除信息相关的部门；

②纳税人任职或者受雇单位所在地、经常居住地、户籍所在地的公安派出所，居民委员会或者村民委员会；

③与专项附加扣除信息有关的其他单位和个人。

2. 非居民个人的工资、薪金所得，以每月收入额减除费用 5 000 元后的余额为应纳税所得额；劳务报酬所得、稿酬所得、特许权使用费所得，以每次收入额为应纳税所得额。

3. 经营所得，以每一纳税年度的收入总额减除成本、费用以及损失后的余额，为应纳税所得额。

4. 财产租赁所得，每次收入不超过 4 000 元的，减除费用 800 元；4 000 元以上的，减除 20% 的费用，其余额为应纳税所得额。

5. 财产转让所得，以转让财产的收入额减除财产原值和合理费用后的余额，为应纳税所得额。

6. 利息、股息、红利所得和偶然所得，以每次收入额为应纳税所得额。

二、计税依据的特殊规定

个人将其所得对教育、扶贫、济困等公益慈善事业进行捐赠，捐赠额未超过纳税人申报的应纳税所得额 30% 的部分，可以从其应纳税所得额中扣除；国务院规定对公益慈善事业捐赠实行全额税前扣除的，从其规定。

1. 个人将其所得通过中国境内的社会团体、国家机关向教育和其他社会公益事业以及遭受严重自然灾害地区、贫困地区的捐赠，捐赠额未超过纳税人申报的应纳税所得额 30% 的部分，可以从应纳税所得额中扣除，超过部分不得扣除。

2. 个人通过非营利的社会团体和国家机关向红十字事业的捐赠，在计算缴纳个人所得税时，准予在税前的所得额中全部扣除。

3. 个人通过非营利的社会团体和国家机关向农村义务教育的捐赠，在计算缴纳个人所得税时，准予在税前的所得额中全部扣除。

4. 个人通过非营利的社会团体和国家机关对公益性青少年活动场所（其中包括新建）的捐赠，计算缴纳个人所得税时，准予在税前的所得额中全部扣除。

5. 个人的所得（不含偶然所得，经国务院财政部门确定征税的其他所得）用于对非关联的科研和高等学校研究开发新产品、新技术、新工艺所发生的研究开发经费的资助，经主管税务机关确定，可以全额在下月（工资、薪金所得）或下次（按次计征的所得）或当年（按年计征的所得）计征个人所得税时，从应纳税所得额中扣除，不足抵扣的，不得结转抵扣。

第五节　个人所得税的计算

【学习目标】 通过学习，掌握个人取得各项应税所得应纳个人所得税的计算。

一、居民个人取得综合所得的计税方法

自 2019 年 1 月 1 日起，居民个人取得综合所得（工资、薪金所得、劳务报酬所得、稿

酬所得、特许权使用费所得），按年计算个人所得税，以每一纳税年度的收入额减除费用60 000元以及专项扣除、专项附加扣除和依法确定的其他扣除后的余额，为应纳税所得额。

计算公式：

月应纳税所得额＝月税前工资薪金收入－专项扣除（三险一金）－专项附加扣除（6项）－依法确定的其他扣除－费用减除额（起征点每月5 000元）

应纳税额＝应纳税所得额×税率－速算扣除数

居民个人取得劳务报酬所得、稿酬所得、特许权使用费所得，应当在汇算清缴时向税务机关提供有关信息，办理专项附加扣除。

取得综合所得需要办理汇算清缴的情形包括：

（1）从两处以上取得综合所得，且综合所得年收入额减除专项扣除的余额超过60 000元；

（2）取得劳务报酬所得、稿酬所得、特许权使用费所得中一项或者多项所得，且综合所得年收入额减除专项扣除的余额超过60 000元；

（3）纳税年度内预缴税额低于应纳税额；

（4）纳税人申请退税。

纳税人申请退税，应当提供其在中国境内开设的银行账户，并在汇算清缴地就地办理税款退库。

汇算清缴的具体办法由国务院税务主管部门制定。

居民个人的工资、薪金所得个人所得税，日常采取累计预扣法进行预扣预缴；劳务报酬所得、稿酬所得、特许权使用费所得个人所得税，采取基本平移现行规定的做法预扣预缴。

（一）居民个人预扣预缴方法

扣缴义务人向居民个人支付工资、薪金所得，劳务报酬所得，稿酬所得，特许权使用费所得时，按以下方法预扣预缴个人所得税，并向主管税务机关报送“个人所得税扣缴申报表”。年度预扣预缴税额与年度应纳税额不一致的，由居民个人于次年3月1日至6月30日向主管税务机关办理综合所得年度汇算清缴，税款多退少补。

1. 扣缴义务人向居民个人支付工资、薪金所得时，应当按照累计预扣法计算预扣税款，并按月办理全员全额扣缴申报。具体计算公式如下：

本期应预扣预缴税额＝（累计预扣预缴应纳税所得额×预扣率－速算扣除数）－累计减免税额－累计已预扣预缴税额

累计预扣预缴应纳税所得额＝累计收入－累计免税收入－累计减除费用－累计专项扣除－累计专项附加扣除－累计依法确定的其他扣除

其中：累计减除费用，按照5 000元/月乘以纳税人当年截至本月在本单位的任职受雇月份数计算。

上述公式中，计算居民个人工资、薪金所得预扣预缴税额的预扣率、速算扣除数，按“个人所得税预扣率表（1）”（见表9－1）执行。

【例9－2】　假设王丽2019年1月份工资为9 000元，4月涨薪到15 000元，10月份涨薪到18 000元，每月专项扣除（三险一金）3 000元，每月专项附加扣除2 000元。则王丽2019年每月个人所得税情况如下（见表9－6）：

表 9－6　　个人所得税计算表　　单位：元

月份	月工资	累计收入	累计减除费用	累计专项扣除	累计专项附加扣除	累计预扣预缴应纳税所得额	预扣率	速算扣除数	累计已预扣预缴税额	本期应预扣预缴税额
1	9 000	9 000	5 000	3 000	2 000	－1 000				
2	9 000	18 000	10 000	6 000	4 000	－2 000				
3	9 000	27 000	15 000	9 000	6 000	－3 000				
4	15 000	42 000	20 000	12 000	8 000	2 000	3%		60	
5	15 000	57 000	25 000	15 000	10 000	7 000	3%		210	150
6	15 000	72 000	30 000	18 000	12 000	12 000	3%		360	150
7	15 000	87 000	35 000	21 000	14 000	17 000	3%		510	150
8	15 000	102 000	40 000	24 000	16 000	22 000	3%		660	150
9	15 000	117 000	45 000	27 000	18 000	27 000	3%		810	150
10	18 000	135 000	50 000	30 000	20 000	35 000	3%		1 050	240
11	18 000	153 000	55 000	33 000	22 000	43 000	10%	2 520	1 780	730
12	18 000	171 000	60 000	36 000	24 000	51 000	10%	2 520	2 580	800

解：1～12 月份个人所得税计算如下：

1 月份应纳税所得额＝9 000－5 000－3 000－2 000＝－1 000（元）（不需缴纳个人所得税）

2 月份应纳税所得额＝18 000－10 000－6 000－4 000＝－2 000（元）（不需缴纳个人所得税）

3 月份应纳税所得额＝27 000－15 000－9 000－6 000＝－3 000（元）（不需缴纳个人所得税）

4 月份应纳税所得额＝42 000－20 000－12 000－8 000＝2 000（元）

应纳个人所得税＝2 000×3%＝60（元）

5 月份应纳税所得额＝57 000－25 000－15 000－10 000＝7 000（元）

应纳个人所得税＝7 000×3%－60＝150（元）

6 月份应纳税所得额＝72 000－30 000－18 000－12 000＝12 000（元）

应纳个人所得税＝12 000×3%－210＝150（元）

7 月份应纳税所得额＝87 000－35 000－21 000－14 000＝17 000（元）

应纳个人所得税＝17 000×3%－360＝150（元）

8 月份应纳税所得额＝102 000－40 000－24 000－16 000＝22 000（元）

应纳个人所得税＝22 000×3%－510＝150（元）

9 月份应纳税所得额＝117 000－45 000－27 000－18 000＝27 000（元）

应纳个人所得税＝27 000×3%－660＝150（元）

10 月份＝应纳税所得额＝135 000－50 000－30 000－20 000＝35 000（元）

应纳个人所得税＝35 000×3%－810＝240（元）

11 月份应纳税所得额＝153 000－55 000－33 000－22 000＝43 000（元）

应纳个人所得税＝43 000×10%－2 520－1 050＝730（元）

12 月份应纳税所得额 = 171 000 − 60 000 − 36 000 − 24 000 = 51 000（元）

应纳个人所得税 = 51 000 × 10% − 2 520 − 1 780 = 800（元）

个人所得税法采用综合所得按年纳税，并在预扣预缴环节采用累计预扣法后，全年收入无论怎么分配到各月，这一年的整体纳税额都是相同的。

累计预扣预缴法下，每个月都是累计相加计算，好处是减小个别月份工资大幅波动带来的影响，大大减少办理汇算清缴的概率。

个人将其所得进行捐赠，可以按照规定抵扣。

【例 9 − 3】 承［例 9 − 2］，假设王丽 12 月份捐红十字会 5 000 元，计算应纳个人所得税时则可以全部抵扣。

12 月份应纳税所得额 = 171 000 − 60 000 − 36 000 − 24 000 − 5 000 = 46 000（元）

应纳个人所得税 = 46 000 × 10% − 2 520 − 1 780 = 300（元）

如果王丽个人将其部分所得对贫困地区进行捐赠，捐赠额未超过纳税人申报的应纳税所得额 30% 的部分，可以从其应纳税所得额中扣除。

居民个人取得劳务报酬所得、稿酬所得、特许权使用费所得，应当在汇算清缴时向税务机关提供有关信息，办理专项附加扣除。

2. 扣缴义务人向居民个人支付劳务报酬所得、稿酬所得、特许权使用费所得，按次或者按月预扣预缴个人所得税。具体预扣预缴方法如下：

劳务报酬所得、稿酬所得、特许权使用费所得以收入减除费用后的余额为收入额。其中，稿酬所得的收入额减按 70% 计算。

减除费用：劳务报酬所得、稿酬所得、特许权使用费所得每次收入不超过 4 000 元的，减除费用按 800 元计算；每次收入 4 000 元以上的，减除费用按 20% 计算。

应纳税所得额：劳务报酬所得、稿酬所得、特许权使用费所得，以每次收入额为预扣预缴应纳税所得额。劳务报酬所得适用 20% ~40% 的超额累进预扣率［见表 9 − 2 “个人所得税预扣率表（2）”］，稿酬所得、特许权使用费所得适用 20% 的比例预扣率。

劳务报酬所得应预扣预缴税额 = 预扣预缴应纳税所得额 × 预扣率 − 速算扣除数

稿酬所得、特许权使用费所得应预扣预缴税额 = 预扣预缴应纳税所得额 × 20%

（1）劳务报酬所得个人所得税的计算。劳务报酬所得的个人每次取得的收入，定额或定率扣除规定费用后的余额为应纳税所得额。劳务报酬所得，属于一次收入的，以取得该项收入为一次，属于同一项目连续性收入的，以一个月内取得的收入为一次。

每次收入不超过 4 000 元，减除费用 800 元；每次收入超过 4 000 元以上的，减除收入 20% 的费用，其余额为应纳税所得额。其个人所得税的计算公式为：

应纳税所得额 = 每次收入 − 800

或 = 每次收入 ×（1 − 20%）

应纳税额 = 应纳税所得额 × 20%

【例 9 − 4】 歌星刘星与某歌舞厅签约，双休日到歌舞厅演唱，每月演唱 6 场，每场酬金为 500 元，计算刘星每月应纳的个人所得税。

解：刘星每月应纳个人所得税 =（6 × 500 − 800）× 20% = 440（元）

【例 9 − 5】 在［例 9 − 4］中，假设每场酬金为 2 000 元，计算刘星每月应纳的个人所得税。

解： 刘星每月应纳个人所得税 = 6 × 2 000 × (1 − 20%) × 20% = 1 920（元）

如果纳税人的每次应税劳务报酬收入的应纳税所得额超过 20 000 元，应实行加成征税。税率见表 9−2“个人所得税预扣率表（2）”。

【例 9−6】 在［例 9−5］中，假设每场酬金为 5 000 元，计算刘星每月应纳的个人所得税。

解： 刘星每月应纳个人所得税 = 6 × 5 000 × (1 − 20%) × 30% − 2 000 = 5 200（元）

【例 9−7】 演员鹿某为某一手机代言拍广告，收入为 1 000 万元，向贫困地区捐款 300 万元，计算其应纳的个人所得税。

解： 鹿某应纳税所得额 = 1 000 ×（1 − 20%）= 800（万元）

向贫困地区捐款可抵扣 = 800 × 3% = 240（万元）

鹿某应纳个人所得税 =（800 − 240）× 40% − 0.7 = 223.3（万元）

【例 9−8】 假设鹿某的捐款是给红十字会，则全额抵扣。

解： 鹿某应纳个人所得税 =（800 − 300）× 40% − 0.7 = 199.3（万元）

（2）稿酬所得个人所得税的计算。稿酬所得，以每次出版、发表取得的收入为一次。个人每次以图书、报刊方式出版发表同一作品，不论出版单位预付还是分次支付稿酬，或者加印该作品再得稿酬，均应合并一次计算纳税；如果个人在两处或两处以上出版、发表或再版同一作品而取得的稿酬所得，则可分次计算纳税；同一作品在报刊分次连载，应将每次连载取得的稿酬合并计算一次，连载后又出版书籍，出版书籍所得可视为一次所得。

稿酬所得，每次收入不超过 4 000 元，减除费用 800 元；每次收入超过 4 000 元以上的，减除收入 20% 的费用，其余额为应纳税所得。计算应纳税额后，减征 30% 的税款。简言之，就是应纳税所得额的 14%。其个人所得税的计算公式为：

应纳税所得额 = 每次所得 − 800

或 = 每次所得 ×（1 − 20%）

应纳个人所得税 = 应纳税所得额 × 20% ×（1 − 30%）= 应纳税所得额 × 14%

【例 9−9】 何教授出版一部专著，取得稿酬收入为 35 000 元，捐给贫困地区 10 000 元。试计算出版社代扣何教授个人所得税额。

应纳税所得额 = 35 000 ×（1 − 20%）= 28 000（元）

捐赠贫困地区可抵扣 = 28 000 × 30% = 8 400（元）

应纳个人所得税 =（28 000 − 8 400）× 20% ×（1 − 30%）= 2 744（元）

想一想：

若何教授取得稿酬收入为 3 500 元（未发生捐赠行为），如何计算其应交的个人所得税？

（3）特许权使用费所得个人所得税的计算如下：

①每次收入不足 4 000 元的计算公式如下：

应纳税额 = 应纳税所得额 × 适用税率 =（每次收入额 − 800）× 20%

【例 9−10】 吴勇将发明的某项专利转让给其他企业使用，每年取得使用费收入 3 800 元。试计算吴勇应缴纳的个人所得税。

解： 应缴纳的个人所得税 =（3 800 − 800）× 20% = 600（元）

②每次收入超过 4 000 元以上的计算公式如下：

应纳税额 = 应纳税所得额 × 适用税率 = 每次收入额 ×（1 − 20%）×20%

【例 9 − 11】 在例 9 − 10 中，吴勇每年取得使用费收入 10 000 元。试计算吴先生应缴纳的个人所得税。

解： 应缴纳的个人所得税 = 10 000 ×（1 − 20%）×20% = 1 600（元）

3. 特殊情况下工资、薪金所得个人所得税的计算。

（1）雇佣单位和派遣单位分别支付工资、薪金。居民个人取得工资、薪金所得时，可以向扣缴义务人提供专项附加扣除有关信息，由扣缴义务人扣缴税款时办理专项附加扣除。纳税人同时从两处以上取得工资、薪金所得，并由扣缴义务人办理专项附加扣除的，对同一专项附加扣除项目，纳税人只能选择从其中一处扣除。

实际操作时，通常只由雇佣单位在支付工资、薪金时，减除费用、计算扣缴个人所得税。派遣单位支付的工资、薪金不再减除费用，以支付金额直接确定适用税率，计算扣缴个人所得税。纳税人应持两处支付单位提供的原始明细工资、薪金单和完税凭证原件，选择并固定到一地税务机关申报每月工资、薪金收入，汇算清缴其工资、薪金收入的个人所得税，多退少补。

【例 9 − 12】 林利是某市外商投资企业中方工作人员，2019 年 1 月该企业支付给林利薪金为 13 200 元（“三险一金”为 2 200 元，附加扣除为 2 000 元）；同月，他还收到所在派遣单位发给的工资 3 000 元。试计算林利 1 月份应纳的个人所得税。

解： 企业应为林利扣缴个人所得税 =（13 200 − 2 200 − 2000 − 5 000）×3%

= 4 000 ×3%

= 120（元）

派遣单位为林利扣缴个人所得税 = 3 000 ×3% = 90（元）

（2）一次性取得数月奖金，年终分红或劳动分红的征税规定。

知识拓展

居民个人取得全年一次性奖金，符合《国家税务总局关于调整个人取得全年一次性奖金等计算征收个人所得税方法问题的通知》（国税发〔2005〕9 号）（以下简称《通知》）规定的，在 2021 年 12 月 31 日前，不并入当年综合所得，以全年一次性奖金收入除以 12 个月得到的数额，按照《通知》所附按月换算后的综合所得税率表（以下简称月度税率表），确定适用税率和速算扣除数，单独计算纳税。居民个人取得全年一次性奖金，也可以选择并入当年综合所得计算纳税。2021 年 12 月 29 日，李克强主持召开国务院常务会议，为减轻个人所得税负担，缓解中低收入群体压力，会议决定，将全年一次性奖金不并入当月工资薪金所得、实施按月单独计税的政策延至 2023 年底。将年收入不超过 12 万元且需补税或年度汇算补税额不超过 400 元的免予补税政策延至 2023 年底。

根据国家税务总局下发的文件，纳税人取得全年一次性奖金，单独作为一个月工资、薪金所得计算纳税，并按以下计税办法，由扣缴义务人发放时代扣代缴。

先将职工当月内取得的全年一次性奖金，除以 12 个月，按其商数确定适用税率和速算扣除数。在发放年终一次性奖金的当月，雇员当月工资薪金所得低于规定的费用扣除额，应将全年一次性奖金减除“雇员当月工资薪金所得与费用扣除额的差额”后的余额，按上述办法确定全年一次性奖金的适用税率速算扣除数。

将雇员个人当月内取得的全年一次性奖金，按上述办法确定的适用税率和速算扣除数计算征税。

如果雇员当月工资薪金所得高于（或等于）税法规定的费用额的，适用公式为：

应纳税额＝雇员当月取得全年一次性奖金×适用税率－速算扣除数

如果雇员当月工资薪金所得低于税法规定的费用扣除额的，适用公式为：

应纳税额＝(雇员当月取得全年一次性薪金－雇员当月工资薪金所得与费用扣除额的差额)×适用税率－速算扣除数

在一个纳税年度内，对每一个纳税人，该计税办法只允许采用一次。

【例9－13】 杨灵12月份取得单位发放的年终奖金27 600元，当月的工资为7 800元（已扣减专项抵扣及附加专项抵扣），那么，杨灵12月应纳的个人所得税是多少？

当月工资应纳个人所得税＝(7 800－5 000)×3%＝84（元）

年终一次性奖金27 600元，除以12等于2 300，对照“综合所得税率表”（见表9－4）适用预扣率为3%。

年终奖金应纳的个人所得税＝27 600×3%＝828（元）

当月应纳的个人所得税＝84＋828＝912（元）

【例9－14】 在［例9－13］中，如果杨灵12月份的工资为4 800元（已扣减专项抵扣及附加专项抵扣），那么，杨灵12月份应纳个人所得税是多少？

当月工资4 800元，费用扣除额5 000元与工资差额为200元（5 000－4 800），全年一次性奖金27 600元减去差额200元后的余额为27 400元，用27 400元除12等于2 283.33元，对照“综合所得税率表”（见表9－4）适用预扣率为3%。

当月应纳个人所得税＝[27 600－(5 000－4 800)]×3%＝822（元）

【例9－15】 本章知识导入中专家王强12月份的个人所得税是多少？

解： 王强12月工资薪金应纳个人所得税＝（16 000－5 000）×3%＝330（元）

讲学单位扣减应纳个人所得＝10 000×（1－20%）×20%＝1 600（元）

王强12月应纳个人所得税＝330＋1 600＝1 930（元）

（二）非居民个人扣缴方法

扣缴义务人向非居民个人支付工资、薪金所得，劳务报酬所得，稿酬所得和特许权使用费所得时，应当按以下方法按月或者按次代扣代缴个人所得税：

非居民个人的工资、薪金所得，以每月收入额减除费用5 000元后的余额为应纳税所得额；劳务报酬所得、稿酬所得、特许权使用费所得，以每次收入额为应纳税所得额，适用按月换算后的非居民个人月度税率表计算应纳税额。其中，劳务报酬所得、稿酬所得、特许权使用费所得以收入减除20%的费用后的余额为收入额。稿酬所得的收入额减按70%计算。

非居民个人工资、薪金所得，劳务报酬所得，稿酬所得，特许权使用费所得应纳税额＝应纳税所得额×税率－速算扣除数非居民个人取得的劳务报酬所得、稿酬所得、特许权使用费所得，属于一次性收入的，以取得该项收入为一次；属于同一项目连续性收入的，以一个月内取得的收入为一次。

【例9-16】 张大卫（非居民个人）为某科技公司聘用的外籍技术人员，公司每月向他支付工资薪金为100 000元，计算1月份应交个人所得税，查看“个人所得税税率表(3)”(见表9-3)。

1月份应纳税个人所得税 = （100 000 - 5 000） ×45% - 15 160 = 27 590（元）

二、经营所得计税方法

经营所得，适用5% ~35%的超额累进税率。

表9-7　　个人所得税税率表（经营所得适用）

级数	全年应纳税所得额	税率（%）	速算扣除数
1	不超过30 000元的	5	0
2	超过30 000元至90 000元的部分	10	1 500
3	超过90 000元至300 000元的部分	20	10 500
4	超过300 000元至500 000元的部分	30	40 500
5	超过500 000元的部分	35	65 500

成本、费用，是指生产、经营活动中发生的各项直接支出和分配计入成本的间接费用以及销售费用、管理费用、财务费用；所称损失，是指生产、经营活动中发生的固定资产和存货的盘亏、毁损、报废损失，转让财产损失，坏账损失，自然灾害等不可抗力因素造成的损失以及其他损失。

个体工商户业主、个人独资企业投资者、合伙企业个人合伙人以及从事其他生产、经营活动的个人，以其每一纳税年度来源于个体工商户、个人独资企业、合伙企业以及其他生产、经营活动的所得，减除费用60 000元、专项扣除以及依法确定的其他扣除后的余额，为应纳税所得额。

取得经营所得的个人，没有综合所得的，计算其每一纳税年度的应纳税所得额时，应当减除费用60 000元、专项扣除、专项附加扣除以及依法确定的其他扣除。专项附加扣除在办理汇算清缴时减除。

从事生产、经营活动，未提供完整、准确的纳税资料，不能正确计算应纳税所得额的，由主管税务机关核定应纳税所得额或者应纳税额。

纳税人取得经营所得，按年计算个人所得税，由纳税人在月度或者季度终了后15日内向税务机关报送纳税申报表，并预缴税款；在取得所得的次年3月31日前办理汇算清缴。

（一）对个体工商户个人所得税计算征收的有关规定

1. 个体工商户业主的费用扣除标准统一确定为每年60 000元，即每月为5 000元。

2. 个体工商户向其从业人员实际支付的合理的工资、薪金支出，允许在税前据实扣除。

3. 个体工商户拨缴的工会经费、发生的职工福利费、职工教育经费支出分别在其工资、薪金总额的2%、14%、8%的标准内据实扣除。

4. 个体工商户每一纳税年度发生的广告费和业务宣传费用不超过当年销售（营业）收

入15%的部分，可据实扣除；超过部分准予在以后的纳税年度结转扣除。

5. 个体工商户每一纳税年度发生的与其生产经营业务直接相关的业务招待费支出，按照发生额的60%扣除，但最高不得超过销售（营业）收入的5‰。

6. 个体工商户在生产、经营期间借款的利息支出，凡有合法证明的，不高于金融机构同类、同期贷款利率计算的数额的部分，准予扣除。

7. 个体工商户或个人专营种植业、养殖业、饲养业、捕捞业，应对其所得征收个人所得税。兼营上述四业并且四业的所得单独核算的，对属于征收个人所得税的，应与其他行业的生产、经营所得合并计征个人所得税；对于上述四业的所得不能单独核算的，应就其全部所得征收个人所得税。

8. 个体工商户和从事生产、经营的个人，取得与生产、经营活动无关的各项应税所得，应分别适用各应税项目的规定征收个人所得税。

（二）个体工商户的生产、经营所得应纳税额的计算

计算公式为：

应纳税所得额＝年应税收入额－准予税前扣除金额

应纳个人所得税税额＝应纳税所得额×适用税率－速算扣除数

【例9－17】 某个体工商户全年的经营收入为500 000元，成本为270 000元，费用为30 000元（不包括业主个人工资），试计算该个体工商户全年应缴纳的个人所得税。

解：应纳税所得额＝500 000－270 000－30 000－60 000＝140 000（元）

应纳税额＝140 000×20%－10 500＝17 500（元）

由于个体工商户生产、经营所得的应纳税额实行按年计算、分月或分季预缴，年终汇算清缴，多退少补的方法。因此，在实际工作中，需要分别计算按月或按季预缴税额和年终汇算清缴税款，其计算公式为：

本月（季）应预缴税额＝本月（季）累计应纳税所得额×适用税率－速算扣除数－上月（季）累计已预缴税款

【例9－18】 某市凯旋门酒店系个体工商户，账证齐全、准确，12月取得营业额为180 000元，购进菜、肉、蛋、面粉、大米等原料费为75 000元，缴纳电费、水费、房租、煤气费等25 000元，其他费用合计为9 000元，当月支付给4名雇员工资共20 000元（该业主个人全年未领工资）。1～11月累计应纳税所得额为500 000元；1～11月累计已预缴个人所得税为109 500元。计算该个体业户12月份应缴纳的个人所得税。

解：12月份应纳税所得额＝180 000－75 000－25 000－9 000－20 000－5 000

＝46 000（元）

全年累计应纳税所得额＝500 000＋46 000＝546 000（元）

12月份应缴纳个人所得税＝546 000×35%－65 500－109 500＝16 100（元）

（三）个人独资企业和合伙企业个人所得税的计算

对个人独资企业和合伙企业生产、经营所得，其个人所得税的计算有以下两种方法：

第一种：查账征税

对于实行查账征税办法的，生产经营所得按照《个体工商户个人所得税计税办法》的规定确定。但下列项目的扣除依照以下规定执行：

1. 个人独资企业和合伙企业投资者本人的费用扣除标准统一确定为每年60 000元，即

每月为 5 000 元。

2. 投资者及其家庭发生的生活费用不允许在税前扣除。

3. 企业生产经营和投资者及其家庭生活共用的固定资产，难以划分的，由主管机关根据企业的生产经营类型、规模等具体情况，核定准予在税前扣除的折旧费用的数额或比例。

4. 企业向其从业人员实际支付的合理工资、薪金支出，允许在税前据实扣除。

5. 企业拨缴的工会经费、发生的职工福利费、职工教育经费支出分别在工资薪金总额 2%、14%、8%的标准内据实扣除。

6. 每一纳税年度发生的广告费和业务宣传费用不超过当年销售（营业）收入 15%的部分，可据实扣除；超过部分准予在以后纳税年度结转扣除。

7. 每一纳税年度发生的与其生产经营业务直接相关的业务招待费支出，按照发生额的 60%扣除，但最高不得超过当年销售（营业）收入的 5‰。

8. 企业计提的各种准备金不得扣除。

9. 投资者兴办两个或两个以上企业，并且企业性质全部是独资的，年度终了后，汇算清缴时，应纳税款的计算按以下方法进行：汇总其投资兴办的所有企业的经营所得作为应纳税所得额，以此确定适用税率，计算出全年经营所得的应纳税额，再根据每个企业的经营所得占所有企业经营所得的比例，分别计算出每个企业的应纳税额和应补缴税额。计算公式如下：

（1）应纳税所得额 = ∑各个企业的经营所得

（2）应纳税额 = 应纳税所得额 × 税率 − 速算扣除数

（3）本企业应纳税额 = 应纳税额 × 本企业的经营所得 ÷ ∑各企业的经营所得

（4）本企业应补缴的税额 = 本企业应纳税额 − 本企业预缴的税额

【例 9－19】 何芳在市区投资兴办一家独资企业，当年取得营业收入为 185 万元；营业成本为 99.8 万元；税金及附加为 2.5 6 万元；管理费用为 21.6 万元，其中业务招待费为 5.5 万元；有 6 名雇员，人平均年工资 4 万元，共支付工资 24 万元；何芳每月领取工资 4 000 元，共支付工资 4.8 万元；当年向某单位借入流动资金 10 万元，支付利息费用 1 万元，同期银行贷款利率为 4.8%；对外投资分得股息 3 万元。试计算何芳 2019 年应缴纳的个人所得税。

解：（1）业务招待费的扣除限额，按其发生额的 60%扣除，即 55 000 × 60% = 33 000（元）；但最高不得超过当年营业收入的 5‰，即 1 850 000 × 5‰ = 9 250（元）。所以扣除限额为 9 250 元。

（2）投资者个人的工资 48 000 元不能扣除，但可以扣除费用 6 万元。

（3）非金融机构的借款利息、不高于同期同类贷款利率计算的数额的部分，准予扣除，超过的部分不能扣除。允许扣除为 4 800 元（100 000 × 4.8%）。

（4）对外投资分得股息，应按股息项目单独计算个人所得税，不能并入生产、经营的应纳税所得额一并计算个人所得税。

分得股息应纳的个人所得税 = 30 000 × 20% = 6 000（元）

（5）应纳税所得额 = 1 850 000 − 998 000 − 25 600 −（216 000 − 55 000 + 9 250）− 240 000 − 4 800 − 60 000 = 351 350（元）

（6）当年经营所得应缴个人所得税 = 351 350 × 30% − 40500 = 64 905（元）

（7）当年应缴个人所得税 = 64 905 + 6 000 = 70 905（元）

第二种：核定征收

核定征收方式，包括定额征收、核定应税所得率征收以及其他合理的征收方式。实行核定应税所得率征收方式的，应纳所得税额的计算公式如下：

（1）应纳税所得额 = 收入总额 × 应税所得率

或 = 成本费用支出额 ÷ （1 − 应税所得率） × 应税所得率

（2）应纳所得税额 = 应纳税所得额 × 适用税率

应税所得率应按表 9 −8 规定的标准执行：

表 9 −8　应税所得率表

行业	应税所得率（%）
农、林、牧、渔业	3
制造业	5
批发和零售贸易业	4
交通运输业	7
建筑业	8
饮食业	8
娱乐业	15
其他行业	10

企业经营多个行业的，无论其经营项目是否单独核算，均应根据其主营项目确定其适用的应税所得率。

实行核定征税的投资者，不能享受个人所得税的优惠政策。

实行查账征税方式的个人独资企业和合伙企业改为核定征税方式后，在查账征税方式下认定的年度经营亏损未弥补完的部分，不得再继续弥补。

（四）对企事业单位的承包经营、承租经营所得的计税方法

对企事业单位的承包经营、承租经营所得，是指个人承包经营、承租经营以及转包、转租取得的所得，包括个人按月或按次取得的工资、薪金性质的所得。其个人所得税的计算公式为：

应纳税所得额 = 纳税年度收入总额 − 减除费用

应纳税额 = 应纳税所得额 × 适用税率 − 速算扣除数

公式中的减除费用，是指按月 5 000 元的扣除。

【例 9 −20】　胡琳 2019 年 1 月起与某事业单位签订承包合同经营招待所，合同协议的承包期为三年，每年上缴费用 75 000 元，假设年终招待所实际的利润为 200 000 元，计算胡琳应缴纳的个人所得税。

解：胡琳应纳个人所得税 = (200 000 − 75 000 − 5 000 × 12) × 10% − 1 500

= 5 000（元）

三、财产租赁所得的计税方法

财产租赁所得，是指个人出租不动产、机器设备、车船以及其他财产取得的所得。财产

租赁所得一般以个人每次（一月为一次）取得的收入，定额或定率扣除规定费用，以及在出租财产过程中缴纳的税金及附加、修缮费用（每次以800元为限，一次扣除不完的，准予下次继续扣除，直至扣完为止）后的余额，作为应纳税所得额。

自然人出租住房取得的所得按照其地方税务局公告执行。一般是：

（1）纳税人出租或转租房产采取据实征收方式计算应纳税所得额时，可凭合法有效凭证，从其租金收入中依次减除房产过程中缴纳的税费、向出租方支付的租金、由纳税人负担的实际修缮费用，以及税法规定的费用扣除标准。

（2）纳税人不能提供合法、准确的成本费用凭证，不能准确计算房产租赁成本费用的，按租金收入的5%核定应纳税所得额。

（3）应纳税额的计算公式如下：

应纳税额 = 应纳税所得额 × 税率

自然人出租住房，暂减按10%的税率征收个人所得税；自然人出租非住房，按20%的税率征收个人所得税。

房产租赁所得以一个月内取得的收入为一次，纳税人同一个月多次取得房产租赁所得应合并计算纳税。

①每次收入不足4 000元的计算公式如下：

应纳税所得额 = 每次收入额 − 财产租赁过程中缴纳的税费 − 由纳税人负担的该出租资产实际开支的修缮费用 − 800元

应纳税额 = 应纳税所得额 × 20%

【例9－21】 某市朱琳将一个商铺租给别人使用，月租金3 200元，按月收取，房屋装修由出租人负责。11月，朱琳装修该出租房屋花费800元，已按规定缴纳有关税费85元，试计算朱琳11月应缴纳的个人所得税。

解：应纳税所得额 = 3 200 − 800 − 800 − 85 = 1 515（元）

应纳税额 = 1 515 × 20% = 303（元）

②每次收入超过4 000元的计算公式如下：

应纳税所得额 =（每次收入额 − 财产租赁过程中缴纳的税费 − 由纳税人负担的该出租资产实际开支的修缮费用）×（1 − 20%）

应纳税额 = 应纳税所得额 × 20%

【例9－22】 在［例9－21］中，朱琳取得租金收入为8 900元，试计算朱琳11月应缴纳的个人所得税。

解：应纳税所得额 = 8 900 ×（1 − 20%）− 800 − 85 = 6 235（元）

应纳个人所得税 = 6 235 × 10% = 623.5（元）

四、财产转让所得的计税方法

财产转让所得，按照一次转让财产的收入额减除财产原值和合理费用后的余额，计算纳税。

财产原值，按照下列方法确定：

（1）有价证券，为买入价以及买入时按照规定缴纳的有关费用；

（2）建筑物，为建造费或者购进价格以及其他有关费用；

（3）土地使用权，为取得土地使用权所支付的金额、开发土地的费用以及其他有关费用；

（4）机器设备、车船，为购进价格、运输费、安装费以及其他有关费用。

纳税人未提供完整、准确的财产原值凭证，不能按照第一项规定的方法确定财产原值的，由主管税务机关核定财产原值。

其个人所得税的计算公式为：

应纳税所得额＝收入总额－财产原值－合理费用

应纳税额＝应纳税所得额×适用税率

财产转让所得的适用税率，是指按照财产转让当时所规定的税率计算。如二手住房交易，原购买的住房时间不同以及是否唯一住房，税率都有所不同。

合理费用，是指卖出财产时按照规定支付的有关税费。

五、利息、股息、红利所得和偶然所得的计税方法

利息、股利、红利和偶然所得的个人每次取得的收入额为应纳税所得额，不得从收入额扣减任何费用。其个人所得税的计算公式为：

应纳税额＝应纳税所得额×适用税率＝每次收入额×20%

特殊规定：个人从公开发行和转让市场取得的上市公司股票，持股期限在 1 个月以内（含 1 个月）的，其股息红利所得全额暂减按 10% 税率计税，持股期限超过 1 年的，暂减按 5% 税率。

【例 9－23】 邱易当年从公司取得红利收入 5.8 万元（持有超过 1 年），试计算邱易当年应缴纳的个人所得税。

解：应缴纳的个人所得税＝58 000×5%＝2 900（元）

【例 9－24】 程燕在参加某市大新商场的有奖销售过程中，中奖所得为价值人民币 15 000 元的家用电器及 45 000 元现金，所得奖励价值 60 000 元。程燕领奖时告知大新商场，中奖所得的 5 000 元现金通过教育部门向某市希望小学捐赠。试计算该商场代扣程燕的个人所得税。

解：税法规定个人将其所得对教育、扶贫、济困等公益慈善事业进行捐赠，捐赠额未超过纳税人申报的应纳税所得额 30% 的部分，可以从其应纳税所得额中扣除。

可抵扣：60 000×30%＝18 000（元）

应纳税所得额＝60 000－5 000＝55 000（元）

商场代扣的个人所得税＝55 000×20%＝11 000（元）

想一想：

若程燕捐赠的是现金 25 000 元，商场代扣的个人所得税是多少？

第六节　个人所得税的会计核算

【学习目标】　通过学习掌握个人所得税核算账户的设置、会计核算以及纳税申报。

一、个人所得税会计账户的设置

根据税法的规定，个人所得税以所得人为纳税义务人，以支付单位或个人为扣缴义务人，扣缴义务人应当按照国家规定办理全员全额申报。税务机关对扣缴义务人按照所扣缴的税款，付给2%的手续费。

名词解释

全员全额扣缴申报，是指扣缴义务人向个人支付应税所得时，不论其是否属于本单位人员，支付的应税所得是否达到纳税标准，扣缴义务人应当在代扣税款的次月内，向主管机关报送其支付应税所得个人的基本信息、支付所得项目和数额、扣缴税款数额以及其他相关涉税信息。

明细账核算企业代扣代缴个人所得税的代扣和代缴情况。个人所得税按规定计算的应交税额并填写“个人所得税扣缴申报表”，根据纳税申报表，借记“应付职工薪酬——工资”账户，贷记“应交税费——应交个人所得税”账户；按税务机关开出的完税凭证借记“应交税费——应交个人所得税”账户，贷记“银行存款”账户（见图9－1）。

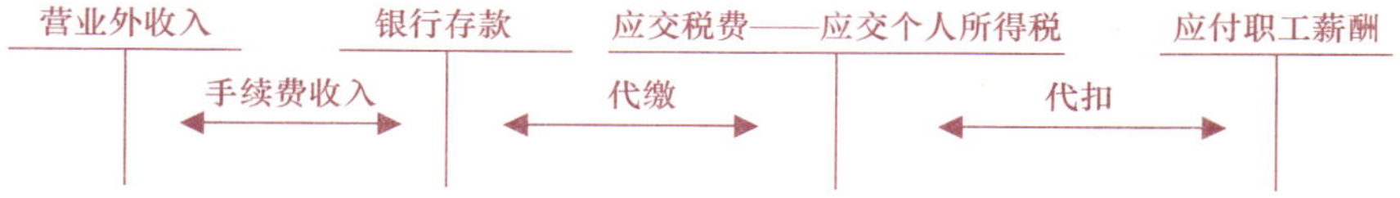

图9－1

个体工商户、对企业单位的承包、租赁经营的以及个人租赁、合伙企业缴纳个人所得税的核算程序与企业所得税基本相同，个人所得税按规定计算的应交税额并填写个人独资企业和合伙企业投资者“个人所得税生产经营所得纳税申报表”等，须通过“所得税费用”和“应交税费——应交所得税”两个账户进行会计核算。

二、个人所得税的会计处理

【例9－25】　职工曾华10月工资为5 500元（已扣减专项扣除数及专项附加扣除数），计算曾华应缴纳的个人所得税，并做出企业相关会计处理。

解：应纳税所得额＝5 500－5 000＝500（元）

应纳税额＝500×3%＝15（元）

假设该企业当月计算的个人所得税共计2万元。作账务处理：

借：应付职工薪酬——工资　　20 000

　　贷：应交税费——应交个人所得税　　20 000

根据个人所得税完税凭证，作账务处理：

借：应交税费——应交个人所得税　　20 000

　　贷：银行存款　　20 000

根据税务机关开出的收入退还书等凭证，作账务处理：

借：银行存款　　400（20 000×2%）

　　贷：营业外收入　　400

三、个人所得税的申报

（一）扣缴义务人的申报

扣缴义务人，是指向个人支付所得的单位或者个人。扣缴义务人应当依法办理全员全额扣缴申报。

全员全额扣缴申报，是指扣缴义务人应当在代扣税款的次月15日内，向主管税务机关报送其支付所得的所有个人的有关信息、支付所得数额、扣除事项和数额、扣缴税款的具体数额和总额以及其他相关涉税信息资料。

《个人所得税扣缴申报管理办法（试行）》

扣缴义务人每月或者每次预扣、代扣的税款，应当在次月15日内缴入国库，并向税务机关报送“个人所得税扣缴申报表”。

实行个人所得税全员全额扣缴申报的应税所得包括：①工资、薪金所得；②劳务报酬所得；③稿酬所得；④特许权使用费所得；⑤利息、股息、红利所得；⑥财产租赁所得；⑦财产转让所得；⑧偶然所得。

扣缴义务人首次向纳税人支付所得时，应当按照纳税人提供的纳税人识别号等基础信息，填写“个人所得税基础信息表（A表）”，并于次月扣缴申报时向税务机关报送。

扣缴义务人对纳税人向其报告的相关基础信息变化情况，应当于次月扣缴申报时向税务机关报送。

扣缴义务人向居民个人支付工资、薪金所得时，应当按照累计预扣法计算预扣税款，并按月办理扣缴申报。

居民个人向扣缴义务人提供有关信息并依法要求办理专项附加扣除的，扣缴义务人应当按照规定在工资、薪金所得按月预扣预缴税款时予以扣除，不得拒绝。

居民个人办理年度综合所得汇算清缴时，应当依法计算劳务报酬所得、稿酬所得、特许权使用费所得的收入额，并入年度综合所得计算应纳税款，税款多退少补。

扣缴义务人支付利息、股息、红利所得，财产租赁所得，财产转让所得或者偶然所得时，应当依法按次或者按月代扣代缴税款。

劳务报酬所得、稿酬所得、特许权使用费所得，属于一次性收入的，以取得该项收入为一次；属于同一项目连续性收入的，以一个月内取得的收入为一次。

财产租赁所得，以一个月内取得的收入为一次。

利息、股息、红利所得，以支付利息、股息、红利时取得的收入为一次。

偶然所得，以每次取得该项收入为一次。

纳税人需要享受税收协定待遇的，应当在取得应税所得时主动向扣缴义务人提出，并提交相关信息、资料，扣缴义务人代扣代缴税款时按照享受税收协定待遇有关办法办理。

支付工资、薪金所得的扣缴义务人应当于年度终了后两个月内，向纳税人提供其个人所得和已扣缴税款等信息。纳税人年度中间需要提供上述信息的，扣缴义务人应当提供。

纳税人取得除工资、薪金所得以外的其他所得，扣缴义务人应当在扣缴税款后，及时向纳税人提供其个人所得和已扣缴税款等信息。

扣缴义务人应当按照纳税人提供的信息计算税款、办理扣缴申报（见表9－9），不得擅自更改纳税人提供的信息。

（二）自行纳税申报

1. 取得综合所得需要办理汇算清缴的纳税申报。取得综合所得且符合下列情形之一的纳税人，应当依法办理汇算清缴：

（1）从两处以上取得综合所得，且综合所得年收入额减除专项扣除后的余额超过6万元；

（2）取得劳务报酬所得、稿酬所得、特许权使用费所得中一项或者多项所得，且综合所得年收入额减除专项扣除的余额超过6万元；

（3）纳税年度内预缴税额低于应纳税额；

（4）纳税人申请退税。

需要办理汇算清缴的纳税人，应当在取得所得的次年3月1日至6月30日内，向任职、受雇单位所在地主管税务机关办理纳税申报，并报送“个人所得税年度自行纳税申报表”。纳税人有两处以上任职、受雇单位的，选择向其中一处任职、受雇单位所在地主管税务机关办理纳税申报；纳税人没有任职、受雇单位的，向户籍所在地或经常居住地主管税务机关办理纳税申报。

纳税人办理综合所得汇算清缴，应当准备与收入、专项扣除、专项附加扣除、依法确定的其他扣除、捐赠、享受税收优惠等相关的资料，并按规定留存备查或报送。

2. 取得经营所得的纳税申报。个体工商户业主、个人独资企业投资者、合伙企业个人合伙人、承包承租经营者个人以及其他从事生产、经营活动的个人取得经营所得，包括以下情形：

（1）个体工商户从事生产、经营活动取得的所得，个人独资企业投资人、合伙企业的个人合伙人来源于境内注册的个人独资企业、合伙企业生产、经营的所得；

（2）个人依法从事办学、医疗、咨询以及其他有偿服务活动取得的所得；

（3）个人对企业、事业单位承包经营、承租经营以及转包、转租取得的所得；

（4）个人从事其他生产、经营活动取得的所得。

具体申报方法如下：

（1）“个人所得税生产经营所得纳税申报表（A表）”（见表9－10）适用于个体工商户、企事业单位承包承租经营者、个人独资企业投资者和合伙企业合伙人在中国境内取得“个体工商户的生产、经营所得”或“对企事业单位的承包经营、承租经营所得”的个人所得税月度（季度）纳税申报。

合伙企业有两个或两个以上自然人合伙人的，应分别填报表9－10。

表 9－9 个人所得税扣缴申报表

税款所属期： 年 月 日至 年 月 日

扣缴义务人名称：

扣缴义务人纳税人识别号（统一社会信用代码）：□□□□□□□□□□□□□□□□□□□□ 金额单位：人民币元（列至角分）

序号	姓名	身份证件类型	身份证件号码	纳税人识别号	是否为非居民个人	所得项目	本月（次）情况													累计情况（工资、薪金）									减按计税比例	准予扣除的捐赠额	税款计算							备注
							收入额计算			减除费用	专项扣除				其他扣除					累计收入额	累计减除费用	累计专项扣除	累计专项附加扣除					累计其他扣除			应纳税所得额	税率/预扣率	速算扣除数	应纳税额	减免税额	已扣缴税额	应补（退）税额	
							收入	费用	免税收入		基本养老保险费	基本医疗保险费	失业保险费	住房公积金	年金	商业健康保险	税延养老保险	财产原值	允许扣除的税费	其他				子女教育	赡养老人	住房贷款利息	住房租金	继续教育										

表 9－10　　　　个人所得税生产经营所得纳税申报表（A 表）

税款所属期：　　年　月　日至　　年　月　日　　　　　　　　　　　　金额单位：人民币元（列至角分）

投资者信息	姓　名		身份证件类型		身份证件号码	
	国籍（地区）				纳税人识别号	
被投资单位信息	名　称				纳税人识别号	
	类　型	□个体工商户 □承包、承租经营单位 □个人独资企业 □合伙企业				
	征收方式	□查账征收（据实预缴）　□查账征收（按上年应纳税所得额预缴）　□核定应税所得率征收 □核定应纳税所得额征收　□税务机关认可的其他方式________				

行次	项　目	金　额
1	一、收入总额	
2	二、成本费用	
3	三、利润总额	
4	四、弥补以前年度亏损	
5	五、合伙企业合伙人分配比例（%）	
6	六、投资者减除费用	
7	七、应税所得率（%）	
8	八、应纳税所得额	
9	九、税率（%）	
10	十、速算扣除数	
11	十一、应纳税额（8×9－10）	
12	十二、减免税额（附报“个人所得税减免税事项报告表”）	
13	十三、已预缴税额	
14	十四、应补（退）税额（11－12－13）	

谨声明：此表是根据《中华人民共和国个人所得税法》及有关法律法规规定填写的，是真实的、完整的、可靠的。

纳税人签字：　　　　　　　　　　年　　月　　日

感谢您对税收工作的支持！

代理申报机构（负责人）签章： 经办人： 经办人执业证件号码： 代理申报日期：　　年　　月　　日	主管税务机关印章： 受理人： 受理日期：　　年　　月　　日

国家税务总局监制

申报期限：

实行查账征收的个体工商户、个人独资企业、合伙企业，纳税人应在次月（季）15 日内办理预缴纳税申报；企事业单位承包承租经营者如果在 1 年内按月或分次取得承包经营、承租经营所得的，纳税人应在每月或每次取得所得后的 15 日内办理预缴纳税申报。

实行核定征收的，纳税人应在次月（季）15 日内办理纳税申报。

纳税人不能按规定期限办理纳税申报的，应当按照《中华人民共和国税收征收管理法》及其实施细则的规定办理延期申报。

（2）“个人所得税生产经营所得纳税申报表（B 表）”（见表 9 – 11）适用于个体工商户、企事业单位承包承租经营者、个人独资企业投资者和合伙企业合伙人在中国境内取得“个体工商户的生产、经营所得”或“对企事业单位的承包经营、承租经营所得”的个人所得税 2015 年及以后纳税年度的汇算清缴。

合伙企业有两个或两个以上自然人合伙人的，应分别填报表 9 – 11。

申报期限：

个体工商户、个人独资企业投资者、合伙企业合伙人应在年度终了后 3 个月内办理个人所得税年度纳税申报。

企事业单位承包承租经营者应在年度终了后 30 日内办理个人所得税年度纳税申报；纳税人一年内分次取得承包、承租经营所得的，应在年度终了后 3 个月内办理汇算清缴。

（3）“个人所得税生产经营所得纳税申报表（C 表）”（见表 9 – 12）适用于个体工商户、企事业单位承包承租经营者、个人独资企业投资者和合伙企业合伙人在中国境内两处或者两处以上取得“个体工商户的生产、经营所得”或“对企事业单位的承包经营、承租经营所得”的，同项所得合并计算纳税的个人所得税年度汇总纳税申报。

申报期限：

年度终了后 3 个月内。

纳税人不能按规定期限报送本表时，应当按照《中华人民共和国税收征收管理法》及其实施细则的规定办理延期申报。

3. 取得应税所得，扣缴义务人未扣缴税款的纳税申报。纳税人取得应税所得，扣缴义务人未扣缴税款的，应当区别以下情形办理纳税申报：

（1）居民个人取得综合所得的，按照规定办理。

（2）非居民个人取得工资、薪金所得，劳务报酬所得，稿酬所得，特许权使用费所得的，应当在取得所得的次年 6 月 30 日前，向扣缴义务人所在地主管税务机关办理纳税申报，并报送“个人所得税自行纳税申报表（A 表）”。有两个以上扣缴义务人均未扣缴税款的，选择向其中一处扣缴义务人所在地主管税务机关办理纳税申报。

非居民个人在次年 6 月 30 日前离境（临时离境除外）的，应当在离境前办理纳税申报。

（3）纳税人取得利息、股息、红利所得，财产租赁所得，财产转让所得和偶然所得的，应当在取得所得的次年 6 月 30 日前，按相关规定向主管税务机关办理纳税申报，并报送“个人所得税自行纳税申报表（A 表）”。

税务机关通知限期缴纳的，纳税人应当按照期限缴纳税款。

4. 取得境外所得的纳税申报。居民个人从中国境外取得所得的，应当在取得所得的次年 3 月 1 日至 6 月 30 日内，向中国境内任职、受雇单位所在地主管税务机关办理纳税申报；在中国境内没有任职、受雇单位的，向户籍所在地或中国境内经常居住地主管税务机关办理纳税申报；户籍所在地与中国境内经常居住地不一致的，选择其中一地主管税务机关办理纳税申报；在中国境内没有户籍的，向中国境内经常居住地主管税务机关办理纳税申报。

表 9－11　　个人所得税生产经营所得纳税申报表（B 表）

税款所属期：　年　月　日至　年　月　日　　金额单位：人民币元（列至角分）

投资者信息	姓　名		身份证件类型		身份证件号码	
	国籍（地区）				纳税人识别号	
被投资单位信息	名　称				纳税人识别号	
	类　型	□个体工商户　□承包、承租经营单位　□个人独资企业　□合伙企业				

行次	项　目	金　额
1	一、收入总额	
2	其中：国债利息收入	
3	二、成本费用（4＋5＋6＋7＋8＋9＋10）	
4	（一）营业成本	
5	（二）营业费用	
6	（三）管理费用	
7	（四）财务费用	
8	（五）税金	
9	（六）损失	
10	（七）其他支出	
11	三、利润总额（1－2－3）	
12	四、纳税调整增加额（13＋27）	
13	（一）超过规定标准的扣除项目金额（14＋15＋16＋17＋18＋19＋20＋21＋22＋23＋24＋25＋26）	
14	（1）职工福利费	
15	（2）职工教育经费	
16	（3）工会经费	
17	（4）利息支出	
18	（5）业务招待费	
19	（6）广告费和业务宣传费	
20	（7）教育和公益事业捐赠	
21	（8）住房公积金	
22	（9）社会保险费	
23	（10）折旧费用	
24	（11）无形资产摊销	
25	（12）资产损失	
26	（13）其他	
27	（二）不允许扣除的项目金额（28＋29＋30＋31＋32＋33＋34＋35＋36）	
28	（1）个人所得税税款	
29	（2）税收滞纳金	
30	（3）罚金、罚款和被没收财物的损失	

续表

行次	项　　目	金　额
31	（4）不符合扣除规定的捐赠支出	
32	（5）赞助支出	
33	（6）用于个人和家庭的支出	
34	（7）与取得生产经营收入无关的其他支出	
35	（8）投资者工资薪金支出	
36	（9）国家税务总局规定不准扣除的支出	
37	五、纳税调整减少额	
38	六、纳税调整后所得（11+12-37）	
39	七、弥补以前年度亏损	
40	八、合伙企业合伙人分配比例（%）	
41	九、允许扣除的其他费用	
42	十、投资者减除费用	
43	十一、应纳税所得额（38-39-41-42）或［（38-39）×40-41-42］	
44	十二、税率（%）	
45	十三、速算扣除数	
46	十四、应纳税额（43×44-45）	
47	十五、减免税额（附报“个人所得税减免税事项报告表”）	
48	十六、实际应纳税额（46-47）	
49	十七、已预缴税额	
50	十八、应补（退）税额（48-49）	
附列资料	年平均职工人数（人）	
	工资总额（元）	
	投资者人数（人）	

谨声明：此表是根据《中华人民共和国个人所得税法》及有关法律法规规定填写的，是真实的、完整的、可靠的。

纳税人签字：　　　　年　月　日

感谢您对税收工作的支持！

代理申报机构（负责人）签章： 经办人： 经办人执业证件号码： 代理申报日期：　年　月　日	主管税务机关印章： 受理人： 受理日期：　年　月　日

国家税务总局监制

表 9－12　　个人所得税生产经营所得纳税申报表（C 表）

税款所属期：　　年　月　日至　　年　月　日　　　　金额单位：人民币元（列至角分）

投资者信息	姓　名		身份证件类型		身份证件号码	
	国籍（地区）				纳税人识别号	

各被投资单位信息	被投资单位编号	被投资单位名称	被投资单位纳税人识别号	分配比例 %	应纳税所得额
	1. 汇缴地				
	2. 其他				
	3. 其他				
	4. 其他				
	5. 其他				
	6. 其他				
	7. 其他				
	8. 其他				

行次	项　　目	金　额
1	一、被投资单位应纳税所得额合计	
2	二、应调增的投资者减除费用	
3	三、调整后应纳税所得额（1＋2）	
4	四、税率（%）	
5	五、速算扣除数	
6	六、应纳税额（3×4－5）	
7	七、本单位经营所得占各单位经营所得总额的比重（%）	
8	八、本单位应纳税额（6×7）	
9	九、减免税额（附报“个人所得税减免税事项报告表”）	
10	十、实际应纳税额	
11	十一、已缴税额	
12	十二、应补（退）税额（10－11）	

谨声明：此表是根据《中华人民共和国个人所得税法》及有关法律法规规定填写的，是真实的、完整的、可靠的。

纳税人签字：　　　　年　月　日

感谢您对税收工作的支持！

代理申报机构（负责人）签章： 经办人： 经办人执业证件号码： 代理申报日期：　年　月　日	主管税务机关印章： 受理人： 受理日期：　年　月　日

国家税务总局监制

5. 因移居境外注销中国户籍的纳税申报。纳税人因移居境外注销中国户籍的，应当在申请注销中国户籍前，向户籍所在地主管税务机关办理纳税申报，进行税款清算。

（1）纳税人在注销户籍年度取得综合所得的，应当在注销户籍前，办理当年综合所得的汇算清缴，并报送“个人所得税年度自行纳税申报表”。尚未办理上一年度综合所得汇算清缴的，应当在办理注销户籍纳税申报时一并办理。

（2）纳税人在注销户籍年度取得经营所得的，应当在注销户籍前，办理当年经营所得的汇算清缴，并报送“个人所得税生产经营所得纳税申报表（B 表）”。从两处以上取得经营所得的，还应当一并报送“个人所得税生产经营所得纳税申报表（C 表）”。尚未办理上一年度经营所得汇算清缴的，应当在办理注销户籍纳税申报时一并办理。

（3）纳税人在注销户籍当年取得利息、股息、红利所得，财产租赁所得，财产转让所得和偶然所得的，应当在注销户籍前，申报当年上述所得的完税情况，并报送“个人所得税自行纳税申报表（A 表）”。

（4）纳税人有未缴或者少缴税款的，应当在注销户籍前，结清欠缴或未缴的税款。纳税人存在分期缴税且未缴纳完毕的，应当在注销户籍前，结清尚未缴纳的税款。

（5）纳税人办理注销户籍纳税申报时，需要办理专项附加扣除、依法确定的其他扣除的，应当向税务机关报送“个人所得税专项附加扣除信息表”“商业健康保险税前扣除情况明细表”“个人税收递延型商业养老保险税前扣除情况明细表”等。

6. 非居民个人在中国境内从两处以上取得工资、薪金所得的纳税申报。非居民个人在中国境内从两处以上取得工资、薪金所得的，应当在取得所得的次月 15 日内，向其中一处任职、受雇单位所在地主管税务机关办理纳税申报，并报送“个人所得税自行纳税申报表（A 表）”。

7. 纳税申报方式。纳税人可以采用远程办税端、邮寄等方式申报，也可以直接到主管税务机关申报。个人所得税以所得人为纳税人，以支付所得的单位或者个人为扣缴义务人。

纳税人办理自行纳税申报时，应当一并报送税务机关要求报送的其他有关资料。首次申报或者个人基础信息发生变化的，还应报送“个人所得税基础信息表（B 表）”。

思考与练习

一、单项选择题

1. 个人所得税是对（　　）取得的各项应税所得征收的一种所得税。

A. 企业单位　　B. 个人（自然人）

C. 事业单位　　D. 行政单位

2. 我国对工资、薪金所得，按月扣除费用（　　）。

A. 3 500 元　　B. 2 000 元

C. 800 元　　D. 5 000 元

3. 特许权使用费所得，不包括个人提供的（　　）的使用权取得的所得。

A. 专利权　　B. 商标权

C. 稿酬　　D. 非专利技术以及其他特许权

4. 个人综合收入不包括（　　）。

A. 工资、薪金所得　　B. 劳务报酬所得

C. 稿酬所得　　D. 财产租赁所得

5. 直辖市、省会（首府）城市、计划单列市以及国务院确定的其他城市，住房租金扣除标准为每月（　　）元。

A. 2 000　　B. 1 500

C. 1 100　　D. 800

6. 纳税人取得经营所得，按年计算个人所得税，由纳税人在月度或者季度终了后（　　）内向税务机关报送纳税申报表，并预缴税款。

A. 10　　B. 5

C. 15　　D. 30

7. 自然人出租住房不能提供合法、准确的成本费用凭证，不能准确计算房产租赁成本费用的，按租金收入的（　　）核定应纳税所得额。

A. 3%　　B. 5%

C. 10%　　D. 15%

8. 税务机关对个人所得税的扣缴义务人按照所扣缴的税款，付给（　　）的手续费。

A. 6%　　B. 5%

C. 3%　　D. 2%

9. 纳税人取得应税所得，扣缴义务人未扣缴税款的，纳税人应当在取得所得的次年（　　）前缴纳税款；税务机关通知限期缴纳的，纳税人应当按照期限缴纳税款。

A. 6 月 30 日　　B. 3 月 31 日

C. 2 月 15 日　　D. 1 月 15 日

10. 纳税人办理汇算清缴退税或者扣缴义务人为纳税人办理汇算清缴退税的，税务机关审核后，按照（　　）的有关规定办理退税。

A. 税务管理　　B. 国库管理

C. 财政管理　　D. 预算管理

二、多项选择题

1. 除国务院财政、税务主管部门另有规定外，下列所得，不论支付地点是否在中国境内，均为来源于中国境内的所得：（　　）

A. 因任职、受雇、履约等在中国境内境外提供劳务取得的所得

B. 将财产出租给承租人在中国境内使用而取得的所得

C. 许可各种特许权在中国境内使用而取得的所得

D. 转让中国境内的不动产等财产或者在中国境内转让其他财产取得的所得

2. 经营所得，是指（　　）。

A. 个体工商户从事生产、经营活动取得的所得，个人独资企业投资人、合伙企业的个人合伙人来源于境内注册的个人独资企业、合伙企业生产、经营的所得

B. 个人依法从事办学、医疗、咨询以及其他有偿服务活动取得的所得

C. 个人对企业、事业单位承包经营、承租经营以及转包、转租取得的所得

D. 个人从事其他生产、经营活动取得的所得

3. 下列各项个人所得，免征个人所得税的有（　　）。

A. 生活补助费

B. 按照国家统一规定发给的补贴、津贴

C. 福利费、抚恤金、救济金

D. 保险赔款

4. 专项附加扣除包括子女教育、继续教育以及（　　）。

A. 大病医疗　　B. 贷款利息

C. 住房租金　　D. 赡养老人

5. 其他扣除，包括个人缴付符合国家规定的（　　）。

A. 企业年金、职业年金

B. 国家税务总局规定可以扣除的其他项目

C. 个人购买符合国家规定的商业健康保险

D. 税收递延型商业养老保险的支出

6. 取得经营所得的个人，没有综合所得的，计算其每一纳税年度的应纳税所得额时，应当减除（　　）。

A. 费用 6 万元　　B. 专项扣除

C. 专项附加扣除　　D. 依法确定的其他扣除

7. 财产租赁所得是指个人出租（　　）以及其他财产取得的所得。

A. 不动产　　B. 机器设备

C. 车船　　D. 专利权

8. 财产原值，按照下列方法确定：（　　）

A. 有价证券，为买入价以及买入时按照规定缴纳的有关费用

B. 建筑物，为建造费或者购进价格以及其他有关费用

C. 土地使用权，为取得土地使用权所支付的金额、开发土地的费用以及其他有关费用

D. 机器设备、车船，为购进价格、运输费、安装费以及其他有关费用

9. 有下列情形之一的，纳税人应当依法办理纳税申报：（　　）

A. 取得综合所得需要办理汇算清缴

B. 取得应税所得没有扣缴义务人

C. 取得应税所得，扣缴义务人未扣缴税款

D. 取得境外所得

三、判断题

1. 我国现行的个人所得税采用的是分类所得税制。（　　）

2. 居民的工资薪金所得、经营所得和非居民个人工资、薪金所得，采用超额累进税率计算征税。（　　）

3. 在中国境内有住所，或者无住所而一个纳税年度内在中国境内居住累计满 183 天的个人为非居民个人。（　　）

4. 在中国境内无住所的个人，在一个纳税年度内在中国境内居住累计不超过 90 天的，

其来源于中国境内的所得，由境外雇主支付并且不由该雇主在中国境内的机构、场所负担的部分，免予缴纳个人所得税。（ ）

5. 个人所得的形式，包括现金、实物，不包括有价证券。（ ）

6. 稿酬所得的收入额减按30%计算。（ ）

7. 专项扣除包括居民个人按照国家规定的范围和标准缴纳的基本养老保险、基本医疗保险、失业保险等社会保险费和住房公积金等。（ ）

8. 纳税人为非独生子女的，由其与兄弟姐妹分摊每月2 000元的扣除额度，每人分摊的额度不能超过每月1 000元。（ ）

9. 年度预扣预缴税额与年度应纳税额不一致的，由居民个人于次年1月1日至6月30日向主管税务机关办理综合所得年度汇算清缴，税款多退少补。（ ）

10. 纳税人同时从两处以上取得工资、薪金所得，并由扣缴义务人办理专项附加扣除的，对同一专项附加扣除项目，纳税人只能选择从其中一处扣除。（ ）

11. 经营所得适用3% ~35%的超额累进税率。（ ）

12. 利息、股利、红利和偶然所得的个人每次取得的收入额为应纳税所得额，不得从收入额扣减任何费用。（ ）

13. 个人所得税以所得人为纳税人，以支付所得的个人为扣缴义务人。（ ）

四、业务题

1. 李霞1月份工资为8 000元，2月涨薪到12 000元，4月涨薪到16 000元，10月份涨薪到20 000元，每月专项扣除（三险一金）3 600元，每月专项附加扣除2 400元。计算李霞每月个人所得税（列出每月计算过程），填至表9－13。

表9－13

月份	月工资	累计收入	累计减除费用	累计专项扣除	累计专项附加扣除	累计预扣预缴应纳税所得额	预扣率	速算扣除数	累计已预扣预缴税额	本期应预扣预缴税额
1										
2										
3										
4										
5										
6										
7										
8										
9										
10										
11										
12										

2. 王灵1月份工资薪金为20 000元，三险一金3 200元，专项附加抵扣1 400元，当月捐红十字会4 400元，计算其2019年1月份应交个人所得税。

3. 接上题，假设王灵当月捐款5 000元给贫困地区，计算其1月份应交个人所得税。

4. 1月演员李冰为某一化妆品代言拍广告，收入为600万元，向红十字会捐款100万元，计算其应纳的个人所得税。

5. 1月何教授取得稿酬收入为3 000元（未发生捐赠行为），计算其应交的个人所得税。

6. 1月李华教授出版一部专著，取得稿酬收入为50 000元，捐给贫困地区15 000元。试计算出版社代扣李华教授个人所得税额。

7. 1月武田将发明的某项专利转让给其他企业公司使用，每年取得使用费收入80 000元。计算其应缴纳的个人所得税。

8. 林以诺是外商投资企业中方工作人员，1月该企业支付给他的薪金为18 200元（三险一金为3 200元，附加扣除为2 000元）；同月，他还收到所在派遣单位发给的工资6 000元。试计算他1月份应纳的个人所得税。

9. 凌达（非居民个人）为某科技公司聘用的外籍技术人员，公司每月向她支付工资薪金为80 000元，计算1月份其应交个人所得税（查看“个人所得税税率表（3）”）。

10. 职工刘华11月工资为12 000元（已扣减专项扣除数及专项附加扣除数），当月捐款给贫困地区3 000元，计算刘华应缴纳的个人所得税。

11. 德永科技咨询公司11月代扣代缴个人所得税100 000元，做出代扣代缴个人所得税、上交个人所得税及收取2%手续费的分录。

第十章 税收管理

【知识导入】 家乐科技有限责任公司为新办公司，开办了两个月都没有任何收入，所以公司没有办理纳税申报。家乐公司这样做对吗?

家乐公司不办理纳税申报的行为不对。《中华人民共和国税收征收管理法》第二十五条第一款规定：纳税人必须依照法律、行政法规规定或者税务机关依照法律、行政法规规定的申报期限、申报内容如实办理纳税申报。《税收征收管理法实施细则》第三十二条规定：在纳税期内没有应纳税款的，也应当按照规定办理纳税申报。因此，纳税人在没有收入的情况下，也应该进行申报。是否零申报视纳税机关核定的税（费）种的相关规定办理，不一定与是否有收入存在必然的联系。所以，家乐公司尽管开业两个月没有收入，但仍然要按照税法规定办理纳税申报。

第一节 税务登记管理

【学习目标】 了解税务登记的含义，了解企业开业税务登记、变更税务登记、注销税务登记及停、复业登记。

一、税务登记概述

（一）税务登记的含义

税务登记是税务机关对纳税人的生产、经营活动进行登记并据此对纳税人实施税务管理的一种制度。税务登记包括开业税务登记，变更税务登记，注销税务登记和停、复业登记四种。

（二）办理税务登记的对象

根据税法规定，下列纳税人应当向国家税务机关申报办理税务登记：

1. 领取营业执照的纳税人。它包括：

（1）企业，包括国有企业、集体企业、私营企业、中外合资合作企业、股份制企业；

（2）联营企业、联合企业、外商独资企业等；

（3）企业在外地设立的分支机构和从事生产、经营的场所；

（4）经批准从事生产、经营的事业单位；

（5）个体工商户。

2. 其他纳税人。

《国家税务总局关于修改《税务登记管理办法》的决定》

《发票管理办法实施细则》

二、企业开业税务登记

（一）开业税务登记的时间和地点

企业，企业在外地设立的分支机构和从事生产、经营的场所，个体工商户和从事生产、经营的事业单位（以下统称“从事生产、经营的纳税人”），向生产、经营所在地的国税、地税局申报办理国税、地税登记证：

1. 从事生产、经营的纳税人领取工商营业执照（含临时工商营业执照）的，应当自领取工商营业执照之日起 30 日内申报办理税务登记，税务机关核发税务登记证及副本（纳税人领取临时工商营业执照的，税务机关核发临时税务登记证及副本）。

2. 从事生产、经营的纳税人未办理工商营业执照但经有关部门批准设立的，应当自有关部门批准设立之日起 30 日内申报办理税务登记，税务机关核发税务登记证及副本。

3. 从事生产、经营的纳税人未办理工商营业执照也未经有关部门批准设立的，应当自纳税义务发生之日起 30 日内申报办理税务登记，税务机关核发税务登记证及副本。

4. 有独立的生产经营权、在财务上独立核算并定期向发包人或者出租人上交承包费或租金的承包承租人，应当自承包承租合同签订之日起 30 日内，向其承包承租业务发生地税务机关申报办理税务登记，税务机关核发临时税务登记证及副本。

5. 从事生产、经营的纳税人外出经营，自其在同一县（市）实际经营或提供劳务之日起，在连续的 12 个月内累计超过 180 天的，应当自期满之日起 30 日内，向生产、经营所在地税务机关申报办理税务登记，税务机关核发临时税务登记证及副本。

6. 境外企业在中国境内承包建筑、安装、装配、勘探工程和提供劳务的，应当自项目合同协议签订之日起 30 日内，向项目所在地税务机关申报办理税务登记，税务机关核发临时税务登记证及副本。

上述规定以外的其他纳税人，除国家机关、个人和无固定生产、经营场所的流动性农村小商贩外，均应当自纳税义务发生当日起 30 日内，向纳税义务发生地税务机关申报办理税务登记，税务机关核发税务登记证及副本。所以，本章知识导入案例中的家乐科技有限责任公司虽然两个月都没有任何收入，但都要办理税务登记，缴纳与商品流通环节相关的增值税等。

税收视野：下岗再就业人员、退役军人及残疾人，都可以按有关政策享受相应的税收优惠政策，这三类人是目前享受税收优惠政策的主要群体。

（二）纳税人办理税务登记时，应当提供的证件和资料

纳税人在申报办理税务登记时，应当根据不同情况向税务机关如实提供以下证件和资料：

1. 工商营业执照或核准执业证件；
2. 有关合同、章程、协议书；
3. 组织机构统一代码证书；
4. 法定代表人或负责人或业主的居民身份证、护照或者其他合法证件。

其他需要提供的有关证件、资料，由省、自治区、直辖市税务机关确定。

（三）税务登记表

纳税人在申报办理税务登记时，应当如实填写税务登记表。税务登记表的主要内容包括：

1. 单位名称、法定代表人或者业主姓名及其居民身份证、护照或者其他合法证件的号码；
2. 住所、经营地点；
3. 登记类型；
4. 核算方式；
5. 生产经营方式；
6. 生产经营范围；
7. 注册资金（资本）、投资总额；
8. 生产经营期限；
9. 财务负责人、联系电话；
10. 国家税务总局确定的其他有关事项。

（四）税务登记证件

税务登记证件包括税务登记证及其副本、临时税务登记证及其副本。扣缴税款登记证件包括扣缴税款登记证及其副本。

已办理税务登记的扣缴义务人应当自扣缴义务发生之日起30日内，向税务登记地税务机关申报办理扣缴税款登记。税务机关在其税务登记证件上登记扣缴税款事项，税务机关不再发给扣缴税款登记证件。

根据税收法律、行政法规的规定可不办理税务登记的扣缴义务人，应当自扣缴义务发生当日起30日内，向机构所在地税务机关申报办理扣缴税务登记。税务机关核发扣缴税款登记证件。

【例10－1】 某市海林科技有限责任公司办理完各种法定证照后，由于公司没有经营，暂将税务登记证借给一个个体工商户使用2个月，这样做违反了税收登记管理，结果当地税务机关按税收征管法的规定，对其处以3 000元罚款。

三、企业变更税务登记

纳税人税务登记内容发生变化的，应当向原税务登记机关申报办理变更税务登记。

1. 纳税人已在工商行政管理机关办理变更登记的，应当自工商行政管理机关变更登记之日起 30 日内，向原税务登记机关如实提供以下证件、资料，申报办理变更税务登记：

（1）工商登记变更表及工商营业执照；

（2）纳税人变更的有关登记证明文件；

（3）机关发放的原税务登记证件（登记证正、副本和登记表等）；

（4）有关资料。

2. 纳税人按照规定不需要在工商行政管理机关办理变更登记，或者其变更登记的内容与工商登记内容无关的，应当自税务登记内容实际发生变化之日起 30 日内，或者自有关机关批准或者宣布变更之日起 30 日内，持下列证件到原税务登记机关申报办理变更税务登记：

（1）纳税人变更的登记内容的有关证明文件；

（2）机关发放的原税务登记证件（登记正本、副本和税务登记表等）；

（3）有关资料。

税务机关应当自受理之日起 30 日内，审核办理变更税务登记。纳税人税务登记表和税务登记证中的内容都发生变更的，税务机关按变更后的内容重新核发税务登记证件；纳税人税务登记表的内容发生变更而税务登记证中的内容未发生变更的，税务机关不重新核发税务登记证件。

四、企业注销税务登记

纳税人发生解散、破产、撤销以及其他情形，依法终止纳税义务的，应当向工商行政管理机关或者其他机关办理注销登记前，持有关证件和资料向原税务登记机关申报办理注销税务登记；按规定不需要在工商行政管理机关或者其他机关办理注册登记的，应当自有关机关批准或者宣告终止之日起 15 日内，持有关证件和资料向原税务登记机关申报办理注销税务登记。

纳税人被工商行政管理机关吊销营业执照或者被其他机关予以撤销登记的，应当自营业执照被吊销或者被撤销登记之日起 15 日内，向原税务登记机关申报办理注销税务登记。

纳税人因住所、经营地点变动，涉及改变税务登记机关的，应当在向工商行政管理机关或者其他机关申请办理变更、注销登记前，或者住所、经营地点变动前，持有关证件和资料，向原税务登记机关申报办理注销税务登记，并自注销税务登记之日起 30 日内向迁达地税务机关申报办理税务登记。

提问： 王某在北京设立了一个个人独资企业，后根据经营情况，将企业搬至上海，王某是否需要办理变更税务登记？

解答： 不需要。纳税人因住所、经营地点发生变动涉及改变税务登记机关，应向原税务登记机关办理注销税务登记，并自注销税务登记之日起 30 日内向迁达地税务机关办理税务登记，所以王某先在北京办理注销税务登记，再到上海办理设立税务登记。

五、停业、复业登记

纳税人在申报办理停业登记时，应如实填写停业申请登记表，说明停业理由、停业期限、停业前的纳税情况和发票的领、用、存情况，并结清应纳税款、滞纳金、罚款。税务机关应收存其税务登记证件及副本、发票领购簿、未使用完的发票和其他税务证件。

纳税人在停业期间发生纳税义务的，应当按照税收法律、行政法规的规定申报缴纳税款。

纳税人应当于恢复生产经营之前，向税务机关申报办理复业登记，如实填写《停、复业报告书》，领回并启用税务登记证件、发票领购簿及其停业前领购的发票。

纳税人停业期满不能及时恢复生产经营的，应当在停业期满前向税务机关提出延长停业登记申请，并如实填写《停、复业报告书》。

实行定期定额征收方式的个体工商户需要停业的，应当在停业前向税务机关申报办理停业登记。纳税人的停业期限不得超过1年。

提问： 某税务所在11月12日的检查中，发现某商店（个体工商户）在10月20日领取营业执照后，未申请办理税务登记。据此，该税务所于11月13日责令该商店必须在11月20日前办理税务登记，逾期不办理，将按《税收征管法》有关规定处以罚款。税务所的处理决定是否有效？

解答： 处理决定无效。根据《税收征管法》第十五条规定，企业，企业在外地设立的分支机构和从事生产、经营的场所，个体工商户和从事生产、经营的事业单位（以下统称从事生产、经营的纳税人）自领取营业执照之日起30日内，持有关证件，向税务机关申报办理税务登记。税务机关应当自收到申报之日起30日内审核并发给税务登记证件。该商店自10月20日领取营业执照到11月13日还不到30日，尚未违反上述规定。该商店如在规定时间里到税务所申请办理税务登记，税务所应按规定程序为其办理税务登记。因此，税务机关所做出的处理决定无效。

第二节 发票管理

【学习目标】 了解发票的类别，发票的领购、使用、缴销及增值税专用发票的管理、使用电子计算机开具专用发票的要求；掌握开具专用发票后，发生退货或销售折让的处理。

案例导入：

嘉兴木材经销店6月份销售一批价值10万元的木材给华美家具制造公司，货款未付。年底木材经销店的老板张某向华美家具制造公司催要货款，华美家具制造公司因资金紧张，提出以本公司生产的沙发来抵顶货款。张某无奈只得同意，将沙发交给金海家具城代为销售。张某要求华美家具制造公司直接将发票开给金海家具城，金海家具城在沙发销售后将现金直接交给张某。

本案在发票使用上是否违法？

一、发票管理概述

（一）发票的含义

发票，是指在购销商品、提供或者接受服务以及从事其他经营活动中，开具、收取的收付款项凭证。

（二）发票的类别

1. 普通发票。包括行业统一发票、个体及私营业类发票和专用类发票。

《发票管理办法》

（1）行业统一发票。只适用于特定行业内单位，具有行业通用性特点。如工业企业发票、商业企业发票、建筑安装业发票、服务业发票、文教卫生等其他行业发票。

（2）个体、私营业类发票。指个体工商户和私营企业使用的发票，具体形式有限额式发票和定额式发票等。

（3）专用类发票。是指具有专门用途、为某种特定活动设计使用的发票。它的作用是为了控制一些经营项目的税款征管和社会经济管理。除此之外，其他结算内容在票面设计上也有特殊要求，如商品房销售专用发票、自来水公司销售专用发票、产权交易专用发票等。

普通发票主要由增值税小规模纳税人使用，增值税一般纳税人在不能开具增值税专用发票的情况下也可以使用普通发票，所不同的是具体种类要按适用范围选择。如普通发票中的商业批发零售发票、加工修理修配发票是由增值税纳税人使用的。

2. 增值税专用发票。增值税专用发票（以下简称“专用发票”）是专供增值税一般纳税人销售货物或应税劳务时使用的一种特殊发票。从行业划分来看，它是工业、商业企业用于结算销售货物和提供加工、修理修配劳务时使用的发票。

增值税专用发票除具备普通发票的基本属性外，还具备抵扣增值税税款的功能。

专用发票内容除了普通发票的内容外，还包括购货人地址、购货人税务登记号，增值税税率、税额、供货方名称、地址及其税务登记号。

3. 专业发票。是指由国家金融、保险、邮电通信、铁路、航运等部门开具使用的专业性很强的票据。

（三）发票管理范围的界定

发票是在购销商品、提供或者接受服务以及从事其他经营活动中开具、收取的收付款凭证，但并不是所有的收付款凭证都属于发票管理范围。

1. 经营性活动的收付款凭证。是基于经营活动中收付款项、证明资金所有转移的凭证。这类凭证所记载的主要是商品销售、提供或接受服务等经营性活动，与税收管理有直接的、密切的联系。因此，属于发票管理的范围。

2. 行政性收费收款收据。这类凭证是基于行政管理活动中收付款项而产生的，和税收没有直接联系，但随着“费改税”改革的深入，这类凭证中涉税项目具体规定逐步增多，所以，该类凭证也会逐步纳入发票管理的范围。

3. 单位内部结算凭证，不属于发票管理的范围。

4. 事业性收费的收付款凭证。这类收费带有一定的交换性质。很多收费项目又属于征税对象，因此，该类凭证视同发票管理，属于发票管理的范围。

5. 非经营性的收付款凭证。例如捐赠、赞助等，这类收入既不属于经营性收入、也不属于财政性收入，但又直接影响到收付款单位的成本核算，与税收管理有着较为密切的联系，因此需要使用特定的发票。

6. 特定行为业的专用发票。按照《发票管理办法》的规定，对国有金融、保险、邮电、铁路、民航、公路和水上运输等单位的专业发票，虽然不套用税务局的发票监制章，但也应纳入发票管理的范围。

二、发票管理的内容

（一）发票的领购

1. 发票领购的适用范围。

（1）依法办理了税务登记的单位和个人，在领取“税务登记证”后方可申请领购发票，成为法定发票领购对象。

（2）依法不需要办理税务登记的单位和个人，如某些机关、团体、部队、学校和不从事生产经营的事业单位等，在发生临时经营业务需要使用发票的，可按法定程序，凭单位介绍信和其他有效证件向当地主管税务机关办理。临时经营发票一般直接由税务机关代开。

（3）临时到本省、自治区、直辖市以外从事经营活动的单位和个人，可以凭所在地主管税务机关开具的“外出经营税收管理证明”，在办理纳税担保的前提下，向经营地税务机关申请领购发票。

2. 发票领购的方式。

（1）批量供应。对一些经营规模较大、经营范围单一、财务管理制度健全、能够依法履行纳税义务、发票管理规范的单位，可以由其自行到税务机关领购发票，不实行验旧购新。税务机关一般一年到户检查一次，税务机关根据用票单位业务量对发票需求量的大小，确定一定时期内的合理领购数量。

（2）验旧购新。对一些财务制度不健全、经营流动性大或无固定经营场所、较易发生短期经营行为、纳税意识不强、发票保管条件不完备的单位和个体工商户，统一实行验旧购新，这种方式是用票人必须在交验原领购且已使用过的发票存根，经主管税务机关审核无误后，才能领购发票。

（3）交旧购新。是指用票人在购买发票时，交回旧的（即已填用过的）发票存根联，经主管税务机关审核后留存，允许再购领新发票。

（4）发售担保。税务机关对外省、自治区、直辖市来本辖区从事临时经营活动的用票申请领购发票的，可要求其提供购票保证人或根据所购发票的限额及数量缴纳不超过 1 万元的购票保证金，并限期缴销发票。

3. 发票领购的办理。

（1）用票人初次领购发票。对于初次领购发票和因经营范围发生变化需要增减领购发票种类的单位和个人，必须先提出购票申请（参见表 10－1），经主管税务机关审核后，发给《发票领购簿》。凭《发票领购簿》上核准的发票种类、数量以及购票方式，向主管税务机关领购发票。

（2）用票人再次领购发票。纳税人再次领购发票时，应根据税务机关确定的发票领购方式，凭“发票领购簿”、税务登记副本、专职发票领购人员居民身份证等直接领购发票。

对于采用验旧购新或交旧购新方式领购发票的，还要提供发票交验簿、发票存根。对交验有问题的用票单位和个人，停止供应发票，待按规定处理完毕后，才能向其供应发票。

采用担保方式购票的，凭原所在地的税务登记证副本、原所在地的税务机关证明、保证人的担保手续或保证金收据以及经营地税务机关核发的《发票领购簿》，发售发票。

（二）发票的使用

发票的使用包括发票的开具和发票的取得两个方面。任何单位和个人都必须按规定开具和取得发票。

1. 发票的开具。发票的开具有以下基本要求：

（1）销售商品、提供劳务以及从事其他经营活动的单位和个人，对外发生经营业务收取款项，收款方应当向付款方开具发票。特殊情况下，由付款方向收款方开具发票，一是收购单位收购货物或者农副产品付款时，应当向收款人开具发票；二是扣缴义务人支付个人款项时，应当向收款人开具发票。有些省（自治区、直辖市）级税务机关规定，纳税人向消费者个人零售小额商品或者提供零星服务的，可以免予逐笔开具发票，但消费者索取发票时则应开具普通发票。

表 10－1 **发票领购申请审批表**

纳税人编码：□□□□□□□□□□□□□ 填表日期： 年 月 日

纳税人名称					
主营范围					
兼营范围					
发票经办人姓名		身份证号码		电话	
发票编码	发 票 名 称		申请数量（本或份）		每月用量
申请理由：		申请人盖章 年 月 日	申请人财务专用章或发票专用章印模		
以下由税务机关填写					
保证形式		保证金额		保证期限	
发票编码	发票名称	供票方式	供票期限	每月（次）供票量	缴销期限
发票管理部门 审批意见 （盖章）	经办人：		负责人：	（盖章） 年 月 日	

想一想：

王女士春节前在一家超市消费时取得电脑小票，小票票面总金额有2 000多元。因为当时超市人太多，要开正式发票的话需要排很长时间的队，王女士打算等过一段时间有空了再找超市开发票。没想到春节过后，王女士拿着超市电脑小票找到超市时，柜台服务员告诉王女士：换发票的时间已超过一个月，不能换正式发票。王女士这才看清超市电脑小票下端有一小行字：如需发票，请凭小票在一个月内办理。超市的这种做法对不对？王女士能索要发票吗？

（2）必须在发生经营业务并确认营业外收入时才能开具发票，未发生经营业务则一律不得开具发票，而且只限于提供经营业务的单位和个人自己填开，任何单位和个人不得转借、转让或者代开发票。

所以，本节案例导入分析如下：

华美家具制造公司用其生产的沙发抵顶所欠嘉兴木材经销店的货款，嘉兴木材经销店的老板张某再将沙发销售给金海家具城，在这一过程中应由华美家具制造公司向木材经销店开具发票，再由木材经销店向金海家具城开具发票。但本案中却由华美家具制造公司直接将发票开给金海家具城，这属于未按规定开具发票的行为。华美家具制造公司应将发票开给木材经销店，家具商店应从木材经销店取得发票，而不是从家具厂取得发票。如果本案中开具的是增值税专用发票，问题就不一样了。华美家具制造公司属于为他人虚开，张某为介绍他人虚开，金海家具城为接受虚开的增值税专用发票。对于虚开增值税专用发票的行为，应按《全国人大常委会关于惩治虚开、伪造和非法出售增值税专用发票犯罪的决定》进行处理。

想一想：

天健保健品有限责任公司从华新公司购入原料一批，华新公司说没有办法开购货专用发票，就找平时有业务往来的新新商贸有限责任公司代为开具发票，天健保健品有限责任公司凭此发票购入原料。企业这样做对吗？

提示：转借发票的行为是不允许的。

（3）应在规定的使用范围内开具发票，不得自行扩大专业发票的使用范围。

（4）开具发票要按照规定的时限、顺序，逐栏、全部联次一次性填写，相关联次要加盖单位财务印章或者发票专用章，未经税务机关批准，不得拆本使用发票。如发生错填、误填等需要重新开具的，不能擅自撕毁，而是将发票各联完整保存，书写或加盖“作废”字样后重新开具正确发票。开具发票后，如发生销货退回需要开红字发票的，必须收回原发票注明“作废”字样或取得对方有效证明；发生销售折让的，在收回原发票并注明“作废”后，重新开具发票。

（5）填写发票应当使用中文，民族自治地方可以同时使用当地通用的一种民族文字；外商投资企业和外国企业可以同时使用一种外国文字。

（6）发票限于领购单位和个人在本省、自治区、直辖市内开具，省级税务机关可以规定跨市、县开具发票的办法。

（7）销货方使用电子计算机开具发票，须经主管税务机关批准，并使用税务机关统一监制的机外发票，开具后的存根联按照顺序号装订成册。

（8）纳税人进行电子商务必须开具或取得发票。

（9）当纳税人不能开具发票时可申请由税务机关代开发票。

2. 发票的取得。我国《发票管理办法》规定，所有用票人在购买商品、货物、接受劳务服务付出时均应向收款方取得发票。至于消费者个人是否索要发票，则由消费者个人根据需要确定。无论是企业单位、个体工商户，还是消费者个人，取得发票必须做到以下几点：

（1）必须合法地取得发票。

（2）取得的发票必须是合法有效的。

实例：

陈女士和丈夫带孩子在一家饭店吃饭，结账时让服务员开了发票。眼尖的陈女士发现，发票的盖章单位名称与这家饭店的名字不符。于是陈女士让餐馆服务员签字，证明发票是此家餐馆开具的。随后陈女士持这张转借发票向税务部门举报，税务部门针对这种情况作了相应的税务处理。

（三）发票的保管

1. 发票保管制度。使用发票的单位和个人必须建立严格的发票保管制度，包括：

（1）专人保管制度。确定专人负责发票管理、领发等日常工作。

（2）专库保管制度。建立专门的发票存放设施，并配备必要的防盗、防火、防霉烂毁损、防虫蛀鼠咬、防丢失等安全措施，确保发票的安全。

（3）专账登记制度。设立专门的账、表反映发票印、领、用、存数量，并由购（领）人员签章，做到手续齐全、责任清晰。

（4）保管交接制度。发票保管人员调动工作岗位或因故离职时，均须将所管发票及时登记账簿，在规定的时间内与交接人办理交接手续，并由有关人员进行实地监交，交接手续不清不得离职。

（5）入库验收制度。对运达的发票要进行检查验收并办理必要的手续。

（6）定期盘点制度。各级税务机关及用票单位和个人，一般要在每月月底对库存发票进行一次清点，以检查是否账实相符。

2. 发票保管期限。已开具的发票存根联和发票登记簿应保存 5 年。保存期满，报经税务机关查验后方可销毁。

3. 发票丢失的处理。使用发票的单位和个人应当妥善保管发票，不得丢失。如果丢失发票，应当在当天报告主管税务机关通过当地报刊或电视台等传播媒介公告声明作废。同时接受税务机关的处理。

（四）发票的缴销管理

发票缴销包括发票收缴和发票销毁。发票收缴是指用票单位和个人按照规定向税务机关上缴已经使用或未使用的发票。发票销毁是指税务机关统一将自己或他人已使用或者未使用的发票进行销毁。

1. 发票缴销的适用情况。

（1）用票单位和个人已使用的发票存根保存期满后，应编造发票缴销清册，向主管税务机关申请缴销。

（2）用票单位和个人作废的发票，也不能擅自处理。应认真收缴清点对数，在规定的期限内向主管税务机关缴销清楚。

（3）用票单位和个人发生解散、破产、撤销、转业、改组、合并、联营、分设、迁移（涉及改变隶属税务机关）停业、歇业等事项时，应当在申报办理变更税务登记、注销税务登记的同时，对原来印制、领购的发票向税务机关申请缴销。

（4）税务机关在统一实行发票改版、换版、更换发票监制章等事项时，原来的发票使用期满以后，用票单位和个人应当将其登记造册。集中送税务机关缴销。

（5）用票人在使用发票过程中发现次版发票时，也应向主管税务机关申请缴销。

（6）用票人的发票发生霉变、水浸、鼠咬、火烧等问题时，应将残存发票交主管税务机关办理缴销。

（7）当地税务机关规定的其他需要缴销发票的情况。

2. 发票缴销的办理。用票单位和个人需要缴销发票的，应向发票管理环节领取“发票缴销登记表”填好后，连同《发票领购簿》及应缴销的发票或发票存根交主管税务机关办理缴销。发票管理环节审核无误后，收缴其应缴销的发票，将发票缴销情况登记在《发票领购簿》及《发票分户登记簿》上，并在“发票缴销表”上签章后返还给用票人。

《关于全面推行增值税发票系统升级版有关问题》

思考与练习

一、单项选择题

1. 从事生产、经营的纳税人未办理工商营业执照但经有关部门批准设立的，应当自有关部门批准设立之日起（　　）内申报办理税务登记，税务机关核发税务登记证及副本。

A. 30 日　　B. 60 日

C. 90 日　　D. 180 日

2. 从事生产、经营的纳税人外出经营，自其在同一县（市）实际经营或提供劳务之日起，在连续的 12 个月内累计超过（　　）的，应当自期满之日起 30 日内，向生产、经营所在地税务机关申报办理税务登记，税务机关核发临时税务登记证及副本。

A. 30 日　　B. 60 日

C. 90 日　　D. 180 日

3. 纳税人发生解散、破产、撤销以及其他情形，依法终止纳税义务的，按规定不需要在工商行政管理机关或者其他机关办理注册登记的，应当自有关机关批准或者宣告终止之日起（　　）内，持有关证件和资料向原税务登记机关申报办理注销税务登记。

A. 10 日　　B. 15 日

C. 30 日　　D. 60 日

4. 实行定期定额征收方式的个体工商户需要停业的，应当在停业前向税务机关申报办理停业登记。纳税人的停业期限不得超过（　　）。

A. 3 个月　　B. 半年

C. 1 年　　D. 2 年

5. 税务登记不包括（　　）。

A. 开业登记　　B. 变更登记

C. 核定应纳税额　　D. 注销登记

6. 纳税人已在工商行政管理机关办理变更登记的，应当自工商行政管理机关变更登记之日起（　　）日内，申报办理变更税务登记。

A. 30　　B. 15

C. 45　　D. 60

7. 不符合发票开具要求的是（　　）。

A. 开具发票时应按号顺序填开，填写项目齐全、内容真实、字迹清楚

B. 填写发票应当使用中文

C. 不得拆本使用发票

D. 开具发票时限、地点应符合规定

8. 纳税人停业期满不能及时恢复生产、经营的，应当在（　　）向税务机关提出延长停业登记。

A. 停业期满前　　B. 停业期满后

C. 停业期满前 5 日　　D. 停业期满后 5 日

9. 税务登记中，下列有关外出经营报验登记的说法错误的是（　　）。

A. 从事生产、经营的纳税人到外县（市）进行生产经营的，应当向主管税务机关申请开具外出经营活动税收管理证明

B. 主管税务机关按照一地一证的原则核发《外出经营活动税收管理证明》

C. 纳税人可以在到达经营地进行生产、经营后向经营地税务机关申请报验登记

D. 外出经营活动结束，纳税人应当向经营地税务机关填报“外出经营活动情况申报表”，并按规定结清税款、缴销未使用的发票

二、多项选择题

1. 税务登记包括（　　）。

A. 开业税务登记　　B. 变更税务登记

C. 注销税务登记和停业　　D. 复业登记

2. 领取营业执照的纳税人，应当向国家税务机关申报办理税务登记。这些纳税人是（　　）。

A. 企业　　B. 联营企业

C. 个体工商户　　D. 经批准从事生产、经营的事业单位

3. 纳税人在申报办理税务登记时，应当根据不同情况向税务机关如实提供的证件和资料包括（　　）。

A. 工商营业执照或核准执业证件　B. 有关合同、章程、协议书
C. 组织机构统一代码证书　D. 法定代表人工作

4. 纳税人在申报办理税务登记时，应当如实填写税务登记表。税务登记表的主要内容包括（　　）。

A. 住所、经营地点　B. 生产经营方式
C. 生产经营范围　D. 注册资金总额

5. 按照规定除不需要发给税务登记证件的外，纳税人办理下列事项时，必须持税务登记的证件包括（　　）。

A. 申请减税、免税、退税
B. 申请办理延期申报、延期缴纳税款
C. 申请开具外出经营活动税收管理证明
D. 办理开业

6. 下列应当办理开业税务登记的有（　　）。

A. 工商局　B. 个体工商户
C. 某公司在广州的分公司　D. 企业在外地设立的分支机构

7. 根据税收征收管理法律制度的有关规定，下列各项中，属于股份有限公司在申报办理开业税务登记时，应出示的证件和资料有（　　）。

A. 银行账号证明　B. 合同、章程和协议书
C. 营业执照　D. 公司出资证明书

8. 下列关于设立税务登记的说法中，正确的有（　　）。

A. 从事生产、经营的纳税人未办理工商营业执照但经有关部门批准设立的，应当自有关部门批准设立之日起 30 日内申报办理税务登记，税务机关核发税务登记证及副本
B. 从事生产、经营的纳税人未办理工商营业执照也未经有关部门批准设立的，应当自纳税义务发生之日起 30 日内申报办理税务登记，税务机关核发临时税务登记证及副本
C. 境外企业在中国境内承包建筑、安装、装配、勘探工程和提供劳务的，应当自项目合同或协议签订之日起 30 日内，向项目所在地税务机关申报办理税务登记，税务机关核发临时税务登记证及副本
D. 已办理税务登记的扣缴义务人应当自扣缴义务发生之日起 30 日内，向税务登记地税务机关申报办理扣缴税款登记，税务机关核发扣缴税款登记证件

9. 根据税收征收管理法律制度的规定，纳税人发生的下列情形中，应办理税务注销登记的有（　　）。

A. 纳税人破产　B. 纳税人变更法定代表人
C. 纳税人被吊销营业执照　D. 纳税人暂停经营活动

10. 纳税人在办理注销税务登记之前，应当履行的义务包括（　　）。

A. 向税务机关结清应纳税款　B. 缴销发票
C. 向税务机关缴纳应缴纳的罚款　D. 缴销税务登记证件

11. 下列关于开具发票的说法，正确的有（　　）。

A. 单位和个人应在发生经营业务、确认营业收入时，才能开具发票

B. 开具发票时应按号顺序填开，各联内容完全一致，并在各联加盖单位财务印章或者发票专用章

C. 填写发票一律使用中文

D. 任何单位和个人不得转借、转让、代开发票

三、判断题

1. 税务登记是税收管理工作的基础环节，是征纳双方法律关系成立的依据和证明，是纳税人必须履行的义务。（　）

2. 不从事生产经营，按照有关规定不需要领取营业执照，但有纳税义务的单位和个人，除临时取得应税收入或发生应税行为以及只缴纳个人所得税、车船使用税的外，都应向国家税务机关申报办理税务登记。（　）

3. 纳税人被工商行政管理机关吊销营业执照或者被其他机关予以撤销登记的，应当自营业执照被吊销或者被撤销登记之日起30日内，向原税务登记机关申报办理注销税务登记。（　）

4. 纳税人在停业期间发生纳税义务的，应当按照税收法律、行政法规的规定申报缴纳税款。（　）

5. 根据税收法律、行政法规的规定，可不办理税务登记的扣缴义务人，应当自扣缴义务发生之日起30日内，向机构所在地税务机关申报办理扣缴税款登记，税务机关依法核发扣缴税款登记证件。（　）

6. 纳税人享受减税、免税待遇的，在减税、免税期间应当按照规定办理纳税申报。（　）

7. 纳税人在停业期间发生纳税义务的，可以暂不办理纳税申报，待复业后一并办理纳税申报。（　）

8. 纳税人停业期满未按期复业又不申请延长停业的，税务机关应当视为已恢复营业，实施正常的税收征收管理。（　）

9. 纳税人停业期满不能及时恢复生产经营的，应当在停业期满后向税务机关提出延长停业登记申请。（　）

10. 增值税专用发票只限于增值税一般纳税人领购使用，小规模纳税人一般不得领购使用增值税专用发票。（　）

11. 从事生产经营的纳税人不得转借、转让发票，但根据需要可以代开。（　）

12. 代扣代缴是指负有代收代缴义务的法定义务人，对纳税人应纳的税款进行代收代缴的方式。（　）